RESEARCH ON
URBAN LIFELONG
EDUCATION IN
THE NEW ERA

吴建铭　沈光辉 ◎ 主编

新时代城市终身教育研究

经济管理出版社
ECONOMY & MANAGEMENT PUBLISHING HOUSE

图书在版编目（CIP）数据

新时代城市终身教育研究/吴建铭，沈光辉主编．—北京：经济管理出版社，2022.7
ISBN 978-7-5096-8622-5

Ⅰ.①新…　Ⅱ.①吴…②沈…　Ⅲ.①城市教育—终生教育—研究—福建　Ⅳ.①G77

中国版本图书馆 CIP 数据核字（2022）第 129736 号

组稿编辑：杜　菲
责任编辑：杜　菲
责任印制：黄章平
责任校对：陈　颖

出版发行：经济管理出版社
　　　　　（北京市海淀区北蜂窝 8 号中雅大厦 A 座 11 层　100038）
网　　址：www. E-mp. com. cn
电　　话：（010）51915602
印　　刷：唐山昊达印刷有限公司
经　　销：新华书店
开　　本：720mm×1000mm/16
印　　张：17. 25
字　　数：248 千字
版　　次：2022 年 9 月第 1 版　　2022 年 9 月第 1 次印刷
书　　号：ISBN 978-7-5096-8622-5
定　　价：98. 00 元

编委会名单

主编：吴建铭　　沈光辉

编委（排名不分先后）：

吴盛雄　黄碧珠　林　庆　刘宜君

林　洁　江　卉　王荣欣　崔艳芳

郭艺萍　刘海波　刘炜英　江丽娜

江堃俤　陈　勇

目　录

第一章

新时代终身教育思想的新发展

一、国内外关于终身教育的观点与实践概述

　　新时代终身教育思想是基于国内外终身教育的观点与实践基础上形成的，其理论依据深厚且扎实。其中，国外的终身教育观点有被誉为是终身教育先行者的保罗·朗格朗的重要思想、联合国教科文组织对终身教育的有关报告，还有部分发达国家对于终身教育理论的探索与发展，凡此种种，都对新时代终身教育思想的新发展产生了深刻的影响。国内的终身教育思想可以追溯到中国古代，许多古代教育家关于终身学习的思想是新时代终身教育思想产生的源头。中国古代关于终身学习的思想在继承中不断延续至中国近代，使得终身教育的思想代代相传。因此，正是在汲取国内外终身教育思想的内涵后，新时代终身教育思想才在当今时代下不断得到发展。

（一）国际上关于终身教育的观点与实践

1. 保罗·朗格朗的终身教育思想

保罗·朗格朗是终身教育领域著名的理论家，其终身教育的观点在世

界范围内都得到了广泛的认可。保罗·朗格朗的终身教育思想源于其工作经历，在他进入联合国教科文组织后，与教育工作结下了深厚的渊源。1965 年，他在第三次成人教育促进国际委员会会议上做了题为《何为终身教育》（*Permanent Education*）的报告。报告阐述了终身教育的基本内涵：第一，终身教育是人一生持续进行的教育，不以某一阶段学业的结束而告终；第二，终身教育是把社会所有教育和培训渠道进行统一和整合，使人们在生产的所有部门都能根据需要而方便地获得接受教育的机会。这份报告标志着终身教育思想在国际范围内的发轫，终身教育思想因此在国际上引起了关注和热议。

保罗·朗格朗撰写了一本经典著作——《终身教育引论》，这本著作为推动教育理论的发展和世界各国教育改革的开展提供了参考价值，同时，也标志着终身教育思想的真正确立。保罗·朗格朗认为，终身教育的最终目标是努力建设更美好的生活，即使人过一种更和谐、更充实和符合生活真谛的生活。保罗·朗格朗指出："教育，不能停止在儿童期和青年期，只要人活着，就应该是继续的。教育必须以这样的做法，来适应个人和社会的连续性要求。"① 对于终身教育的范围和内容，朗格朗指出，终身教育应包括生命教育、情爱艺术教育、父母教育、父母与孩子关系的教育、职业教育、闲暇教育、艺术教育、体育运动教育、选择信息能力教育、公民教育等内容。同时，成人教育不应是学校教育的简单延伸，应立足于解决各类现实问题。

2. 联合国教科文组织关于终身教育的报告

联合国教科文组织对终身教育的发展理论要追溯到 1949 年在丹麦赫尔辛格召开的第一届国际成人教育会议，现代终身教育理论是在成人教育理论基础上形成的，可以说联合国教科文组织召开的关于成人教育的会议是现代终身教育体系发展的源头。直到 1965 年，在联合国教科文组织召开的第三届促进成人教育国际委员会会议上，联合国教科文组织通过了保

---

① 保罗·朗格朗. 终身教育引论 ［M］. 北京：中国对外翻译出版社，1985：16.

罗·朗格朗关于终身教育的报告，标志着联合国教科文组织正式提出了终身教育思想，终身教育理念在国际范围内得到了普及。1968 年，美国教育思想家、芝加哥大学校长罗伯特·哈钦斯创造性地提出了"学习型社会"的概念，强调学习时追求自我完善和发展的方式，被视为是终身教育的高级发展形态。

20 世纪七八十年代，是联合国教科文组织关于终身教育理论发展的繁盛期。其间，联合国教科文组织召开的会议和通过的报告对终身教育理论进行了丰富。其中，最具有代表性的是 1972 年联合国教科文组织出版的《学会生存——教育世界的今天和明天》，该书是终身教育的又一代表作，对世界终身教育的发展产生了广泛而深远的影响。这是埃德加·富尔任国际教育发展委员会主席时提交的关于终身教育的报告，因此又称《富尔报告书》。报告指出，"人的一生在不断地接受教育，但他应当从对象转变为主体。每个人必须终身不断地学习，形成自学。终身教育变成了由一切形式、一切表达方式和一切阶段的教学行动构成的一个循环往复的关系时所使用的工具和表现方法"[1]。报告认为，未来的教育将成为一个协调的整体，且社会各部门互相协调、联合，这种教育将会是普遍的和继续的。《学会生存》从人类历史、社会发展角度出发，阐述了教育与生存的关系，提出了人类最终将走向学习化社会的道路。

此外，这一时期比较著名的终身教育理论还有：1972 年，联合国教科文组织提出创建"学习型社会"的倡议，鼓励把终身教育和学习型社会结合。1975 年，联合国教科文组织下设机构教育研究所主任戴维将终身教育理论概括为 20 条原则，这 20 条原则几乎将终身教育的所有方面涵盖进来，包括终身教育的概念、特点、目标、体系、实施方略等。1977 年，联合国教科文组织出版了查尔斯·赫梅尔关于终身教育的著作——《今日的教育为了明日的世界》。这本著作对终身教育理念给予了极高的赞誉，同时，它还厘清了成人教育与终身教育概念之间的区别，提倡终身教育要以

---

[1]　联合国教科文组织国际教育发展委员会. 学会生存——教育世界的今天和明天 [M]. 北京：教育科学出版社，1996.

社会现实和时代需求为考量。值得一提的是，1985 年，联合国教科文组织在法国巴黎召开的第四届成人教育会议上，创造性地提出了成人教育的扫盲活动，并指出，发展成人教育是终身教育得以实行的基本条件。至此，国际社会多数教育学家都认为，成人教育在终身教育发展过程中具有十分重要的地位和作用，也是终身教育的重要组成部分。1989 年 11 月，联合国教科文组织在中国北京召开"面向 21 世纪教育国际研讨会"，为终身学习在世界的普及与推广起到了积极的作用。

20 世纪 90 年代到 21 世纪，是国际终身教育理论发展的深化期。其中，最具有代表性的一份报告是 1996 年联合国教科文组织出版的《教育：财富蕴藏其中》，这份报告是时任国际 21 世纪教育委员会主席的德洛尔撰写的，因此又称为《德洛尔委员会报告》。报告强调了终身教育的地位和处于 21 世纪的核心作用，创造性地提出了"教育的四个支柱"——学会认知、学会做事、学会共处、学会生存，提倡发展终身教育要在这"四个支柱"的基础上进行，这一理论对国际社会影响十分深远。报告还深刻阐述了终身教育的内涵、作用以及未来发展的趋势、任务等，为各国发展终身教育提供了良好的建议与参考。

2015 年底，联合国教科文组织对教育的现状和未来进行了研判与把握，出台了《教育 2030 行动框架》，这份文件指明了"确保全纳、公平的优质教育、使人人可以获得终身学习的机会"[①]，框架还特别提到了对各年龄层次各成长阶段的人群受教育的策略，以及"可持续发展"的概念，提倡接受各级各类的培训，这对推进全世界终身教育发展具有极为重要的意义。

3. 部分发达国家对终身教育的探索

从国际社会角度来看，终身教育理念发展较为迅速的国家有美国、德国、英国、日本等，这些国家在发展终身教育过程中都形成了一系列独特的经验，值得我国借鉴与学习。

---

① 徐莉，王默，程换弟. 全球教育向终身学习迈进的新里程："教育 2030 行动框架"目标译解［J］. 开放教育研究，2015（12）：16-25.

美国在发展终身教育的过程中，具有突出贡献的是重视立法工作。1966 年，美国正式通过了《成人教育法》，这一法案为终身教育在美国的发展奠定了良好的基础。此后，在不断完善《成人教育法》的基础上，美国政府于 1976 年颁布了《终身学习法》，这部法案是一部完备的终身教育成文法，对深化终身教育的实践具有重要意义。《2000 目标：美国教育法》中甚至专门规定了联邦、各州政府在推进教育改革和终身学习中需要承担的责任，确定了教育与训练的地位和重要角色。美国建立了许多发展终身教育的专门机构。从政府角度，美国议会、联邦教育局、各州和地方政府均设有终身教育顾问委员会或终身教育处，共同管理终身教育方面的事务，研究终身教育相关议题等。从社会角度，社区学院是美国推动终身教育和终身学习的重要机构，并且鼓励除终身教育专门机构以外的其他机构、企业、政府等积极参与推广终身教育的运动中来，为终身教育和终身学习提供便利的条件。

德国的终身教育发展时间相对较长，其关于终身教育的理念萌芽于 17 世纪著名教育家夸美纽斯关于"所有的人都有接受终身教育的必要"这一论断。此后在第一次世界大战后，德国渴望用教育复苏经济，因此提出了加强民众高等学校发展的政策。正是在民众高等学校发展的背景下，德国的成人教育和继续教育得到了发展，为终身教育的推进形成了良好的开端。德国发展终身教育最大的特色在于其民主化的价值取向，国民具有民众教育的理念，民众基础好，在民众的支持下，政府自然一直重视发展终身教育。德国将终身教育同民众的就业相结合，因此把继续教育和职业教育作为终身教育发展的核心内容，根据个人生活环境、教育基础、个性需要、能力等因素来开展各类教育。

英国发展终身教育的起步要早于欧美及日本等国，早在 1919 年英国在成人教育报告中特别提到了教育是终身的历程这一前瞻性的教育理念，掀起了现代终身教育研究的思潮。随后在 1929 年，英国著名成人教育专家耶克斯利最早提出"终身教育"一词的概念，他出版了世界上第一本终身教育专著——《终身教育》，书中系统表述了终身教育观点，认为教育与人的生命相生相伴，学校教育仅仅是人生过程的开始，应该将各种教育（初等、中等、职业、大学教育等）统一，将教育看成是真正贯穿人一生的活动。英国的终身教育有比较完整的体系，其在法律政策、人力财力、资源统筹、体制机制等方面都具有较为坚实的保障。英国的终身教育开放且载体丰富，通过创建开放大学、住宿制学院、社区学院、成人教育中心等机构来丰富各类民众的学习形式，满足不同学习者的需求，并有效利用了网络在推广终身教育方面的作用，政府努力在资金和政策上支持国家构建远距离网络学习。20 世纪 90 年代，英国的终身教育体系发展逐渐成熟，在此基础上创造性地提出了以学习型城市网络建设为抓手开展学习型城市的建设，鼓励城市间的开放、互动、交流。

日本是世界上较早颁布终身教育专项法律的国家，其在 1990 年就颁布了世界上第一部终身教育专项法律——《终身学习振兴法》，充分体现了日本在终身教育发展中法律化、制度化的特点。政府在日本发展终身教育的过程中承担了主要责任，企业、民间组织都是在政府主导下共同推进终身教育发展的，在政府的引导下，企业教育成为日本终身教育的重要组成部分。此外，日本积极探索和实践终身教育理念，提倡学习者的自主性。日本扩大了西方终身教育的内涵范畴，提出终身教育不仅包括学校教育和社会教育，还包括体育活动、文化活动、兴趣活动、娱乐活动甚至义务活动。

总体来说，综观各国的终身教育，由于各国国情不同，终身教育的价值取向也就有所不同。例如，美国的法制型导向、德国的民主型导向、英国的开放型导向、日本的政府型导向等。由此可见，满足多样化需求是发达国家对终身教育的逻辑起点和诉求。显然，发达国家提倡的终身教育理念的共性体现了终身教育的决定因素，主要包括社会发展、公众期待、教育体制对其的适应、市场影响等。终身教育发展的基础和条件是西方经济和大众物质消费已获得基本满足，精神产品处于急剧上升使得教育消费处于先导地位，并表现出人们对教育进行选择的高度自主性。

从终身教育在部分发达国家中的发展与实践，不难发现，终身教育发展较充分的地区或国家，终身学习基本能够得到有效的开展。我国新时代的终身教育思想是在充分吸纳了各国终身教育发展的优势后形成的具有中国特色和适合中国公民发展的终身教育体系和内容。

（二）国内关于终身教育观点的发展

1. 中国古代与近代的终身教育理念

中国关于终身教育的文化传统可以追溯到春秋战国时期，以孔子为代表的教育家所孕育出的教育思想已经包含了终身教育的观念。例如，在《论语·为政》中提到的"吾十有五而志于学，三十而立，四十而不惑，五十而知天命，六十而耳顺，七十而从心所欲，不逾矩"。这被誉为是中国古代终身教育思想的先声，充分阐明了学习应当打破阶段性限制，不同年龄都应当有不同年龄该做的事的思想。孔子以此来表达终身教育和终身学习的思想，认为只有不断学习才能达到更高的思想境界。他从有限生命中看到了教育的无限与永恒，通过终身教育来造就至高的人格，达到"仁"。此外，孔子在《论语·卫灵公》中还提出"有教无类"的思想，阐明对任何人都应给予教育，不分高低贵贱。这一思想深刻体现了他对教育的开放性和无差别性的认同，这正是终身教育思想发展的萌芽。

在庄子和荀子的教育理念中，同样也蕴含着关于学习贯穿终身的观点。在《庄子·内篇·养生主第三》中提到："吾生也有涯，而知也无涯。"它阐明了人生是有限的，但知识是无限的思想。庄子道出生命与学习的关系，启发人们要不断学习。战国思想家荀子在《劝学》中提到"学不可以已"的思想，即说学习是不可以停止的，它阐明了学习贯穿人的一生的思想。荀子主张人应当不间断地接受教育，以此来获得自身发展的条件。由此我们可以认为，古代教育家、思想家的教育观念是我国现代终身教育思想的渊源。

近代中国教育偏重学校教育，对学前教育和成人教育的侧重较少。对近代终身教育发展理念产生较为深远影响的是著名的教育学家陶行知先生，他的教育观点中蕴含着对终身教育观念极大的认同。陶行知最著名的观点是"生活即教育"，这意味着有生活就有教育，而生活伴随着人的一生，只要有生命就存在生活，这充分体现了教育与人类命运相伴相生的关系。陶行知还认为，平民教育就是每个人都拥有平等的机会来接受教育，教育是打通阶级的，这与终身教育思想中所提倡的教育对象范围十分吻合。在终身教育的责任主体方面，陶行知认为，终身教育必须是学校、家庭、社会三位一体同时进行，形成有效合力。他还批判了传统学校的教育方式及内容，并大力提倡教育改革。陶行知的教育思想促进了各种形式的教育发展，对我国终身教育的进步产生了积极的影响。

2. 中华人民共和国成立以来终身教育观点的发展

在中华人民共和国成立后和社会主义建设的这段时期，我国对终身教育的概念主要体现在普及知识文化层面上。1949年，教育部颁布《关于开展今年冬学工作的指示》中提到："有计划有步骤地实行普及教育、加强中等教育和高等教育，注重技术教育，加强劳动者的业余教育和在职干部教育，给青年知识分子和旧知识分子以革命的政治教育，以应革命工作和国家建设工作的广泛需要。"[①] 毛泽东同志高度重视教育的平民化，他认为："从前的教育是贵族和资本家的专利，一般平民，绝没有机会去受得。"[②] 教育要实现平民化，要从平民接受知识开始，从兴办学校开始。因此，在中国成立之初，我国在文化教育方面主要以"扫盲教育"为主，扫盲教育实现了我国教育普及程度的广泛提高。

改革开放是我国终身教育发展的分水岭，随着社会潮流逐渐向开放和发展迈进，我国也在不断重视教育事业的发展，对终身教育和人才的培养更加注重素质层面，终身教育的定义更加明确。邓小平同志提出"教育还是要两条腿走路"的论断，提倡学校可以搞多种形式。1980年，在教育部颁布的《关于进一步加强中小学教师培训工作的意见》中，首次将"终身

---

① 何东昌. 中华人民共和国重要教育文献（1949—1975）［M］. 海口：海南出版社，1998：3.

② 毛泽东. 毛泽东早期文稿［M］. 长沙：湖南出版社，1990：339.

教育"作为专有名词列入国家政策文件中。1981 年，中共中央、国务院颁布了《关于加强职工教育工作的决定》，提出了"建设四个现代化的社会主义强国，需要一大批广大的有社会主义觉悟、有科学文化知识、有专业技术和经营管理经验的职工队伍，需要有一大批又红又专的专门人才"[①]。这深刻体现了国家对教育和知识的重视，甚至延续到了工作岗位的管理中。1985 年，我国进行了教育体制改革，提到："有关干部、职工、农民的成人教育和广播电视教育是我国教育体系极为重要的组成部分。"[②] 改革将成人教育和广播电视教育纳入我国的教育体系中，终身教育体系的范围得到了延展。

20 世纪 90 年代是我国终身教育从理念向实践转变的重要阶段。1993 年，终身教育正式写入《中国教育改革和发展纲要》这一文件中，它成为了我国终身教育从理念到实践转变的重要标志。1995 年，在第八届全国人民代表大会第三次会议通过的《中华人民共和国教育法》中明确指出："推动各级各类教育协调发展、衔接融通，完善现代国民教育体系，健全终身教育体系，提高教育现代化水平。"[③] 这是我国第一次提出要建立和完善终身教育体系，构建终身教育成为我国国家发展的基本政策和国家战略。

此后，江泽民同志、胡锦涛同志相继对我国终身教育的概念进行延伸拓展，他们都认为，终身教育已是当前和未来的大势所趋。在 21 世纪初期，我们党和国家就提出要构筑终身教育体系，创建学习型社会。在党的十六大报告中，强调了要形成全民学习、终身学习的学习型社会，促进人的全面发展，这意味着我们党和国家已经把创建学习型社会列为国家的重要战略和发展目标。这一时期，我们国家也在逐步建立和完善有利于终身学习的教育制度。学校要进一步向社会开放，发挥学历教育、非学历教

① 中共中央、国务院关于加强职工教育工作的决定 [J]. 中华人民共和国国务院公报，1981 (10): 295-300.
② 中共中央关于教育体制改革的决定 [EB/OL]. http: //old. moe. gov. cn/publicfiles/business/htmlfiles/moe/moe_177/200407/2482. html，1985-05-27.
③ 中华人民共和国教育法 [N]. 人民日报，1995-03-18 (1).

育、继续教育、职业技术培训教育等多种功能；要加强相互间的衔接与沟通，为学习者提供多种多次受教育的机会；要以远程教育网络为依托，形成覆盖全国城乡的开放教育系统，为各类社会成员提供多层次、多样化的教育服务。努力做到学历教育和非学历教育协调发展、职业教育和普通教育相互沟通、职前教育和职后教育有效衔接，为努力形成全民学习、终身学习的学习型社会奠定了坚实基础。

由此可见，特别是我国自进入 21 世纪以来，终身教育的体系规模不断发展壮大，我国更加重视对终身教育体系的构建，同时意识到网络教育的重要作用，更加注重各教育阶段的衔接与结合，努力实现教育服务的多元化需求。这些思想都对新时代终身教育思想提供了极为重要的借鉴，也为其奠定了扎实的理论基础。

二、新时代终身教育重要论述的内容与特点

（一）终身教育的定义

1. 何谓终身教育

关于终身教育的定义，实际上在 1965 年保罗·朗格朗就作了关于终身教育的提案，他在提案中提到：终身教育所意味的，并不是指一个具体的实体，而泛指某种思想或原则，或者说是指某种一系列的关注及研究方法。①

从国际社会对终身教育的发展来看，并没有对终身教育提出严谨的定义，但从国际著名学者和研究专家对终身教育概念的理解来看，其共性大

---

① 高志敏. 终身教育、终身学习和学习型社会 ［M］. 上海：华东师范大学出版社，2005：8.

致包含以下几个方面：其一，对终身教育主体的界定。通常认为是由学习者本身主体自由、自主、自助的一种教育模式，政府对政策和方向进行把控。其二，对终身教育目标的界定。国际上对终身教育发展的目标是构建终身教育体系，搭建终身学习的"立交桥"，将终身教育的资源有机整合。终极目标是要建立学习型社会，旨在培养人的全面发展。其三，对终身教育范围的界定。国际上通常主张终身教育的范围涵盖人一生所接受教育的总和，包括人各阶段不同类型的教育，范围较广。

目前，我国学术界大部分学者认可的终身教育定义是由著名的终身教育研究学者吴遵民教授提出的。他认为，终身教育是指人在一生中所接受教育的总和。从纵向上看，教育应贯穿人的一生，而不只局限于儿童和青少年；从横向上看，即指通过各类教育资源的整合，形成开放的教育体系。

因此，关于终身教育的概念，可以大致归纳为：终身教育是贯穿人类一生的教育，包含人类各阶段所接受的教育类型、各类教育资源整合的完整体系。同时承担起终身教育的责任主体是多方的，包括国家、社会、学校、家庭乃至个人。

2. 终身教育与终身学习的关系

关于终身教育与终身学习二者的关系，要追溯到罗伯特·哈钦斯在1968年出版的《学习化社会》中提出的"学习社会论"，这是终身教育向终身学习转变的契机。到了1976年11月，联合国教科文组织在非洲内罗毕召开第19届总会，会议通过了《关于发展成人教育的劝告书》，其中才明确提及了终身学习的概念。劝告书明确指出，应当将终身教育术语改为终身学习。但由于当时终身教育的术语已经被普遍使用，因此采取了特殊的处理方法，将终身学习与终身教育术语同时使用，这样做的目的使得终身学习和终身教育成为了联合国教科文组织正式推举的教育用语，并且也表达了终身教育朝着终身学习，即以学习者为中心的理念发展。

事实上，教育与学习是不可分割的整体，是相互依存、共生共进的关系。终身教育是终身学习发展的基础和前提条件，而终身学习又是终身教育内涵的延伸。在终身教育资源互通互融的情况下，强调个体学习的主观能动性以及持续性，这是对终身教育理念的倡导与深化。因此，我们通常认为，终身学习是终身教育往高级形态的演化，它的产生与人类社会文明进步、国家经济发展水平、科学技术进步程度、社会生活环境等因素息息相关。在研究终身教育的过程中不能忽视对终身学习的研究，要将二者视为一个有机整体。

（二）新时代终身教育重要论述的主要内容

1. 构建体系完备的终身教育

全民教育、终身教育、全民学习和终身学习的问题是关系中华民族能否持续发展与民族复兴大业能否实现的重大战略问题。

在党的十九届四中全会通过的《中共中央关于坚持和完善中国特色社会主义制度 推进国家治理体系和治理能力现代化若干重大问题的决定》中明确指出："构建服务全民终身学习的教育体系。全面贯彻党的教育方针，坚持教育优先发展，聚焦办好人民满意的教育，完善立德树人体制机制，深化教育领域综合改革，加强师德师风建设，培养德智体美劳全面发展的社会主义建设者和接班人。推动城乡义务教育一体化发展，健全学前教育、特殊教育和普及高中阶段教育保障机制，完善职业技术教育、高等教育、继续教育统筹协调发展机制。支持和规范民办教育、合作办学。构建覆盖城乡的家庭教育指导服务体系。"[①] 可以看出，在新时代终身教育思想中，终身教育涵盖的对象更广，分类更细致，形成了较为完整的终身教育体系。

在《中国教育现代化2035》中，更明确指出2035年我国教育的主要发展目标是："建成服务全民终身学习的现代教育体系、普及有质量的学前教育、实现优质均衡的义务教育、全面普及高中阶段教育、职业教育服务能力显著提升、高等教育竞争力明显提升、残疾儿童少年享有适合的教

---

① 中共中央关于坚持和完善中国特色社会主义制度 推进国家治理体系和治理能力现代化若干重大问题的决定［N］. 人民日报，2019-11-06.

育、形成全社会共同参与的教育治理新格局。"①

这体现了我们党和国家努力构建终身教育体系的长远目标。因此，不难发现，在构建体系完备的终身教育过程中，价值引领是灵魂、统筹协调是纲领、家庭指导是基础、方式创新是核心、共享开放是支撑，这五重维度相互联系、互相促进，构成一个有机整体。

2. 建设学习型社会

2013 年，习近平总书记在联合国"教育第一"全球倡议行动一周年纪念活动上发表视频贺词，提到："中国将努力发展全民教育、终身教育，建设学习型社会，努力让每个孩子享有受教育的机会，努力让 13 亿人民享有更好更公平的教育，获得发展自身、奉献社会、造福人民的能力。"② 2015 年，习近平总书记在致国际教育信息化大会的贺信中提到："建设'人人皆学、处处能学、时时可学'的学习型社会，培养大批创新人才，是人类共同面临的重大课题。"③ 2020 年，党的十九届五中全会审议通过了《中共中央关于制定国民经济和社会发展第十四个五年规划和二〇三五年远景目标的建议》，指出"发挥在线教育优势，完善终身学习体系，建设学习型社会"④。由此看来，建设"学习型社会"已经成为新时代终身教育思想中的重要内容之一，体现了我国提倡从接受终身教育到自主终身学习的转变，也证明了我国终身教育事业在发展中不断走向成熟。

近年来，我国在借鉴联合国教科文组织关于建设"学习型社会"的前提下，产生并发展了学习型组织，如学习型社会、学习型城市、学习型政党等。特别是党的十九大以来，中国不断推动学习型社会建设，目的是提

---

① 中共中央、国务院印发《中国教育现代化 2035》［J］．中华人民共和国教育部公报，2019（Z1）：2-5.

② 习近平主席在联合国"教育第一"全球倡议行动一周年纪念活动上发表视频贺词［EB/OL］．http://cpc.people.com.cn/n/2013/0927/c64094-23052930.html，2013-09-27.

③ 习近平．致国际教育信息化大会的贺信［N］．人民日报，2015-05-24（02）．

④ 中华人民共和国国民经济和社会发展第十四个五年规划和 2035 年远景目标纲要［N］．人民日报，2021-03-13（01）．

倡社会发展终身教育，号召全体公民树立终身学习的观念。

在党的十九大报告中，具有理论性突破的是首次明确提出了"建设学习大国"的战略任务，即"办好继续教育，加快建设学习型社会，大力提高国民素质"；"要增强学习本领，在全党营造善于学习、勇于实践的浓厚氛围，建设马克思主义学习型政党，推动建设学习大国。"① 这是中国共产党第一次在党的重要文献中同时将推动学习型社会、学习型政党、学习大国建设上升为党的重要意志和任务。同时也意味着，我们党和国家把终身教育的内涵进一步向纵深推进，形成了学习与社会发展相互衔接的良好态势与局面。

3. 大力发展继续教育

在教育资源相对不足的情况下，继续教育已成为实现人的全面发展的重要途径，跨进学习型社会的重要支柱，建设创新型国家的客观要求，传承与创新人类文明的重要动力。习近平总书记高度重视继续教育的重要性，在继续教育问题上作出了重要指示，提倡要科学把握规律，牢固树立终身学习、人人成才、多样化人才和全面发展观念，不断满足社会成员多样化的继续教育需求。

根据《国家中长期教育改革和发展规划纲要（2010—2020 年）》，继续教育是面向学校教育之后所有社会成员特别是成人的教育活动。这指明了当一个社会成员离开正式的学校教育系统、步入社会之后所接受的初中后、高中后、大学后的各种类型的教育都应属于继续教育，其对象主体是承担一定社会工作责任、生活责任的成人群体。因而，推进继续教育有利于社会长期稳定的发展。

从党的十八大报告提出"积极发展继续教育，完善终身教育体系"，再到党的十九大报告明确提出"办好继续教育"的目标，我们党和国家在发展继续教育的过程中实现了加快构建终身教育制度、加强继续教育平台建设、统筹扩大继续教育服务的成果。2021 年 7 月，发布《教育部办公厅关于加强

---

① 习近平. 决胜全面建成小康社会 夺取新时代中国特色社会主义伟大胜利——在中国共产党第十九次全国代表大会上的报告［N］. 人民日报，2017-10-28（01）.

社会成人教育培训管理的通知》，从坚持正确方向、规范名称使用、严格招生管理、选好培训内容、优化师资团队等 10 个方面加强了对继续教育培训的管理。这说明了我国的继续教育在不断满足不同类型人群的需求，不断为健全终身教育体系而服务，同时也在不断走向规范化。

大力推进继续教育是深入贯彻落实党的教育方针、朝着构建服务全民终身学习的教育体系方向阔步前进的重大决策，在推进教育治理体系和治理能力现代化进程中，必将处于十分重要的位置。

4. 建立开放、灵活、便捷的终身学习体系

关于如何构建终身学习的科学体系，我们国家始终在进行探索与研究，多次强调要拓宽和畅通终身学习的渠道。在新时代的背景下，提倡要健全促进公平、科学选才、监督有力的体制机制，构建衔接沟通各级各类教育、认可多种学习成果的终身学习立交桥。

"终身学习立交桥"实际上就是指开放、灵活、便捷的终身学习体系。搭建终身学习立交桥，就是要整合各种教育资源，建立健全优质终身学习网络。形成各类教育相互沟通和衔接的终身学习体系，畅通终身学习通道，更多更好地提供个性化学习条件。建设以现代信息技术为载体的远程开放终身教育平台，发挥社会公共文化设施的教育服务功能，鼓励社会和学校的图书馆、科技馆、文化馆、博物馆、体育场馆等有序免费向社会开放。以推进学习型组织为抓手，做好城镇学习型街道、社区，农村村民文化学习中心，政府机关、事业单位和行业、企业学习型组织建设。同时，要促进城乡与区域交流与合作，推动终身学习协同发展。

当今世界是信息化时代，因应信息技术的发展，推动教育变革和创新，构建网络化、数字化、个性化、终身化的教育体系也是我们必须面临的挑战与机遇。在党的十九届四中全会中明确提到，发挥网络教育和人工智能优势，创新教育和学习方式，加快发展面向每个人、适合每个人、更加开放灵活的教育体系，建设学习型社会。[1] 2020 年 9 月 22 日，习近平同

---

[1] 中共中央关于坚持和完善中国特色社会主义制度 推进国家治理体系和治理能力现代化若干重大问题的决定 [N]. 人民日报, 2019-11-06.

志主持召开教育文化卫生体育领域专家代表座谈会时指出，要完善全民终身学习推进机制，构建方式更加灵活、资源更加丰富、学习更加便捷的终身学习体系。[1] 互联网的发展为新时代构建终身学习体系带来全新机遇，我国正努力为全体社会成员提供不受时空限制的、优质的教育资源和方便、快捷、个性化、可交互的学习服务，构建网络化、数字化、个性化的终身学习体系。

（三）新时代终身教育的新特点

1. 以人为本　提升教育普惠性

党的十九大报告中明确指出，"中国特色社会主义进入新时代，我国社会主要矛盾已经转化为人民日益增长的美好生活需要和不平衡不充分的发展之间的矛盾。"[2] 这一转变所蕴含的深刻内涵是：教育也是人民美好生活的一部分，在教育领域同样需要朝着"人民满意"这个目标前行。终身教育以人为本的特点，就要求终身教育必须要解决一个最重要的现实问题——教育公平。从"扫盲教育"到"构建体系完备的终身教育"，这一转变象征着从"能够学"到"学得好"的转变，从努力解决教育公平到要努力实现高质量教育成果普惠，这一系列都体现了以人民为中心的发展思想。同时，当前不断提倡运用网络发展终身教育，促进新时代的终身教育体系实现缩小教育公平差距、提高国民教育质量的目标。

终身教育的全民性，是指接受终身教育的范围广度。受教育的人应当是存在于社会中的每一个人，并且国家要不断扩大个体受教育的权利。联合国教科文组织教育研究所研究员达贝提出，终身教育具有民主化的特色，反对教育知识为所谓的精英服务，使具有多种能力的一般民众能平等获得教育机会。而事实上，对我国而言，社会中的每一个人都要学会生

---

① 中央纪委国家监委网站. 完善全民终身学习推进机制 构建终身学习体系 ［EB/OL］. http://www.ccdi.gov.cn/yaowen/202010/t20201020_227470.html, 2021-04-05.

② 习近平. 决胜全面建成小康社会 夺取新时代中国特色社会主义伟大胜利——在中国共产党第十九次全国代表大会上的报告 ［N］. 人民日报, 2017-10-28.

存，要学会生存就离不开终身教育和终身学习，这将会是时代发展的主流，也是现代社会给每个人提出的新课题。

2. 主体转换　兼顾教育与学习

新时代终身教育发展的逻辑不仅只从教育的主体出发来考虑，更关切到了教育的受体，从学习方面对终身教育提出了见解和观点。我国现代终身教育体系强调的是以学习者为中心，培养全民终身学习的兴趣和能力，达到激发学习者兴趣的目的，从而形成学习型社会，在此基础上去建立终身教育的完备体系。传统教育概念普遍认为，教师是教育的主体，学生是教育的客体。在终身教育思想中，教与学不再有主客体的分别，更加强调"学"的主体性，它甚至可以是一种没有教师的教育。在更深层次的意义上，终身教育是受教育者向环境学习的自我教育，是一种自主的教育，更是人从"受教育权"向"主动学习权"的转变。

进一步来说，在新时代的背景下强调"学习型社会"是中国特色社会主义制度优越性的体现。在全民终身学习的结构下，通过从终身教育到终身学习的进化，社会性和民主性得到了内在统一。终身学习更加关注人民群众在教育中的主体地位，更加凸显教育的服务功能与实践功能。

3. 包容多样　融合新发展理念

终身教育的需求是发展变化的，这就决定了终身教育的对象本身是多样的、广泛的且包容性强。在地域方面涵盖了国内与国外不同种族的不同人群，如我国有促进中外教育、文人交流的孔子学院，创办中国特色海外国际学校，以及职业院校与海外合作建设的"鲁班工坊"等。在年龄方面涵盖了从幼儿到老年，我国老年大学的创办与发展十分迅速。特征范围涵盖了普通到特殊的人群，甚至特殊的残障人士也有专门类型的学习可供其接受教育。可以说，终身教育包括了所有现存的教育形态在内的教育过程，它并非单一或纯粹的教育形态，更多的是一种教育理论和教育观念，即教育要打破空间上的界限，打破学校的围墙，能够把终身教育的理念带向社会，让全社会都能做到终身学习。终身教育既包括家庭教育、学校教育，也包括社会教育。可以这么说，它包括人的各个阶段，是一切时间、一切地点、一切场合和一切方面的教育。终身教育扩大了学习"天地",为整个教育事业注入了新的活力。

新时代终身教育的突出特征是鲜明的协调性,这深刻体现了习近平同志提出的"五大发展理念"的内涵,真正实现统筹兼顾、协调发展。从终身教育体系外部来看,始终注重继续教育与学前教育、义务教育、高中教育、高等教育以及特殊教育等统筹推进、协同发力。从终身教育体系内部来看,强调各要素相互协调、相互影响、相互促进,强调终身教育事业是政府、社会、家庭、个人等各方都有责任的教育,同时还涉及不同成长阶段的不同群体。

4. 开放共享　加强区域协作

我国的终身教育发展不但要立足国情,而且要有世界眼光,既要借鉴人类社会发展的成果,又要向世界努力贡献中国的教育方案。自党的十八大以来,党中央、国务院高度重视教育信息化工作,以"三通两平台"为核心的各项重点工作快速推进,包括社会教育在内的教育资源体系建设及信息化共享平台建设取得显著成效。我国积极推进继续教育、终身学习相关服务平台建设,在资源共享方面取得新成效。例如,依托国家开放大学建立国家数字化学习资源中心,依托中国成人教育协会建立开通的全民终身学习公共服务平台,以构建学习型社会为宗旨,广泛整合社会力量和优质学习资源,创新终身教育模式,积极推进全民学习终身化、信息管理智能化。

2020 年至今,新冠肺炎疫情在全球蔓延,"互联网+教育"已然成为大趋势。值得一提的是,在这样的形势下,我国始终坚持在教育资源上实现开放共享,将终身教育不断推进向前。例如,我国推出中小学智慧教育平台,涵盖教育、课程教学、家庭教育、教师研修等多个板块内容,其中蕴含着终身教育的科学理念。我国在不断积极探索成熟完备的在线教学系统,利用互联网共享共通的特点,将国内外的网络教育资源不断整合优化。

由此可见,在我国的终身教育体系中已逐渐呈现出灵活、开放、共享的特点,中国教育在世界范围内的话语权也越来越重。尤其是在互联网和信息化时代,任何需要学习的人,都可以随时随地接受任何形式的教育，学习的时间、地点、内容、方式均由个人决定。人们可以根据自己的特点和需要选择最适合自己的学习。

三、终身教育理念在福建省的探索与发展

（一）福建省关于终身教育的政策与立法

1. 雏形阶段（2001~2004 年）

2001 年，福建省政府文件中首次提出"构建终身学习体系"，标志着有关终身教育的立法在福建省的产生。2002 年，在福建省政府工作报告中明确提到，全面推进素质教育，积极发展职业技术教育、少数民族教育、现代远程教育及各种成人教育，逐渐形成终身教育体系。[①]

2003 年，福建省政府工作报告进一步提出了，建设全民学习、终身学习的学习型社会。[②] 同年，省人大代表提出了有关福建省终身教育立法的议案。该议案遵循国家教育方针政策与实际情况，较为详细地分析了福建省终身教育立法的意义。经专家调研，最终审议通过了该提案建议。

2004 年底，《福建省终身教育促进条例（草案征求意见稿）》首次公开征求民众和社会各界人士对终身教育提案的意见和建议，并提出向台湾地区学习先进经验的想法，这一做法大胆尝试，彰显了在终身教育立法过程中公正、公平、创新的立法精神。

这一阶段，福建省已经开始关注到终身教育对地区发展的重要作

---

① 坚定信心 奋发有为 把福建的现代化建设事业继续推向前进 ［EB/OL］．http：// www. fujian. gov. cn/szf/gzbg/zfgzbg/200707/t20070715_1138363. htm，2002–03–14.

② 与时俱进 开拓创新 向全面建设小康社会宏伟目标迈进 ［EB/OL］．http：//www. fujian. gov. cn/zwgk/zfxxgk/szfwj/szfgz/201507/t20150713_1200608. htm，2003–01–21.

用，但由于对终身教育的政策和立法处于探索阶段，尚未形成完整的立法文件，且对终身教育体系的内容覆盖不够全面。

2. 发展阶段（2005~2009 年）

福建省在国际社会提倡的终身教育理念和中央政策影响下大力推广终身教育，努力推动终身教育的立法政策落地实施。2005 年 9 月，省内出台并正式实施了终身教育的标志性条例，这是国内出台的第一部地方性终身教育条例——《福建省终身教育促进条例》，体现了福建省在终身教育立法和实践方面已经走在全国前列。该条例涵盖了各级各类的教育形式，提出要发展终身教育，积极倡导民众终身学习，提升自身素养，促进人的全面发展。

2006 年，在福建省政府的支持和引导下，成立了福建省终身教育促进委员会，2009 年各地市和县（市、区）相继成立了终身教育促进委员会。从制度保障到实施活动，不断致力于终身教育体系建设的各项工作，对于推进福建省终身教育政策立法起到了重要的作用。

在这一阶段，福建省已经出台了关于终身教育的正式立法和政策，在终身教育领域走在了全国的前列。但在这一阶段，对终身教育概念的范围定义依然不够精准，仅把终身教育视为正规学校学习后的成人教育或是继续教育。

3. 成熟阶段（2010 年至今）

2010 年，中央出台了《国家中长期教育改革和发展规划纲要（2010—2020 年）》，这对福建省终身教育的发展起到了助推作用。《福建省中长期教育改革和发展规划纲要（2010—2020 年）》高度响应了中央和国际上关于终身教育达成的共识，将"基本形成终身教育体系"列为发展目标，指出"各级各类教育协调发展，现代国民教育体系更加完善，终身教育体系更加完备，人民群众接受高质量教育的需求得到更大满足，教育为现代化建设服务的能力大幅提升。"① 福建省通过充分调动政府、企

---

① 中共福建省委、福建省人民政府. 福建省中长期教育改革和发展规划纲要（2010—2020年）[EB/OU]. http://www_eeafl.cn/syzdjgsy/20120110/2568.html，2011-02-10.

业、高校等各方力量，相互配合协调，建立全社会共同参与、推进终身教育的发展机制。有效推进各类教育资源向社会开放，实现资源共享，开展有组织的终身教育活动。

福建省"十二五"教育发展专项规划指出，"完善终身教育管理体制和运行机制，建成开放大学，稳步发展学历继续教育，大力发展非学历继续教育，加快发展老年教育，广泛开展城乡社区教育，加快建设各类学习型组织，基本形成具有福建特色的终身教育体系。"①

2020 年 12 月，《中共福建省委关于制定福建省国民经济和社会发展第十四个五年规划和二〇三五年远景目标的建议》（以下简称《建议》）中提到，"发挥网络教育和人工智能优势，建立健全继续教育体制机制，构建终身学习体系，建设学习型社会。"② 作为福建省的省会城市福州市，在响应国家号召的同时，也在不断推进终身教育体系的健全与完善。推进智慧教育建设，拓展高校联合培养新模式，探索"云大学"建设。完善终身教育体系，加强老年教育和社区教育，建设学习型社会。由此可见，福建省在构建终身教育体系的过程中不断进步和完善。

这一阶段是福建省终身教育体系发展的成熟阶段，终身教育体系的内涵更加丰富，体现了各级各类教育的"大教育体系"。福建省更加注重各阶段教育和不同的教育渠道，不断缩小教育差距，优化完善各阶段的教育体制机制，以努力构建学习型城市为目标。

（二）福建省终身教育的特色实践

1. 致力于打造特色品牌

福建省十分注重社区教育，创新打造了许多关于终身教育的特色品牌活动。例如，福建省教育厅在 2018～2020 年开展省级终身学习特色品牌项

---

① 福建省人民政府关于印发福建省"十二五"教育发展专项规划的通知文号：闽政〔2011〕47 号，2011 年第 20 期.

② 福建省人民政府. 中共福建省委关于制定福建省国民经济和社会发展第十四个五年规划和二〇三五年远景目标的建议［EB/OU］. http：//www.fujian.gov.cn/xwdt/fjyw/202012/t20201231_5504703.htm，2020-12-31.

目建设，健全完善城乡社区（老年）教育机构，推进城乡社区（老年）教育内涵建设，为居民就近、就地学习创造条件，营造人人学习的氛围。活动通常以贴近群众生活和实际为标准，努力建设学习型城市。福建省还以立法形式规定每年 9 月 28 日为终身教育活动日，通过多种形式的宣传推广，普及终身教育理念，营造终身学习的氛围，扩大终身教育在城市和百姓之间的影响力。这样做旨在宣传、表彰终身教育各项工作，为全民传播终身教育、终身学习的理念。

福建省每年都针对终身教育专题进行专项工作要点规划，在规划中列入多项特色品牌活动。例如，"非遗双百进社区"，"人文研学、直播带学"，对农民工开展"求学圆梦行动"，甚至对监狱服刑人员也开展"送学入监"活动，真正实现终身教育的无差别对待，让不同人群接受继续教育，提高学历层次。

2. 创新学分银行制度

2009 年，福建省探索建立了"学分银行"和"课程超市"等制度。学分银行有模拟银行的功能，对学习者的"学习财富"进行管理，目的是谋求教育的开放，按照以人为本的理念，使教育体系和制度能够更好地适应社会对于人才多样化的要求及学习者群体多元化的学习需求，构建人才成长立交桥。在《国家中长期教育改革和发展规划纲要（2010—2020年）》和福建省"十三五"规划文件中提出建立"学分银行"制度、或建立个人学习账号和学分积累制度的要求。2018 年，福建省教育厅正式成立福建省终身教育学分银行。福建广播电视大学等高校还签署了《福建省继续教育学分银行合作联盟章程》，这标志着福建省继续教育学分银行合作联盟正式成立。该合作联盟是一个非营利性、非法人、行业性和开放性的合作组织，旨在建立高等继续教育领域学习成果积累与转换制度，推进不同类型学习成果的互认与衔接，扩展学习者的学习通道和选择机会。

创建学分银行制度可以有效地将终身教育与终身学习融合，突出学习者的主体地位。创建学分银行制度的优势在于：第一，学习者可以建立一份信息完整、要素齐备的终身学习档案，方便随时查询、随时更新，并终身有效。第二，当学习者选择到学分银行合作联盟的教育机构继续学习时，可以用积累在学分银行中的各类学习成果向该教育机构申请学习成果转换；经该教育机构按规定审核后，可办理成果转换，替代一定的学分；可以在该教育机构继续学习，满足条件后获得相应学历文凭或证书。第三，学习者可以就存储的学习成果，向学分银行申请出具《学习成果认证报告》，作为个人继续学习的有效凭证。

福建省还在建立学分银行制度的基础上运用学习成果框架，学分成果框架是继续教育领域各类学习成果实现认证、积累与转换的共同参照系。它具有国际上通行的资格框架的功能，通过相关标准和规范，能够有效提高学习成果的透明性、可比性和转换性。学习成果框架共分 10 个等级，从第一至第十，第一级为最低级，第十级为最高级。各个等级的成效特性，由一套学习成果等级指标加以描述。根据我国国民经济行业分类标准，框架中的学习成果分属于多个行业领域。同时，根据学习成果的不同呈现形式，可将其分为学历教育学习成果、非学历教育学习成果和无一定形式学习成果三种类型。

3. 建立数字化资源平台

福建省运用信息化和数据库技术及数字化平台将终身教育的理念传播出去。福建省专门设立福建终身学习在线网站，继续推进终身学习公共服务平台建设和课程建设，推动全省各类终身学习平台互通互联，拓展网络学习内容，形成资源共享，构建更加开放、有效的终身学习公共服务平台，为各类学习者提供便捷、灵活、多样的学习条件。

在建立数字化资源平台这方面，福建广播电视大学是福建省高校在现代信息技术和远程教育领域的应用典范。学校始终坚持追踪现代科学技术的发展，不断推进信息技术与教育教学的深度融合，促进终身教育手段和教学方法的现代化。福建广播电视大学建设有功能强大的在线学习平台、数字化学习设施和网络管理系统，为开展网上教学与学习服务提供了有力支撑。学生通过电脑、手机、平板等网络终端，便能享受海量的学习资源和方便的服务，随时随地进行学习，达到时时可学。学校整合校内外优质教育资源，组建各类专业课程教学团队，实行"线上线下混合式"教学模式，以优势学科和课程为龙头，开发建设了闽台文化、社区工作、茶文化等多个特色学科教学资源，建有文字教材、全媒体数字教材、网络课程、微课视频、虚拟实验等立体化课程学习资源，并获得多项省级、国家开放大学精品课程和各类教育教学成果奖，实现数字化学习资源开放共享，做到处处能学。学校努力适应社会成员多样化、个性化的学习需求，大力开展职业教育、社区教育和老年教育。注重拓展校企合作，建设实训场所和学习基地，全面提升学生职业技能和实践能力。依托全省办学系统构建全覆盖的五级社区教育体系，成立福建老年开放（互联网）大学，建设开通了福建终身学习在线平台，汇聚了4万多学时优质网络课程免费向社会开放。

由此可见，福建省对于终身教育数字化资源平台的建立有效推动了终身教育体系的完善，也使得终身教育和学习的渠道和方式不断取得新突破。

4. 健全体制机制

福建省在发展终身教育的过程中着力破解体制机制的难题，不断完善终身教育的运行机制。经过长期发展，福建省有较为健全的终身教育体制机制。

在政治统筹协调能力方面，福建省基本能够形成权责明确、规范有序的终身教育管理体制。福建省在发展终身教育的过程中得到政府的高度重视，对终身教育的经费投入力度大，有专项经费予以支持。政府还积极调动社会筹办教育的可能性，将各级各类培训的成本分散到不同主体上。另外，福建省成立了终身教育促进委员会等终身教育专门机构，并通过加强立法的方式不断明确终身教育的地位和政府在发展终身教育过程中的责任，出台多项有利于终身教育发展的条例法规，向广大群众引导普及终身教育理念。

福建省发展终身教育拥有良好的服务机制。按照创新社会管理和服务的要求，近年来，政府充分发挥各类社会组织、民间团体、群众组织、企业单位、媒体等调动社会各界力量参与到终身学习中，营造了多元化的充满生机的终身学习氛围，在办学方面也能够满足从幼儿到老年不同群体的多样化学习需求。福建省也在探索和发挥网络在终身教育和终身学习中的地位和作用，努力实现教育公共服务均等化，以达到终身教育的普惠目的。

福建省在终身教育方面具有落实评估的监督机制，努力构建政府、社会、个人"三位一体"的终身教育评估监督格局，强化教育监督的职能，有利于保障促进终身教育的发展。

（三）闽江职业大学推进终身教育案例

1990~1996 年，习近平同志时任福州市委书记期间，曾兼任闽江职业大学（现闽江学院）校长 6 年。闽江职业大学是福建省乃至我国新时代终身教育发展的重要孕育地、实践地。

1. 适应社会发展需要

闽江职业大学是改革开放时代背景下的产物，当时，福建省经济发展迅速，综合实力不断攀升，伴随社会主义市场经济体制的萌芽，福建省最重要的是要转变经济增长方式，调整经济发展结构。而推动经济产业结构优化的重要因素之一是劳动力结构，改善劳动力结构更深层次是要解决创新和人才的问题。因此，要解决这一问题，一方面离不开政府的支持，另一方面也有赖于省内对高等教育和成人教育事业的关注，不断扩大劳动力市场，甚至为脱离学校的在职人员提供学习机会，促使劳动力不断满足社会需求，实现经济发展。

与上述理念相对应，闽江职业大学十分重视对学生的劳动教育，培养劳动习惯，这项重要的教育内容成为了奠定闽江职业大学进一步走强化职业技能训练道路的基础。在师生的共同努力下，闽江职业大学推动施行"五性"要求，即思想性、适应性、实践性、开发性、主动性，同时，探索出一条与工农相结合的道路。

闽江职业大学在早期办学过程中，重视学生的自主创新能力与动手实践能力，充分体现了办学理念的前瞻性和开放性，不仅考虑到了学生当下的发展，也考虑到了学生的未来。在办学过程中，学校努力向人的全面发展靠拢，积极探索出"立足福州，面向市场，注重质量，突出应用"的人才培养格局，让人才全方位的发展、适应社会多样化的需求，在社会中充分涌流。

终身教育的突出特点就是要考虑人的全面发展，并且教育始终是为社会经济服务的，终身教育的目的就是让人们通过教育适应不断改变的社会环境和社会需要，而闽江职业大学所倡导的理念与终身教育的理念十分契合。

2. 加强各级各类培训

闽江职业大学在早年按照现代科学技术文化发展的新成果和社会主义现代化建设的实际需要，更新教学内容，调整课程结构，强化基本知识基础理论和基本技能的培养和培训，着重培养学生的分析和解决问题的能力，重视用人单位对毕业生质量的评价。

闽江职业大学办学形式多样，除每年完成国家下达的各项专业指令性招生计划外，采取与企事业单位、部门联合办学，接受企事业、部门委托办学，招收自费生、进修生、开办短期培训班等形式，受训人员4000多人。其中具有代表性的是，创办了"三通"（秘书、公关、企管）培训班，针对岗位所需的基础理论和基本技能对相关人员进行培训，结业后可称为中级管理人才。

成人教育和继续教育作为终身教育理念的重要组成部分，普通大学学历教育后的再学习活动越来越受到社会的普遍关注。终身教育作为一项规定和任务，已分别写入《中华人民共和国教育法》和《中国教育改革和发展纲要》中。1993年，根据《中国教育改革和发展纲要》精神，闽江职业大学制定了"大力发展成人教育"的战略，使成人教育的改革和发展出现了全新的局面，由以短期培训为主发展为多层次、多学科、多形式的成教体系。在稳定成人学历办学优势的同时，附设"福建省继续教育基地"平台，积极拓展各类短期培训和专业技能鉴定，实现学历教育和非学历教育协调发展，为地方经济和社会文化发展提供智力支撑。重点发展非学历教育，实践服务对象多元化、教育方式多样化，高度符合终身教育的特性，即终身性、全民性、广泛性，突破了传统大学的教育模式。

可以说，闽江职业大学成人教育学院是终身教育在闽江职业大学发展、沿革的产物，开展了各级各类继续教育和培训。

3. 努力推动教育公平

闽江职业大学用扎实的行动努力推动教育公平，而教育公平的问题是一个将长期存在并事关终身教育事业发展的关键问题。

闽江职业大学关注到毕业生"农转非"问题，通过充分调研情况，促使闽江职业大学的学生"农转非"问题得到了解决，为学校的长远发展奠定了扎实的基础。在资源优化整合方面，闽江职业大学图书馆秉持"服务社会、扩大影响"的思想，校图书馆给福建周边贫困地区捐赠各类图书、期刊，为推动教育资源的公平也作出了一定的贡献。在一定程度上体现了终身教育的普适性特点，推动了终身教育事业的发展。

4. 深化教育教学改革

在改革开放时期，闽江职业大学积极改革办学模式。在当时，学校要进入经济建设主战场，打破封闭式办学和关门改革的思路，树立开放式办学理念。在广度、深度与规模上加强与生产部门和科研单位的联系。同时，在全面评估办学水平，总结人才培养和人员培训经验的基础上，深化校内改革，强化学校管理，逐步形成一整套独具特色的教育管理制度。确保所培养的学生成为德智体美劳全面发展的、符合地方需要的社会主义事业建设者和接班人。

闽江职业大学也在努力适应发展社会主义市场经济的需要，作为地方性职业大学，不断扩大高等教育改革。因此，在专业设置方面，闽江职业大学专业设置符合长短线结合、远近结合的目标。闽江职业大学在专业设置上以社会需求为依据，立足地方，办出特色，面向社会、面向基层、面向乡镇开设各种培训班。同时，学校按照现代科学技术文化发展的新成果和社会主义现代化建设的实际需要，更新教学内容，调整课程结构，强化基本知识、基础理论和基本技能的培养和培训，着重培养学生分析和解决问题的能力。

5. 开展国内外交流合作

在遵守国家法律法令前提下，闽江职业大学顺应开放共享的教育理念，根据需要与海外友好团体、学校合作办学，联合培训国内外人才。学校间通过开展形式多样的教育学术交流活动，扩大对外宣传，与东南亚、港澳台地区以及西方国家高校建立广泛的学术交流和合作关系。以校教育基金会为外联机构，积极筹办学术资金，积极与海外团体和个人联合办产业，并享受三资企业或校办产业的一切待遇。

闽江职业大学开展国内外交流合作的主要成果有：1993 年 2 月 15 日，冢本幸司到闽江职业大学参观。同年 3 月 31 日，学校聘请冢本幸司为闽江职业大学名誉教授，冢本幸司十分关心支持中国的教育事业，先后为闽江大学冰心研究会福建省教育基金会捐赠巨资。1995 年 4 月 21 日，闽江职业大学与美国道林学院、日本冲绳大学互派留学生。1991 年 12 月 4 日，学校成立闽大麦氏奖学奖教金管理委员会。2001 年 4 月，浙江大学在闽江职业大学建立远程学历教育教学站，正式对外招生。由此可见，国内外交流协作发展教育是闽江职业大学的特色，在合作过程中全面整合了国内、国外的优秀学术资源，特别是台湾地区积极为大陆的各级各类培训提供了帮助，推动了终身教育事业的发展，也充分体现了终身教育的开放性与包容性。

总体来说，我国新时代终身教育思想是在继承国内外终身教育的观点与实践及我国古代到近现代终身教育理念发展的基础上形成的，具有时代特点的终身教育思想。福建省作为终身教育事业发展名列前茅的省份之一，其推进终身教育的经验值得总结与回顾。

第二章
学习型城市建设研究

一、学习型城市的建设历程与成效

2002 年 11 月，党的十六大报告把形成全民学习、终身学习的学习型社会，促进人的全面发展作为全面建设小康社会的重要目标，[①] 这是党中央第一次提出要建设全民学习、终身学习的学习型社会。之后，建设学习型社会在我国落地生根，一些较为发达的城市先后提出了建设学习型城市的建设目标，并依托改革开放和社会主义现代化建设取得的一系列伟大成就，为学习型城市建设提供了雄厚的物质基础和制度保障。《中国教育现代化 2035》把建成全民终身学习的现代教育体系作为主要发展目标，推动各类学习型组织建设作为战略任务，初步形成了具有中国特色的学习型城市建设之路。

---

① 全面建设小康社会，开创中国特色社会主义事业新局面 [EB/OL] . http：//www.ce.cn/ztpd/xwzt/guonei/2003/sljsanzh/szqhbj/t20031009_ 1763196. shtml.

（一）学习型城市的建设历程

自党的十六大正式提出，党的十七大、十八大、十九大重申建设全民学习、终身学习的学习型社会战略目标后，各相关部门相继出台了一系列相关政策对此进行了详细阐述和大力推动。以此为背景，根据我国各时期具有重大影响意义的政策文件，我国建设学习型城市可大体分为起步、积极探索和发展提升三个阶段。

1. 起步阶段（20 世纪 90 年代~2002 年）

20 世纪 90 年代，知识经济、经济全球化相继到来，知识成为推动经济社会发展的重要因素，教育成为应对国际竞争与挑战的关键举措，终身教育、终身学习为教育和社会领域所关注。这时，哈钦斯提出的"学习社会"传入我国，获得了学者和政府的关注。1995 年 3 月，第八届全国人民代表大会第三次会议通过了《中华人民共和国教育法》，第一次明确提出"健全终身教育体系"[①]；2001 年时任国家主席的江泽民在亚太经合组织（Asia-PacificEconomicCooperation，APEC）人力资源峰会上提出"构建终身教育体系，创建学习型社会"[②]。2012 年，党的十六大报告中正式写入建设学习型社会，使之成为国家战略目标。

受此推动，我国各地开始尝试开展学习型城市建设活动。上海（1999 年）、北京（2001 年）、大连（2001 年）、常州（2001 年）和南京（2002 年）先后提出建设学习型城市的目标，拉开了我国建设学习型城市的序幕。在这些城市的地方政策中，阐述了学习型城市的内涵，建设的必要性，建设学习型城市的目标、任务、内容和措施等。[③]

在这一阶段，我国在政策层面提出了构建学习型社会和终身教育体系，在实践层面启动了建设学习型城市的步伐，为我国今后发展学习型城

---

① 中华人民共和国教育法 [EB/OL]. http：//www. moe. edu. cn/publicfiles/business/htmlfiles/moe/moe_619/200407/1316. html.

②③ 叶忠海，张永，马丽华. 中国学习型城市建设十年：历程、特点与规律性 [J]. 开放教育研究，2013（04）：26-31.

市建设做了一定的准备。

2. 积极探索阶段（2003~2010 年）

2007 年 10 月，党的十七大报告再次强调建设学习型社会，提出发展远程教育和继续教育，建设全民学习、终身学习的学习型社会①。受此推动，在我国全面建设小康社会的关键时期，学习型城市在我国进入了积极探索、加快推进时期。

在此期间，国家各相关部门出台了一系列政策文件，进一步推动学习型社会和学习型城市的建设。例如，2002 年 5 月，中共中央办公厅与国务院办公厅联合印发的《2002—2005 年全国人才队伍建设规划纲要》，要求在教育培训中，要"开展创建'学习型组织'、'学习型社区'、'学习型城市'活动，促进学习型社会的形成"②；2004 年 2 月，教育部发布《2003—2007 年教育振兴行动计划》，制定了新一轮教育发展的行动纲领，明确指出新时期教育发展要"为建立全民学习、终身学习的学习型社会奠定基础"③；2012 年 6 月，教育部出台了《国家教育事业发展第十二个五年规划》，制订了教育发展的中长期计划，就教育目标提出"到 2020 年要基本实现教育现代化，基本形成学习型社会，进入人力资源强国行列"④；等等。2010 年 7 月，我国颁布《国家中长期教育改革和发展规划纲要（2010—2020 年）》，全面规划了终身教育体系构建和学习型城市建设。

在国家政策的强力推动下，一场声势浩大的学习型城市建设活动从东部沿海地区向中西部地区逐步扩展和延伸，重庆、武汉、杭州、常州、南京、太原、青岛、珠海、昆山等城市相继提出了建设学习型城市的目

---

① 高举中国特色社会主义伟大旗帜，为夺取全面建设小康社会新胜利而奋斗［EB/OL］．http：//news. xinhuanet. com/newscenter/2007-10/24/content_6938568. htm.

② 2002—2005 年全国人才队伍建设规划纲要［EB/OL］．http：//news. xinhuanet. com/newscenter/2002-06/11/content_435834. htm.

③ 2003—2007 年教育振兴行动计划［EB/OL］．http：//news. xinhuanet. com/newscenter/2004-03/30/content_1392588. htm.

④ 国家教育事业发展第十二个五年规划［EB/OL］．http：//www. edu. cn/zong_ he_ 870/20120723/t20120723_813704_3. shtml.

标，以极大的热情投入到实践探索之中。

3. 发展提升阶段（2011 年至今）

2012 年 11 月，党的十八大报告，在改善民生和创新管理中加强社会建设部分，继续重申要积极发展继续教育，完善终身教育体系，建设学习型社会①。2017 年 10 月，党的十九大报告，在提高保障和改善民生水平，加强和创新社会治理中，继续重申要"办好继续教育，加快建设学习型社会，大力提高国民素质"。

2011 年 10 月，教育部副部长在"终身学习常州论坛"强调，要在全国范围形成 20 多个学习型城市建设的案例，以带动全国城乡终身学习和学习型社会建设。此后，教育部邀请中央有关部门、新华社、中央党校、国家行政学院、北京大学、清华大学等机构的有关专家，成立了中国发展战略学会全国学习型城市建设咨询指导小组，综合协调并全面指导、推进学习型社会建设。指导小组成员和有关专家深入案例城市的社区、企业、学校进行实地调研，提出了一系列事关深化学习型城市创建的重要思考，还直接指导了学习型城市评价指标体系的研究制定工作。

《国家中长期教育改革和发展规划纲要》明确指出要加快各类学习型组织建设。上海市先后召开了 4 次各类学习型组织的推进大会，上海市学习办下发了《上海市创建学习型组织评估指标》（试行版），通过以评促建、典型示范等方式逐步在上海市形成了推进学习型组织建设的繁荣局面。2014 年，教育部等 7 部门印发《关于推进学习型城市建设的意见》，提出积极推进学习型机关、企事业单位、社会团体等各类学习型组织建设，增强社会组织的学习能力，增进社会组织活力。2016 年，《上海市教育委员会等七部门关于进一步推进本市学习型社会建设的若干意见》，提出大力推进学习型党组织、学习型机关、学习型企事业单位、学习型社区的建设，增强各类组织的学习力、竞争力和创新力。

2019 年，中共中央、国务院发布了《中国教育现代化 2035》，提出要

---

① 坚定不移沿着中国特色社会主义道路前进 为全面建成小康社会而奋斗 [EB/OL]. http://news.sina.com.cn/z/sbdbg/.

把建成服务全民终身学习的现代教育体系作为主要发展目标，把扩大社区教育资源供给，加快发展城乡社区老年教育，推动各类学习型组织建设作为主要战略任务。《中国教育现代化 2035》逐步搭建起符合基本国情的、有利于全民终身学习的学习型社会。

2019 年，党的十九届四中全会通过《中共中央关于坚持和完善中国特色社会主义制度　推进国家治理体系和治理能力现代化若干重大问题的决定》，提出加快发展面向每个人、适合每个人、更加开放灵活的教育体系，建设学习型社会的要求。2020 年，党的十九届五中全会通过的《中共中央关于制定国民经济和社会发展第十四个五年规划和二〇三五年远景目标的建议》中，继续强调完善终身学习体系，建设学习型社会的任务。可以看出，我国政府对于学习型城市的建设已经不再局限在和停留于理念追求和政策制定，而是投入到与整个国家经济和社会发展相联系的系统筹建中。①

在实现"中国梦"的指引下，在实践经验总结与交流的基础上，各地建设学习型城市不仅充满了更大的信心和决心，而且开始根据自身的经济、文化与社会实际，因地制宜探寻适合自身的特色之路。总之，我国学习型城市建设开始呈现多元目标和模式，显示出学习型城市建设的区域特色，我国学习型城市建设正迈向进一步的发展提升途中。

（二）学习型城市的总体成效

从 1999 年上海市率先提出建设学习型城市以来，各地为实现市民终身学习，不断将学习型城市建设作为终身学习的有效手段。20 多年来，中国学习型城市建设取得了重要成效。以人才为根本、以创新为动力、以知识为资源、以教育和科技为依托、以持续学习为基础、以可持续发展为战略，取得了显著的实践成果，积累了丰富的本土经验。

---

① 程豪，李家成，匡颖，张伶俐. 反思与突破：学习型城市建设的高质量发展［J］. 开放教育研究，2021，27（2）：42-50.

1. 提出了适切的建设目标

学习型城市是一个高质量的全民终身学习的城市，它充分利用城市的各项资源，包括发挥所有民众的个人潜能、积极动员社会各界以及创造性地运用信息技术等行动，以实现个人成长、文化繁荣、社会稳定、经济增长和城市的可持续发展。我国各地在实践过程中，根据经济、社会深入改革、加快转型的现状，提出了完善终身教育体系；形成全民学习、终身学习的学习型社会，促进人的全面发展的战略目标（见表2-1）。

表2-1　中国政府提出建设学习型社会的目标

年份	发布部门	文件名称	相关内容
1995	全国人大	中华人民共和国教育法	国家适应社会主义市场经济发展和社会进步的需要，推进教育改革，推动各级各类教育协调发展、衔接融通，完善现代国民教育体系，健全终身教育体系，提高教育现代化水平
1999	教育部	面向21世纪教育振兴行动计划	2010年，基本建立起终身学习指标体系
2001	全国人大	国民经济社会发展"十五"计划纲要报告	逐步形成终身教育体系
2002	中共中央	中国共产党第十六次全国代表大会报告	形成全民学习、终身学习的学习型社会，促进人的全面发展
2006	全国人大	国民经济和社会发展第十一个五年规划纲要	加快教育结构调整，促进教育全面协调发展，建设学习型社会
2007	中共中央	中国共产党第十七次全国代表大会报告	建设全民学习，终身学习的学习型社会
2010	国务院	《国家中长期教育改革和发展规划纲要（2010—2020年）》	到2020年，基本实现教育现代化，基本形成学习型社会，进入人力资源强国行列
2011	全国人大	国民经济和社会发展第十二个五年规划纲要	加快发展继续教育，建设全民学习、终身学习的学习型社会
2012	中共中央	中国共产党第十八次全国代表大会报告	完善终身教育体系，建设学习型社会

资料来源：中国学习型城市建设发展报告。

2. 制定了可行的学习型城市战略规划

建设学习型城市是推动城市建设、城市管理和城市发展的重要途径。因此，我国各城市在学习型城市建设过程中都倾向于将其纳入城市发展战略和规划，保证学习型城市建设能够与城市发展的目标和重点工作紧密结合。通常，各城市往往将学习型城市建设纳入城市国民经济和社会发展5年规划中，并出台关于学习型城市建设的相关文件，以具体指导学习型城市建设工作的开展。

以北京市为例，2007年3月30日，北京市委、市政府颁布了《关于大力推进首都学习型城市建设的决定》，并于4月召开了全市建设学习型城市工作会议，明确了北京市推进学习型城市建设的目标、工作原则和实施措施以及领导体制、资金投入、宣传培训、表彰激励机制等，提出"到2010年在全国率先基本实现现代化学习型城市初步建成"。2010年，《北京市中长期教育发展和改革规划纲要2010—2020年》提出"到2020年实现教育现代化，建成公平、优质、创新、开放的首都教育和先进的学习型城市，进入以教育和人才培养为优势的现代化国际城市行列"。并在规划中专门设置了"学习型城市建设"一章，部署了终身教育体系和终身学习服务体系建设的内容和措施。2012年6月，北京市建设学习型城市领导小组发布了《北京市学习型城市建设工作"十二五"规划》，明确了"十二五"时期学习型城市建设的总体战略、主要任务、保障措施及实验项目和实施工程。①

3. 形成了政府主导的多元协作机制

在各地学习型城市建设过程中，党和政府始终发挥着主导作用，这是我国建设学习型城市的政治优势和基本特点。具体来看，党政主导力主要在构建学习型城市中起着统筹协调与宏观调节作用，包括编制规划、立法和制定政策、经费保障、督查评估等，真正发挥着宏观调控和保障作用，并调动和整合各方力量参与建设活动。此外，我国学习型政党和机关

---

① 资料来源：中国学习型城市建设发展报告。

的建设成为学习型城市建设的"龙头",发挥示范标杆作用,强有力地推动学习型城市的建设。如今,包括北京、上海在内的多个地方政府专门设立了学习型城市建设指导小组,负责学习型城市建设推动的指导、协调与保障工作。

毋庸置疑,学习型城市建设是一项复杂的社会系统工程,必须调动社会各方的积极性,即在坚持以党政为主导的前提下,要实现政府推动与社会推动相结合的运行机制,形成党政主导力、市场调节力、社会参与力、教育支撑力、基层社区和单位自治力、社会民众主体力等"多力合一",整合力量整体性推进学习型城市的构建。如今,各地在学习型城市建设中,注重通过市场的内在机制,调节学习型城市构建中供方与需方的关系,调节学习型城市建设与其他社会建设的协调发展;注重激发社会力量与社会创造活力,鼓励社区资源参与学习型城市建设项目和教育培训项目,加快建设步伐;注重挖掘基层社区和单位在基层党组织领导下的自我组织、自我教育、自我管理、自我监督、自我服务等作用,为学习型城市建设奠定坚实基础;注重发挥社会民众的主体作用,依靠广大社会民众,开展学习型城市建设的设计、实施、监督、评估等。[①]

二、学习型城市的目标理念

学习型城市建设始终贯穿城市发展的整个过程,相关城市都提出了明确的学习型城市创建目标。由于各个城市发展水平、终身教育理念、学习型城市的现实需求不同,各个城市都相应提出了不同的学习型城市创建目标。经梳理,我国学习型城市建设的目标可以归为四类,分别是:扩充教

---

① 叶忠海,张永,马丽华.中国学习型城市建设十年:历程、特点与规律性[J].开放教育研究,2013(4):26-31.

育发展，构建终身教育体系，建立现代教育体系；服务城市建设，促进城市可持续发展；提高市民综合素质，促进人的全面发展；满足所有社会成员学习的基本权利和终身学习需求。

（一）完善现代化终身教育体系

《国家中长期教育改革和发展规划纲要（2010—2020 年）》明确提出"到 2020 年，基本实现教育现代化，基本形成学习型社会"的战略目标，为各城市学习型城市建设提供政策支持。因此，部分城市在学习型城市创建的过程中，把建立和完善现代化的终身教育体系作为目标，如安徽省马鞍山市、山西省太原市等。这些城市虽然提出了构建终身教育体系的目标，但是主要以阶段性为主，有一定的时间节点，如到 2020 年完善终身教育体系（见表 2-2），建成学习型社会。学习型城市建设也有一定的现实追求，其最终落脚点为完善现代教育体系，促进城市的健康持续发展。

表 2-2　部分学习型城市建设目标——完善现代化终身教育体系

城市	学习型城市建设目标	目标背景
马鞍山	建成比较完善的终身教育体系，基本形成具有特色的学习型社会框架	在着力推进"转型发展，一江两岸协调发展"的建设背景下，填补大教育体系中的一些薄弱环节，满足社区居民多样化、个性化的学习需要，为实现马鞍山市建设更高水平小康社会的目标培养大批应用型人才，实现马鞍山市又好又快发展①
成都	完善终身教育体系，形成学习共识普遍、学习体系完善、资源配置合理、学习文化浓郁、与全面建成小康社会相协调的学习型城市	在加快发展、转型升级的新时期，成都市在奋力打造西部核心增长极，建设现代化、国际化大都市的进程中，始终坚持以推动全民学习来熔铸城市新内涵

① 中国教育发展战略学会终身教育工作委员会，中国教育发展战略学会全国学习型城市建设咨询指导小组．中国学习型城市建设案例［M］．高等教育出版社，2013.

续表

城市	学习型城市建设目标	目标背景
太原	构建"人人皆学、时时可学、处处能学"的学习型城市，营造浓郁的学习文化氛围，形成现代终身教育体系	在世界各国建设学习型城市的大背景和大趋势下展开。太原市认识到城市发展源于城市学习力，构建终身教育体系，提高市民综合素质，增强人力资源，实现经济跨越式发展，推动城市化进程，为太原建设学习型城市提供了重要的现实动力[1]
郑州	构建终身教育体系，建设学习绿城	终身教育体系是建设学习型城市的核心和基石[2]，郑州市提出建设"最佳人居城市、中原经济区的核心增长区、全国重要的区域性中心城市"的战略目标。深知学习型城市建设的重要意义，把不断提高人的素质、实现人的全面发展作为促进生产力发展的第一要务，把建设学习型城市作为跨越式发展的新支点
舞钢	构建"时时能学、处处可学、人人皆学"的终身教育体系	舞钢作为冶铁文化之都，进入了蓄势崛起、科学发展的新阶段。特别重视教育发展，认识到学习对城市建设的重要性
长沙	打造全民终身学习平台和构建终身教育体系	长沙市致力于办好人民满意的教育，通过学习型城市建设完善国民教育体系，实现教育公平
南京	建立健全终身教育体系和终身学习服务体系	南京市应对知识经济挑战、适应经济全球化、建设创新型城市需要建设学习型城市，构建终身教育体系。终身教育体系是构建现代教育体系、提高市民素质、促进人的全面发展的现实需要
西安	完善终身教育体系，建设学习型社会	作为中西部城市，西安市必须追踪学习发达城市经验，以学习实现超越；城市发展进入转型期，培育发展以知识经济为特征的新经济，把创新和人力资源作为竞争核心要素；传承西安历史文化资源[3]
宁德	创新终身教育体制机制，提高终身教育水平	处于长江三角洲、珠江三角洲中间位置的宁德市，为提高全民素质，树立大教育理念，把终身教育列入城市"十四五"经济社会发展规划，着手出台宁德市学习型城市建设5年行动方案，以全国学习型城市建设为抓手，将终身教育工作与创建全国文明城市融为一体，推动终身教育水平提升

---

[1][2][3] 中国教育发展战略学会终身教育工作委员会，中国教育发展战略学会全国学习型城市建设咨询指导小组．中国学习型城市建设案例［M］．高等教育出版社，2013.

（二）促进城市可持续发展，服务城市建设

近年来，社会主义现代化建设和社会主义和谐社会建设进入攻坚期，面临着新形势、新任务、新问题，建设学习型城市成为破解难题、创新城市发展的重要手段。学习型城市建设的过程是一场城市管理和城市发展模式的深刻变革，是从传统的以物为本的城市管理和城市发展模式向以人为本的城市治理和城市发展模式转变的过程。① 因此，部分城市提出学习型城市建设的目标就是服务于城市的可持续发展，如北京市提出了"建设和谐社会首善之区，实现世界城市战略目标"，沈阳市提出了"为促进经济社会协调发展提供强有力的智力支持和人才保障"（见表2-3）等。从各城市学习型城市建设的目标背景可以看出，学习型城市建设服务于城市的健康持续发展，关键是可以为城市发展提供高素质人才，提供人力资源保障。

表2-3 部分学习型城市建设目标——促进城市可持续发展、服务城市建设

城市	建设目标	目标背景
北京	以促进首都市民发展为根本目标，建设和谐社会首善之区，实现世界城市战略目标	提出建设创新型城市，构建和谐社会首善之区，关键在于人的全面发展。北京市在我国城市体系中发挥着重要作用，承担着多个中心的职能，基础和关键在于人；提升城市管理水平，面临着新的挑战和问题，需要通过学习型城市建立良好的运行机制
沈阳	形成崇尚学习、尊重知识的社会风尚，全面提高市民的学习能力、就业创业能力和创新能力，为促进经济社会协调发展提供强有力的智力支持和人才保障②	沈阳市经济社会健康发展，城市面貌日新月异，城乡居民生活水平显著提高，建设学习型城市已成为全市人民的强烈愿望；振兴沈阳老工业基地，实现科学发展需要通过建设全民学习、终身学习的学习型城市，激发城市活力、提高广大市民素质提升城市文明程度，促进沈阳经济社会又好又快发展的必然举措

---

① 中国教育发展战略学会终身教育工作委员会，中国教育发展战略学会全国学习型城市建设咨询指导小组．中国学习型城市建设案例［M］．高等教育出版社，2013.
② 沈阳市委办公厅 市政府办公厅关于建设全民学习终身学习的学习型城市的指导意见（试行），http://www.syzsjy.org/show.asp? id=77.

续表

城市	建设目标	目标背景
重庆	建立全方位、多层次、开放式的全民学习、终身教育体系,不断强化全社会的学习动力,形成崇尚创新、鼓励创新的社会氛围,激发全社会的创新活力,为推动重庆市经济社会科学发展提供强大动力①	转变经济增长方式、实现经济社会既快又好发展需要坚实的科学基础和有力的技术支撑,培养高层次创新人才
天津	以提高人的综合素质,促进人的全面发展为中心,加速知识更新,培养和造就大批人才,为城市发展提供创造力和竞争力②,加快建设国际港口、北方经济中心和生态城市	作为北方最大的沿海开放城市和全国经济发展的先行地,天津市面临小康社会、和谐社会和社会主义现代化建设的历史重任,亟须通过学习型城市提高市民综合素养,培养大量人才,为城市战略发展目标提供动力
昆山	为积极推进昆山率先基本实现现代化提供了智力支持、人才保障和精神动力	提出率先实现现代化,学习型城市建设是现代化建设的重要内容,并具有基础性、先导性、全局性的地位;城市转型升级,增强综合竞争力对人力资源的需求③
宁波	推动城市改革和发展,探索城市特色内涵发展模式	将全面实施"六个加快"战略,基本建成现代化国际港口城市,提前基本实现现代化的目标,迫切需要在人才支撑、知识服务、科技引领、创新驱动上实现突破,实现社会和谐发展,这也是创建学习型城市的意义所在④;学习型城市建设是实现宁波市独特的历史文化底蕴传承,提升市民生活品质的重要手段
深圳	提升城市发展质量	作为全国最大的移民城市,人口结构最特殊,非户籍人口总数超过户籍人口,有着巨大的学习需求;正处在发展转型的关键期,实现从速度优先向质量优先转变⑤;对学习的认识不断深化,有着独特的理解,把学习作为实现市民文化权利、培养跨文化能力、提升城市发展质量的重要手段

---

① 中共重庆市委 重庆市人民政府关于实施中长期科技规划纲要建设学习型社会和创新型城市的决定,http://www.most.gov.cn/fggw/dffggw/dffgcq/200601/t20060106_53676.htm.

②③④⑤ 中国教育发展战略学会终身教育工作委员会,中国教育发展战略学会全国学习型城市建设咨询指导小组.中国学习型城市建设案例[M].高等教育出版社,2013.

续表

城市	建设目标	目标背景
珠海	实现城市理想，让珠海更美好	学习型城市建设贯穿城市发展的整个进程，坚持学习已经融入百姓生活的方方面面。珠海市以"全球视野、世界眼光"，高起点、高目标、高标准来规划、开展学习型城市建设①；提出率先建成"人口均衡型、资源节约型、环境友好型"城市，把学习型城市创建工作作为城市战略发展的重要支撑
常州	加快高素质人才培养，增强城市创新能力	在实现小康向基本现代化进军的过程中，常州市认为学习是一个城市发展的不竭动力，是城市生机勃勃的根本所在；学习型城市建设是提高全民学习力，打造城市品质、增强城市软实力重要手段②

（三）提高市民文化综合素质，促进人的全面发展

社会主义和谐社会必须坚持以人为本，强调以实现人的全面发展为目的。所以，和谐社会建设过程也是不断提高人的素质、实现人的全面发展的过程。人的自我发展和素质的提高离不开教育、离不开学习，它是市民实现人生出彩、梦想成真的重要保障条件。建设学习型社会可以满足市民终身学习、个性化学习的需求，在保障市民教育权利的同时丰富了市民的精神生活，帮助市民树立适应社会变化要求的人生观、价值观等，引导市民活出生命的意义，寻找人生的快乐和幸福，使社会主义和谐社会建设成为可能。因此，部分城市提出学习型城市建设以提高市民文化道德素质为目标开展学习型城市创建工作，构建终身教育体系，提升经济发展水平，促进和谐社会建设，如武汉提出提高市民文化道德素质，杭州提出市民的思想道德素质和科学文化素质明显提高，把学习型城市建设与城市的

---

①②　中国教育发展战略学会终身教育工作委员会，中国教育发展战略学会全国学习型城市建设咨询指导小组．中国学习型城市建设案例［M］．高等教育出版社，2013.

文明程度相结合等（见表2-4）。

表2-4 部分学习型城市建设目标——提高市民文化综合素质，促进人的全面发展

城市	建设目标	目标背景
武汉	提高市民文化道德素质	建设国家中心城市，复兴大武汉，迫切需要建设全面学习、终身学习的学习型城市[①]，构建终身教育体系和终身学习服务体系，以提高市民文化道德素质
杭州	社会主义核心价值体系深入人心，市民的思想道德素质和科学文化素质明显提高，城市的文明程度和综合竞争力进一步提升	要在21世纪的第二个10年继续领跑全省、领先全国，必须在不断学习中创新前行，必须更加善于把学习成果转化为推动未来发展的实际能力，推动学习型、创新型、生态型城市建设；作为历史文化古城，作为经济繁荣的现代化大都市，十分需要通过提升学习型城市的建设工作，推动体现时代精神、传承传统文化、具有杭州特色的社会主义核心价值观深入人心[②]
克拉玛依	提高市民综合素质，促进人的全面发展	提出实现城市转型发展、率先在新疆实现现代化目标；以重视终身学习，注重各级各类人才的培养，以学习促创新，以创新促发展，为实现克拉玛依科学发展提供精神动力和智力支持

（四）满足所有社会成员学习的基本权利和终身学习需求

学习是一个国家和民族生存和发展的重要条件，是经济社会发展的重要动力，也是每一个市民的基本权利。在生活中，学习是最普遍和持久的文化需求，是市民最基本和最重要的权利之一。学习既是权利也是手段，是实现市民教育和文化权利的有效途径。学习型城市建设可以为市民创造有利的学习条件，提供便利资源，是对市民基本权利的尊重和保护。因此，从人的全面发展和市民基本权利的角度出发，上海开展学习型城市建设，提出终身学习是每个市民的基本权利和生存需要（见表2-5）。

---

①② 中国教育发展战略学会终身教育工作委员会，中国教育发展战略学会全国学习型城市建设咨询指导小组．中国学习型城市建设案例［M］．高等教育出版社，2013．

表 2-5 上海学习型城市建设目标

城市	建设目标	目标背景
上海	第一阶段：终身教育作为经济发展手段 第二阶段：终身教育既是社会发展的有力引擎，也是人的全面发展的重要手段，两者和谐共生 现阶段：终身教育是每个市民的基本权利和生存需要，也是一个国家、民族和所有组织在 21 世纪赖以生存和发展的基本能力和条件	最早开始学习型城市建设的城市，并取得了巨大成就，在一定程度上适应了其经济社会转型与发展，满足了社会不同人群的学习需求，推动了终身教育不断向前发展；理念先行是上海市学习型城市建设的重要特色，上海市对学习型社会的理论认识随着创建工作的推进而不断深化，由最初的认为终身教育作为经济发展的手段，到认为终身教育是市民的基本权利和生存需要

资料来源：中国教育发展战略学会终身教育工作委员会，中国教育发展战略学会全国学习型城市建设咨询指导小组. 中国学习型城市建设案例［M］. 高等教育出版社，2013.

三、中国特色学习型城市的推进政策

我国学习型城市的建设一直离不开党中央、国务院以及各地党委政府制定一系列推进政策所给予的支持、引导与保障。经过 10 多年的实践和探索，各地在学习型城市建设中，以科学发展为指导，坚持政府主导的社会合作模式，培育市民喜闻乐见的学习型组织和文化活动，拓展广大市民接受学校教育和继续教育以及各种学习机会，提升市民的精神面貌和文化素质，保持城市现代化建设中的勃勃生机和活力，初步形成了一定特色和多样化的模式，取得了一定进展和成就。

（一）政府主导与社会广泛参与相结合

我国学习型城市建设工作基础较好的城市，从参与主体来看，都基本建立起了政府主导下社会广泛参与的宏观模式。从职能和功能来看，政府主导包括明确学习型城市建设的指导方针、科学规划及制定保障等宏观性工作，社会参与主要为资源整合，通过建立机制协调各类教育资源为市民学习服务。具体来看，各地政府往往都以科学发展观作为学习型城市建设的指导方针，将城市及人的发展作为第一要务，坚持以人为本，倡导统筹兼顾与全面协调可持续发展，往往都制定颁布了学习型城市建设的科学规划、政策法规，建立了督查评估、经费保障等制度，通过统筹协调和宏观指导整体性地推进学习型城市建设；各城市的社会参与，主要包括各行业、单位、企业等主体因地制宜，积极贯彻政府政策规划，探索联系自身事情的建设之路（见表2-6）。

表2-6　多地学习型城市建设推进政策

城市	推进政策	核心内容
北京	政府指导，保障有力；借助社会，各方推动	政府：2007 年，成立由 29 个委办局和部门组成的学习型城市工作领导小组。而后，陆续制定、修改了创建学习型企业、机关、学校先进单位，创建学习型街乡、社区（新村）以及学习型区县、城市的指标体系，成立了学习型城市研究中心、学习型城市社会研究院、学习型学校建设促进中心、西城区区级理论研究机构。政府为北京学习型城市建设提供组织领导、标准引领、经费保障及科研引领等多方保障 社会：借助专家力量，成立市、区两级专家指导组，开展学习型区县和学习型组织建设评估、培训、咨询与指导，创建学习型组织骨干培训班；借助社会宣传，创建《学在北京》市民学习周刊，编辑发行市民学习地图、培训教材、宣传手册和工作专题片，推动市民活动与舆论宣传；借助民众学习，推动社会、市民学习活动的认定与表彰，评选认定近百个"首都市民学习品牌"、300 多名"首都市民学习之星"
上海	政府主导，制度引领	政府：跨界协作，成立由 13 个单位组成的上海市学习型社会建设与终身教育促进委员会；三级推进，区县、街镇乡镇由主要领导挂职成立学习型社会建设与终身教育促进委员会，专门职能部门与业务指导部门分设，市教委下设终身教育处宏观指导，依托上海远程教育集团成立上海市学习型城市建设服务指导中心及办公室，落实具体工作，依托华东师范大学设立终身教育研究院 制度：专项法律，强力保障，实施《上海终身教育促进条例》；市委市政府专门文件，顶层设计，出台《关于推进上海学习型社会建设的指导意见》；纲要规划，创新理念，颁布《上海市中长期教育改革与发展规划纲要》、《上海市老年教育"十二五"发展规划》等；制定标准，规范发展，相继出台《关于推进上海市社区学院建设的指导意见》、《社区教育三级办学网络建设的工作方案》、《上海老年教育专用功能教室配置推荐方案》及《企业培训机构建设标准》等

城市	推进政策	核心内容
天津	衔接沟通组织运行；完善各项制度保障	组织：先后成立科教领导小组、天津市青少年科技活动领导小组、天津市义务教育现代化建设工作小组、天津市国家职业教育改革试验区领导小组、天津市职工素质工程领导小组、天津市工会干部教育培训工作领导小组、天津市老年教育工作领导小组等组织和机构 制度：自 2003 年，天津市政府工作报告多次提到构建终身教育体系的学习型社会和工作任务，后续出台了《天津市社会力量举办教育机构规定》、《天津市老年人教育条例》、《天津市职业教育条例》、《天津市民办非学历培训机构设置标准》、《天津市农民教育培训条例》等条例和规定
太原	战略化推进，持续性提升；全方位整合，立体化覆盖	政府：以社区教育发展、学习型组织创建带动组织及其他机制：明确各部门职责，成立市委、市政府及主要职能部门组成的社区教育指导委员会和各级工作部门，成立太原市终身教育与学习型社会建设促进委员会；制定各项政策、规章与制度，出台《关于推进社区教育实验工作的通知》、《关于开展学习型组织创建活动的实施意见》、《关于创建学习型县（市、区）、乡镇（街办）、社区、单位、家庭等五个标准》、《关于依托民办学校成立社区教育机构的通知》、《太原市创建学习型城市的实施意见》、《太原市终身教育促进条例》等；政府机关示范引领，举办全民终身学习专题论坛，设立电视专门栏目，带头创建学习型机关，承办全面终身学习活动全国总开幕式等 社会：线上平台提供资源共享，先后开通太原终身学习网、山西干部在线学院、"名师公益课堂"栏目等网络教育资源，建立太原市民个人学习信息认证库，记录学习者的终身学习记录，开展学分认证，建立学分银行制度；整合线下资源以打造便民学习圈，完善四级社区教育机构网络，拓展社区教育教学资源，建立数量充足的职工培训学校和农村成人教育机构，挖掘博物馆、科技馆、文化馆等公共文化资源，开放并升级为市民学习、休闲锻炼、沟通交流的学习活动中心

续表

城市	推进政策	核心内容
常州	行政推动，政策拉动综合整合，基础提升	政府：由 19 个相关部门组建建设学习型城市工作指导委员会，把学习型城市定位为各级党政组织的战略任务，建立落实好党政一把手总负责的领导责任制度和工作制度；组织、人社等部门制定相关政策，推行企业经营者工商管理职业资格认证制度和持证上岗制度，实行职业资格证书制度、劳动预备制度和就业准入制度，同时实施职称和职业技能的社会化考评，建立技工人才津贴制度，设立"常州市优秀人才杰出贡献奖"，以表彰先进集体和个人 社会：加快资源整合，各有关部门、单位将所属的教育培训资源、文化资源、体育资源和企事业单位教育培训资源有序向社会开放；搭建综合平台，成立常州社区大学，负责社区教育指导管理、考核评价、统筹协调、资源建设和研究推广等，建立常州终身教育在线公共服务平台，开展课程选择、在线学习、学员管理、学时记载和学习统计等；基层提升，纵向实现社区教育网络全覆盖，成立 1 所市级大学、7 所区（县）级社区学院、58 所镇（街道）社区教育中心、1048 所居委会（村）社区学校；横向强强联手，合力推进，设立 8 所常州社区大学分校，建立社区教育共同体
昆山	齐抓共管，多元合力	政府：齐抓共管，由市长担任组长，设立昆山学习型城市建设领导小组，下设办公室，负责协调落实，镇级层面设立相应的领导小组和工作小组；多部门统筹协调、分工合作，市教育局会同农业、科技部门抓好现代农民教育，经贸委会同总工会抓好企业职工教育培训，劳动和社会保障等部门抓好就业与再就业，宣传、精神文明建设等部门抓好氛围营造 社会：企事业单位、社会团体和个人多元投入，企业按职工核定工资总额的 2.5% 提供员工终身学习资金，为个人设立学习账户鼓励学习；整合昆山科博中心、图书馆、文化中心、体育中心、市民活动中心等公共教育文化资源向市民开放；组建了一支由教师、医生、机关工作人员、专业技术人员和共青团员组成的 37916 人的社区志愿者队伍参与教育服务
郑州	政策力保，学习绿城	政府：成立学习型城市领导小组，召开全市学习型创建工作会议；联合下发相关文件，出台《关于建设学习型城市的意见》、《郑州市建设终身教育体系实施意见》、《关于我市学习型党组织建设的实施意见》、《关于大力发展社区教育加快推进学习型城市建设的意见》

城市	推进政策	核心内容
武汉	加强领导，整体联动	领导：明确责任，建立完善了工作指导委员会、联席会议制度，各区、各系统建立了相应机构及工作制度，明确部门指导，把学习型城市建设与提倡业务工作统一部署、统一落实；出台系列政策予以保障，出台《关于推进社区教育工作的通知》《关于推进学习型机关建设的实施方案》等，以推动学习型城市蓬勃发展 联动：各类教育衔接沟通，面向社会充分开放，实施"黄鹤英才计划"、"青年英才计划"、"高技能人才培养计划"等工程，探索建立"学分银行"，实现各教育融通的"立交桥"；充分发展各级、各类教育机构服务全民学习，鼓励和组织专家、学者和教师走出校门建立市民大讲堂，传播知识，促进学校公共图书馆等场地设施共建共享；开放公共学习资源服务市民学习，推进开放各类图书馆、文化馆、博物馆、科技馆等学习资源；打造各类学习公共平台，推进国家数字化学习资源武汉中心和武汉终身学习网建设，建立网络公共平台，整合电视、广播电台、报刊等媒体资源，开设学习型城市建设专版和专栏
宁德	统筹资源，健全机制	社会：统筹社会资源，扩大社会成员接受多样化教育的机会。共创建终身教育国家级品牌（荣誉）19个，创建省级终身教育品牌（荣誉）141个，其中高水平示范性老年大学立项单位1个、社区教育示范基地14个、继续教育网络课程33门、优质学习团队19个。全市依托市、县（市、区）电大成立社区大学1所、社区学院9所、社区教育指导中心10个；依托乡镇成立社区教育校务委员会124个，依托中小学设立社区学校177所，形成了市、县、乡镇三级的社区教育网络架构 机制：建设学习型城市、社区、企业、家庭等新型学习型组织的建设、评价和梯度式发展的培育体系；健全以需求为导向、共建共享的终身教育供给机制。将终身教育、学习型城市的建设纳入宁德市"十四五"教育事业发展专项规划，将学习型组织创建纳入精神文明单位（学校）的重要考核内容

（二）大力发展继续教育，构建终身教育体系

根据终身学习的理念，人们从学校教育中获得的只是一生所需知识的一小部分，大部分知识及各种能力都要在社会实践中通过不断地学习才能获得；学校教育与继续教育相互补充、不断学习与工作实践相互交替，才能实现个体的终身发展，也才能满足个体整个人生过程对知识、技能与观念的需要。因此，各地学习型城市建设也充分认识到大力发展继续教育是构建城市终身教育体系的重大战略任务以及重要组成部分，而强调终身教育体系的构建，这种强调往往包括三个部分。

一是重视发展继续教育。党的十八大报告把继续教育列为教育事业发展的重要组成部分，各地不断加强继续教育的制度建设，包括完善政策措施，改革继续教育领导管理体制，建立和加强继续教育激励机制；推进继续教育与工作考核等人事管理制度的衔接；改革继续教育人才培养模式等。

二是以终身学习理念为指导，促进学校教育改革。各地学习型城市建设中往往立足于构建终身教育体系的全局视角，强调以终身学习理念引领普通学校教育的改革与发展，包括着眼于学生和社会的未来发展，使学校从单纯传授知识转为有效地帮助学习者提升终身学习能力；不再片面强调培育少数精英，而在于为各类群体提供平等的、能最大限度地开发其潜能的机会和途径，为广大学生提供多种教育机会的选择；强调学校、校长和教师的任务不仅要帮助学生掌握文化科学知识以及提高应试能力，也要培养其学习的兴趣和自主学习的能力，促进其个性的全面发展。

三是重视建立终身教育"立交桥"，推动教育体系沟通衔接。各地鼓励各级各类学校灵活开放、弹性管理、相互衔接，建立校内与校外、职前和职后教育、学历与非学历教育、全日制与业余时间学习并举并且相互融通的机制，构建能够满足不同学习者多种需要、开放和灵活的终身教育体系，面向全体社会成员特别是给进城务工人员、城市待就业人员、企业职工提供多样化的终身学习机会，搭建广大学习者可以通过多种途径学习成

才、持续提高的"立交桥"。

（三）培育各级各类学习型组织

构建终身教育体系和建设学习型城市，要充分发动和依靠广大市民的直接参与，因而必须重视学习型组织的创建和培育。鉴于我国经济和社会发展不平衡的基本国情，各地在学习型组织培育中充分发挥了创新精神，高质量地扩大学习型组织覆盖面，这既促进了学习者自身的发展，也提高了各个组织的工作效率、组织文化品质和组织竞争力。总体来看，各地在学习型组织培育呈现出了以下鲜明的本土特色：

一是注重培育各级各类学习型组织。学习型组织是在某一区域、某一单位、某一群体中形成的，有利于成员个体提高自身文化品德修养、健康体魄以及拓展就业能力的学习基地。由于聚合组织成员的动因和条件不同，学习型组织的级别、类型也不一。各地在学习型城市建设中不拘泥于学习型组织的类型与外在，关注学习型组织的核心特征，根据社会不同类型的组织、群体培育各类型学习型组织，包括学习型家庭、学习型单位、学习型机关、学习型行业、学习型社区等。

二是注重发挥学习型党组织、学习型机关的带头作用。学习型城市建设较为成熟的地方，一般都注意深入推进学习型党组织建设，正在形成以党委学习带动学习型党组织建设，以学习型党组织建设引领学习型城市发展的良性循环。一方面，直接发挥执政党在各行各业、各社会领域的引领示范作用，通过自身学习来引领与营造全社会终身学习的氛围；另一方面，进一步提升行政主导的硬性和软性力量，既包括以行政主管部门自身学习型组织的建设带动行业、领域的学习型组织建设，也包括通过行政主管部门自身"行动"减少相关政策执行时的"误解"、"阻扰"与"偏差"。实践表明，推进学习型党组织建设与学习型机关建设有利于全面推动学习型城市的建设。

三是注重学习型组织对个体全面发展的促进。各地在学习型组织培育中，强调要真正做到全民学习、终身学习，关注成员的全面发展。因而，各地纷纷出台了学习型组织培育的实施方案、评估指标、评优示范等政策，这些政策往往强调促进观念更新，树立终身学习的理念和城市竞争力取决于学习力的理念；重视市民素质的提升，包括提高市民的文明程度以及知识的创新能力，从而有力地促进经济发展和社会进步。

（四）营造特色的市民文化活动

学习社会要深入人心，终身学习要转变为日常行为，离不开有利社会环境的影响与引领。我国各地在学习型城市创建中，鼓励市民广泛参与各种类型的学习活动，把终身学习文化的普及看成是衡量学习型城市的重要标志，将其纳入城市发展规划，在政策和资金上给予保障，定期举办。如今，"终身学习周"、"读书节"、"阅读月"等活动正越来越普及，也越来越获得市民的认可与欢迎。认真贯彻这些市民文化活动的普及过程，也能体现出我国学习型政策推进的某些规律与特征。

一是重视政府的多部门合作与社会力量的参与。例如，各地将学习型城市建设作为政府相关部门的职责，市民文化活动在举办过程中，各地党委、政府强调各部门协调统筹、共同参与。一方面，直接体现在各部门参与，包括学习型组织的培育、品牌性学习活动培育等；另一方面，体现在各部门资源的共享，如学校、图书馆、文化馆、活动中心等公共文化场所免费开放，医院、协会、企事业单位、高校等专业、专职性人员开办公益性讲座、讲堂等。

二是在市民文化活动中融入优秀传统文化。各地在学习型城市建设中把中华民族优秀传统文化作为市民文化活动的重要内容，并将其融入现代文明，作为社会成员终身学习的重要内容。例如，武汉市凭借和弘扬作为长江文明重要集成地所孕育的盘龙文化、知音文化、首义文化、楚文化、三国文化、木兰文化、工商都会文化，依托读书之城、博物馆之城、艺术之城、设计创意之城、大学之城等"文化五城"建设，大力发展文化事业和文化产业，将汉派文化融入市民生活和城市发展，构成丰富独特的学习资源，促进人的全面发展。

三是重视市民文明行为的提升。各地在市民文化活动培育中，以提高人口综合素质、提升城市文明程度为核心目标，在营造全民学习氛围、倡导终身学习理念、丰富市民学习资源的过程中，不仅有效提高了市民文化素质和专业技能，而且明显提升了市民的文明水准。例如，不少学习型城市建设比较成熟的地方在实践中形成了具有相当规模、较高素质和服务能力的终身学习志愿者队伍，马鞍山市登记注册的志愿者近 8 万人，确保了形式多样的志愿服务活动全面开展，志愿服务先进典型层出不穷。

四是重视"抓典型"的引领示范。基于各地之间以及各地内部学习型城市建设发展的不平衡，为了有效并整体性推进学习型城市建设，各地重视典型经验的总结、推广与示范。各地积极开展工作的评估与品牌示范，定期评选学习型城市建设的典型案例、集体与个人典型，并进行表彰与经验总结。

四、学习型城市的保障要素

学习型城市作为一个大的系统，是由各个相互联系、相互衔接、相互作用、相互制约的子系统构成，其运行遵循系统的相对封闭原则，在内部要形成一个相对封闭的回路。① 根据我国的实际情况来看，学习型城市建设将会是一个漫长的探索过程，在不同的发展阶段，不仅要探索不同的实施方案，扎实推进，还要随着发展的步伐不断完善学习型城市建设的保障体系，如此，学习型城市建设才能健康、有效地进行。为此，结合我国实际，我国建设学习型城市的保障体系应包括：系统连贯的制度保障和自上而下的组织保障、多元投入的经费保障和高度开放的资源保障、逐渐走向

---

① 马兆兴. 创建学习型城市太原在行动［M］. 太原：三晋出版社，2009，34.

专业的队伍保障和不断完善的体系保障。

（一）制度与组织保障

制度保障和组织保障的建设在我国建设学习型城市的整体工作中起着宏观的协调和导向作用，它们的建设状况不仅反映了政府对学习型城市建设的重视程度，而且是政府履行职能和完善国家体制的重要内容和步骤。

1. 制度保障

学习型城市的制度保障主要是指政府通过制度创新，规范、提倡、支持终身学习和终身教育，从制度上保障学习型城市的构建。毫无疑问，政府在制度保障中扮演制度的制定者、实施者角色，通过法律、行政规章制度和政策三方面来完善学习型城市的制度保障职能。

一是通过制定相应法律，规范政府行为，使终身教育走上制度化、法制化的轨道，进而使政府创建学习型城市的行为有法可依。在世界范围内，构建学习型城市的手段、方法各有千秋。由于我国各地教育资源差异性较大，所以，目前来看主要是制定地方性的法规，从而使终身学习的理念以法律的形式固定下来，使学习既是人们满足自身发展需求的主动行为，又是人们的法定义务，从而为学习型城市的创建打下坚实的法律基础，从内质上强化人们的学习理念。

二是通过进行制度创新，健全学习型城市发展的各项机制。学习型城市的制度建设主要是靠制度创新，政府通过建立一系列的行政规章制度，规范个人和组织的行为，形成学习型城市的学习、教育、创新、发展的健康机制。

三是通过发挥政策导向作用，构筑学习型城市的动力运行系统。为此政府要制定各种组织学习规范、学习绩效评价考核标准、学习型城市有序运作的动态管理体制和政策；特别是要构建凝聚吸引人才的政策体系，包括完善创新人才的流动政策、吸引人才的优惠政策、公平的人才选拔聘任政策、建立健全终身学习的教育政策、营造实施素质再造工程的配套政策机制等，发挥强有力的政策规范指导作用。

多地学习型城市建设具体制度保障方案如表 2-7 所示。

表 2-7　多地学习型城市建设具体制度保障方案

城市	具体制度保障方案
北京	《关于大力推进首都学习型城市建设的决定》（2007）、《北京市中长期教育改革和发展规划纲要（2010—2020 年）》（2010）、《北京市学习型城市建设工作"十二五"规划》（2012）
上海	《关于推进上海学习型社会建设的指导意见》（2006） 《上海市中长期教育改革与发展规划纲要（2010—2020 年）》首次提出"为了每一个学生的终身发展"核心理念 《上海终身教育促进条例》（2011） 《关于推进本市社区学院建设的指导意见》、《社区教育三级办学网络建设的工作方案》、《上海老年教育专用功能教室配置推进方案》等实施性文件规定了各类学习机构和从业者队伍的建设要求
天津	《天津市社会力量举办教育机构规定》、《天津市老年人教育条例》、《天津市职业教育条例》从教育投入、办学力量、教育标准、职教改革等方面促进学习型城市建设
太原	《关于创建学习型城市的实施意见》（2008）、《太原市终身教育促进条例》（2012）、《关于成立太原市终身教育与学习型社会建设促进委员会的通知》（2013）
宁波	《宁波市中等职业教育条例》、《宁波市职工教育条例》、《宁波市职业教育校企合作促进条例》、《关于加快构建服务型职业教育体系的若干意见》、《关于加强职工培训提高劳动者素质的实施意见》
郑州	《〈关于推进我市学习型党组织建设的实施意见〉的通知》（2010）、《郑州市国民经济和社会发展第十二个五年规划纲要》（2011）、《关于大力发展社区教育加快推进学习型城市建设的意见》（2013）
武汉	《关于推进学习型城市建设的若干意见》（2011）、《关于推进文化科技创新，加快文化和科技融合发展的意见》
长沙	《关于推进全市学习型党组织建设的实施意见》（2010）、《长沙市社区教育工作实施意见》（2010）、《关于推进学习型城市建设的意见》（2013）
深圳	《关于深入开展全民阅读活动　加快推进学习型城市建设的若干意见》（2010）、《关于加强职业培训促进就业的实施意见》（2012）、《深圳市全民素质提升计划（2013—2020 年）》（2013）
西安	《西安市建设学习型城市规划纲要》

　　资料来源：中国教育发展战略学会终身教育工作委员会，中国教育发展战略学会全国学习型城市建设咨询指导小组 . 中国学习型城市建设案例［M］. 高等教育出版社，2013.

2. 组织保障

学习型城市从建设初，就因其自身所具有的系统性和复杂性，注定了这是一项需要自上而下联动的社会活动。在英国，上至国家政府下至基层社会组织都高度重视学习型城市的建设，形成了上下贯通的组织保障。该国的组织保障体系可以分为宏观、中观和微观三个层次。宏观为英国国家政府以及教育行政管理部门。它们在学习型城市的建设中起着主导作用，整体把握学习型城市建设的总体方向和最终目标。中观为隶属于教育行政管理部门的机构和组织，它们主要负责将国家和相关部门的政策付诸实施，同时帮助和配合各地建设学习型城市。而地方政府和合作伙伴组织则属于微观层面，它们负责具体层面的操作，通过各部门的联动，保障了学习型城市建设的顺利进行。① 由此可见，政府在整个系统运行机制中扮演着掌舵人的角色，即为学习型城市的创建提供了组织保障。为了推进学习型城市建设，各地尤其是学习型城市建设先进城市设立了专门职能部门与业务指导部门，确保创建工作的实效。其职能包括规划指导、统筹协调、督导评估和条件保障等，并充分发挥专家在民主决策、科学决策中的智慧和作用。

我国目前主要是采取四级网络的组织管理保障。建立完善的领导机制和管理结构是创建学习型城市的重要保障。各地市委、市政府应当成立创建学习型城市领导小组，切实制订创建学习型城市的短期计划和长期规划，明确职责，建立"一把手"负总责、各级行政长官责任制，坚持一级抓一级，层层落实，形成党委领导，政府推进，各部门齐抓共管的领导机制。

多地学习型城市建设具体组织保障措施如表2-8所示。

表2-8　多地学习型城市建设具体组织保障措施

城市	具体组织保障措施
北京	成立了由市委、市政府29个委办局和部门组成的建设学习型城市工作领导小组，明确了各成员单位在推进学习型城市建设中的职责分工

---

① 王嘉慧. 英国建设学习型城市的保障体系及对我国的启示 [D]. 山西大学，2012.

续表

城市	具体组织保障措施
上海	建立市政府级跨界协作、合力推进的领导体制，发挥综合统筹作用；建立市、区、街镇三级推进体制，发挥各级政府效力；设立专门职能部门与业务指导部门，确保创建工作实效
天津	在成立科教领导小组后，先后成立以青少年教育工作为主的天津市青少年科教活动领导小组和天津市义务教育学校现代化建设领导小组，以职业教育为主的国家职业教育改革试验区领导小组，以在职人员继续教育为主的天津市职工素质工程领导小组和天津市工会干部教育培训工作领导小组，以老年教育为主的天津老年教育工作领导小组等一系列领导组织和机构，形成纵向衔接与纵横沟通的运行组织网络
太原	以学习型县（市、区）、学习型乡镇（街道）、学习型村、学习型单位、学习型家庭5个学习型组织的创建为抓手，以标准化创建原则、以规范化评估为手段，积极开展学习型城市创建活动
昆山	市级层面设立了昆山市学习型城市建设领导小组，由市长担任组长，下设办公室，负责全市学习型城市建设的组织协调落实；镇级层面建立了相应的领导小组和工作小组，负责辖区内学习型城市建设的具体工作。形成一个由决策、执行、咨询、监督、反馈五大子系统构成的相互联系、有机结合、封闭回路的管理网络系统
宁波	初步形成了完整的"市—县（市）区—街道（乡镇）—社区（村）"学习型城市创建四级组织领导体系，形成"政府主导，部门协同，学校跟进，社区参与"的良性工作机制，做到了上下互动，城乡一体一起推动，综合发展
马鞍山	成立建设学习型城市工作领导小组。由市委书记任组长，市长任第一副组长，使之成为切切实实的"一把手工程"；市委宣传部、各县（区）、各相关部门和单位负责人为成员，领导小组办公室设在市委宣传部
舞钢	成立了由市委副书记任主任，市委组织部部长、市委宣传部部长、副市长等任副主任，市政府办、市教育局等56个单位负责人为成员的舞钢市社区教育和建设学习型城市指导委员会。各乡镇、社区分别成立了学习型乡镇、学习型街道、学习型社区建设领导小组，制订了实施方案
武汉	成立由市委分管副书记任组长，市政府分管副市长、市委宣传部部长任副组长，市委组织部等32个部门为成员单位的武汉市推进学习型城市建设工作领导小组，负责制定规划、统筹资源、指导督查等相关工作
长沙	成立长沙市建设学习型党组织工作领导小组和长沙市社区教育工作领导小组，形成"党政统筹领导、教育部门主管、有关部门参加、社会力量支持、社区自主活动、群众广泛参与"的格局
西安	成立西安市建设学习型城市工作领导小组，由市委书记为领导小组组长，西安市人大、市政府、市政协有关领导和市委组织部长、宣传部长为副组长，四大班子办公厅、市级有关部门共21个成员单位一把手为领导小组成员

城市	具体组织保障措施
克拉玛依	设立克拉玛依市建设学习型城市工作领导小组，由市委书记负总责，市委常委、宣传部长直接抓，宣传、教育、工会、妇联等多个部门分工负责；建立市、区、街道、社区四级联动，齐抓共管的长效工作机制

资料来源：中国教育发展战略学会终身教育工作委员会，中国教育发展战略学会全国学习型城市建设咨询指导小组.中国学习型城市建设案例［M］.高等教育出版社，2013.

（二）经费与资源保障

俗话说"巧妇难为无米之炊"，同样地，学习型城市的建设同样离不开最为根本的经费和资源的保障。经费保障主要指，各地为学习型城市建设所提供的经费投入，包括科研经费、培训经费、人员经费、场所建设经费等各类费用。资源保障主要指各地为实现城乡居民便捷获得所需的学习资源，不断盘活资源存量，持续扩大资源增量，积极提升资源共享频率。

1. 经费保障

各级政府应把创建学习型城市的各项投入如科研经费、职工培训费、文化场馆建设及网络建设费用等纳入财政预算，并采取多种形式组织资金，引入市场机制，建立以政府投入为主导、投资主体多元化、筹措经费多渠道的投入模式。市财政应设专项资金账户用于各种教育、文化设施的建设、学习型组织工作者的培训及学习奖励等，各区县财政也要拨出专款用于本地区的学习型组织的软硬件建设。另外，政府可以颁布相关文件，要求各企事业单位按照工资总额的一定百分比提取员工培训基金，由政府设立的专门机构进行集中管理、统一使用。此外，还应广泛动员社会力量，吸收民间资金及社会各界捐赠成立终身学习基金会；对部分能够直接使培训对象提高经济收入的培训项目可以适当收取一定的费用，甚至可以依情况设立学习培训无息贷款。通过上述渠道来保障对创建学习型城市的投入，使得政府、社会、家庭都加大对学习教育的投入，使得对学习教育的投入如同吃、穿、住、行一样成为维持基本生存条件的投入。

2. 资源保障

实现教育信息化是建设符合时代要求、高水平学习型城市的基本特征和根本保障。在新科技革命的推动下，以云计算技术支撑的移动互联网、网络学习、新媒体移动装置学习及其所共同形成的泛在学习，为广大市民提供了更加灵活便捷的学习途径和优质学习资源。学习型城市要紧紧抓住信息技术高速发展的历史性机遇，进一步推进教育信息化，大力发展现代科学技术，建立覆盖全市范围、开放的现代远程公共学习网络服务平台和数字化优质学习资源库，加强信息技术与教学的深度融合，深化终身学习模式改革，努力为全体市民提供各种不受时空限制、高质量的终身学习支持服务，以高起点、跨越式方式构建终身教育体系，有力地拓展学习型城市的教育、文化以及技术的内涵。

（三）队伍与体系建设

学习型城市的经费和资源保障、队伍和体系保障的建设是在学习型城市的制度保障和组织保障的宏观指导下的具体实践工作。它们的建设状况直接反映了社会力量的参与程度。它们的健全和完善更主要的是依靠社会的力量，从更广泛的层面调动了社会各界的参与和援助，依靠社会共同的力量来推动学习型城市的建设。

1. 队伍保障

学习型城市建设的专职队伍是指从事非正规教育的终身教育工作者，包括社区教育工作者、企业培训师、干部培训师、社会培训师等，他们在学习型城市建设过程中起着骨干作用。然而，从目前来看，学习型城市的建设队伍的专业化还需要很长一段时间。从数量上看，专业工作者在数量上无法满足学习型城市的建设需求，多是兼职人员与相关的行政人员承担大部分的工作；在质量上，队伍的人员还不具备需要的专业技能，而这些都是未来学习型城市建设过程中队伍建设需要考虑的重要问题。

2. 体系建设

完善体系建设是指不断完善终身教育体系和终身学习服务体系建

设，它在学习型城市建设中处于核心位置并发挥着重要支柱作用。而且，终身教育体系建设的出发点与落脚点是保障居民终身学习权利，而不是原有的教育层次与类型的简单相加，是各种教育要素、教育资源的优化、统合与集成（见图 2-1）。首先，要以终身教育思想为指导，推动学校教育改革发展。这包括重视学前教育发展，推进以课程改革为核心的基础教育改革，开展以拓宽学生成长发展的通道为重点的职业教育改革，强化以培养知识学习习惯与创新能力的高等教育改革等。其次，大力发展成人继续教育，为各类群体提供学习服务，尤其是要以提升人力资本为核心，大力发展职工教育；以服务城镇化、新农村建设为重点，积极发展农村继续教育。最后，建立终身学习制度，构建人才成长"立交桥"。最后，依托城乡社区，建立社会化学习服务网络。

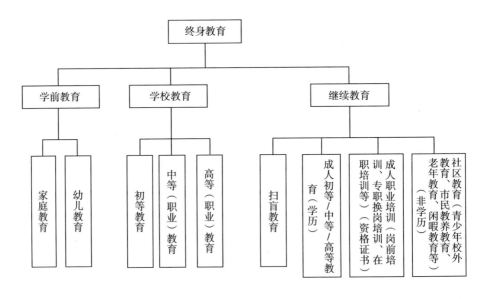

图 2-1　终身教育体系建设要素

　　学习型城市的建设就是实现终身教育体系的重要表现，终身教育体系的实现依赖于每一环节的健全与相互有效衔接与沟通。但是从目前而言，在终身教育体系中学校教育环节相对来说已走到较为先进的地步，而学前教育和继续教育，尤其是继续教育环节则发展得比较缓慢，甚至存在被忽视的严重状况。为此，在未来学习型城市建设中不仅要提升继续教育的教育地位，而且应加大对其的各项投入与支持。

五、学习型城市建设的未来对策

学习型城市建设需要解决的问题是如何培育城市居民和组织参与学习的兴趣及提升其学习的能力，因此，未来加强建设学习型城市应从以下几方面着手：

（一）宣传普及终身学习理念，努力营造学习氛围

普及终身学习的理念，意味着每个人都要了解并实践终身学习。终身学习理念的普及是城市经济发展、文化发展、创新人才培养的有效途径之一，它涉及政府部门、教育机构、各行各业，需要全社会的共同参与和积极配合。学习型城市应该为全体市民提供学习环境和学习机会，创造有利于市民终身学习的必要条件。

为了促进市民树立终身学习的理念，政府应该采取多种措施，包括举办终身学习活动周、设立学习活动日、建设城市终身学习门户网站等；降低继续教育的门槛，给社会弱势群体提供再次接受教育的机会；建立多样化的知识技能认证体系，对市民通过各种学习所获得的知识、技能进行有效认证等，营造终身学习的氛围，创造良好的终身学习的条件，提高市民学习的积极性和主动性。

（二）积极培育学习型组织，强力推进数字化学习

学习型组织包括学习型社区、学习型企业、学习型机关、学习型家庭等，它是学习型城市的组成单位。要将学习型城市建设好，就必须积极发展学习型组织，强力推进数字化学习。

给城市居民和组织提供何种学习形式和环境，与提高居民和组织的学习效率、调动居民和组织的学习兴趣有着很大的关系。传统的教育形式局限性较多，在学习方法和内容上不能满足市民个性化、多样化的需求。数字化学习是一种全新的学习方式，它在学习内容、学习方式、学习环境、学习效果上较传统学习有着较多的优势。因此，推行数字化学习，建设数字化学习型组织势在必行。数字化学习推广工作应以建设"数字化学习示范中心"为重点，在城市范围内形成数字化学习统一网点，并将其与城市文明单位、文明社区、文明家庭创建等活动有机结合，进而将其纳入各地民生工程。从现代科学技术发展的角度来说，数字化学习是城市居民和组织终身学习的最佳形式，但目前对于数字化学习社区的研究和实践还处于探索阶段，有待进一步创新。

（三）整合各类教育资源，充分利用现代信息技术

教育资源是学习过程中必不可少的要素，只有为居民和组织提供丰富的学习资源，才能使终身学习变成现实。除充分利用普通高等学校的教育资源外，还需要对职业学校、成人学校、培训机构等各级各类教育机构进行有效的管理，发挥城市公共资源（如图书馆、体育馆、博物馆等）的公益性优势，整合各类教育资源，为居民和组织提供良好的教育资源及学习场所。此外，还要做大做强社区教育，进一步加强职工教育、网络教育和自学考试，使终身学习理念扎根于社会基层。要充分发挥终身教育宽领域、多形式、广覆盖的优势，打造出基层群众喜闻乐见、容易接受的学习品牌，为社会不同群体提供更好的教育服务。要积极开展形式多样的群众性、社会化学习项目，使之成为吸引人、鼓舞人、推动人的亮点工程，吸

引更多的人参与终身学习,在全市营造出全民学习、终身学习的良好氛围。建设学习型城市需要利用信息技术不断完善终身学习的途径,拓展终身学习的渠道。政府应该加大对数字化学习、远程教育基础建设的投入,让教育信息服务走向各级各类组织和家庭,形成覆盖全市的终身学习网络平台,让城市居民和组织共享优质丰富的教育资源。

（四）完善终身学习政策,为学习型城市建设提供制度保障

实现全民学习、终身学习,需要一个系统的终身学习支持服务体系,这不是单凭教育机构就可以做到的事情。终身学习公共服务体系服务的对象主要是成人,因成人教育形式、教育内容具有多样性,学习对象具有广泛性以及办学主体具有多元性等特点,因此,成人教育具有不同于学校教育的复杂性。要保证终身学习的顺利开展,需要强有力的制度保障与法律支撑。政府应该通过制定终身学习的法律法规,明确政府、企事业单位以及个人的权利、义务和责任,以此推进全民终身学习和学习型城市建设。但我国尚未形成国家层面上的终身教育法律。在地方上,2005 年,福建省出台了《福建省终身教育促进条例》,它是我国大陆地区第一个为终身教育立法的省。2011 年,上海市颁布了《上海市终身教育促进条例》,这是继福建省之后国内又一部关于终身教育的地方性法规。之后,太原、河北、宁波也出台了终身教育的地方性法规。相比之下,我国在推动终身教育、创建学习型城市等方面的力度明显不够,我们不仅需要加快终身教育立法,将市民终身学习的权利通过立法保护,还需要明确政府、企事业单位和个人的权利、义务和相关责任,把推进学习型城市建设纳入法制化轨道。

第三章

在终身教育中如何实现立德树人研究

　　教育兴则国家兴，教育强则国家强。教育是一个国家的百年大计，也是一个民族的重要事业。2012 年 11 月，党的十八大首次提出全面贯彻党的教育方针，坚持教育为社会主义现代化建设服务、为人民服务，把立德树人作为教育的根本任务，培养德智体美全面发展的社会主义建设者和接班人①；2017 年 10 月，党的十九大进一步明确要全面贯彻党的教育方针，落实立德树人根本任务，发展素质教育，推进教育公平，培养德智体美全面发展的社会主义建设者和接班人②。

　　那么，终身教育作为人在一生中接受教育的总和③，如何在教育中正确认识立德树人并将其实现，是一项极为重要兼具挑战的任务。本章通过终身教育为什么要把立德树人作为首要任务、立德树人指向什么、如何在终身教育中践行立德树人以及建构相应的教育机制四个方面进行探讨。

---

① 胡锦涛. 坚定不移沿着中国特色社会主义道路前进 为全面建成小康社会而奋斗——在中国共产党第十八次全国代表大会上的报告［M］. 人民出版社，2012.

② 习近平. 决胜全面建成小康社会 夺取新时代中国特色社会主义伟大胜利——在中国共产党第十九次全国代表大会上的报告［M］. 人民出版社，2021.

③ 吴遵民. 终身教育研究手册［M］. 上海教育出版社，2019.

一、终身教育中立德树人的重要价值

国无德不兴，人无德不立。具备良好德行，乃国业兴昌、人生顺遂之基。国家若想长治久安，屹立于世界民族之林，在德行教化方面必定建章立制，用力甚多；而个人若想在为人处世中优游自如，备受敬仰，则定有高尚的品德作为倚仗，正所谓"君子以厚德载物"（《周易》），拥有高尚德行的人才能够刚毅坚卓、担当大任。习近平同志在立德树人教育观中着重强调"育人的根本在于立德"，足见德育工作对于国家乃至个人具有举足轻重的作用。

（一）立德树人是实现社会主义现代化的价值支撑

从社会层面来看，一个社会崇尚什么样的价值观、遵循什么样的精神，直接影响这个社会的建设和发展方向。德育作为一种宝贵的精神财富，具有规范社会行为、维护社会秩序、引领社会风尚的重要作用①，从古至今备受推崇。

早在春秋时期，鲁国大夫叔孙豹即有"三不朽"之说："太上有立德，其次有立功，其次有立言；虽久不废，此之谓不朽。"② 在亘古的时间长河里，古人已经意识到无法抗拒生命的逝去，唯有立德、立功、立言才能成为不朽。这三者又以树立德行为最高目标，建立功业次之，著书立说再次之。古人将树立德行看得高于建功立业和著书立说，足见在古代的价值观中个人道德品质是极为重要的。作为中国传统教育代表的儒家，则将立德具体阐释，提出"温良恭俭让"（《论语·学而》）、"仁义礼智信"

---

① 习近平总书记教育重要论述讲义［M］. 高等教育出版社，2020.
② 杨伯峻. 春秋左传注［M］. 中华书局，1981.

（董仲舒《贤良对策》）等做人的道德准则，进行"修身齐家治国平天下"的自我修炼，并将有德之人称为"君子"，"君子怀德"即儒家教育中推崇的立身之道。古代的教化目的是"明人伦"，即培养有道德的人。由此可知，在我国传统教育的认知和实践中，形成以德育品行的高低作为批判的标准，从而影响社会价值的取向，如科举选拔、职官考核等以品行是否端正作为重要参考。

新时代我国社会主要矛盾发生转变，从人民日益增长的物质文化需要同落后的社会生产之间的矛盾调整为人民日益增长的美好生活需要和不平衡不充分的发展之间的矛盾，中国特色社会主义现代化建设进入了新的发展阶段，人民的美好生活需要不仅是物质方面，更重要的是精神层面的需要。习近平同志强调，实现中华民族伟大复兴的中国梦，物质财富要极大丰富，精神财富也要极大丰富。① 这对德育提出了实践要求。因此，教育首先是"育德"，引导学习者形成良好的道德意愿和道德情感，培育正确的道德判断，引导学习者崇尚讲道德、守道德的理想生活。

马克思指出，人的本质并不是单个人所固有的抽象物。在其现实性上，它是一切社会关系的总和。（《关于费尔巴哈的提纲》）人的社会属性决定了个人和社会是辩证统一的关系，二者相互依存、相互制约、相互促进，可见，个人品德的好坏会对社会产生一定影响。因此，必须加强德育教育，将立德树人的教育工作融入个人的内在建树与外部发展中，才能奠定中国特色社会主义的思想道德基础，从而形成社会主义现代化正确的价值取向。

文明是社会进步的重要标志，也是社会主义现代化国家的重要特征。良好的社会风尚是人们在社会道德实践中逐步形成的。终身教育要引导学习者弘扬真善美、贬斥假恶丑，做社会主义道德的示范者和引领者，促成知荣辱、讲正气、作奉献、促和谐的社会风尚。

---

① 习近平. 习近平谈治国理政（第二卷）[M]. 外文出版社，2017.

（二）立德树人是培育社会主义建设者和接班人的必然要求

从人才培养的视角来看，德育往往占据更加重要的位置。教育着眼于受教育对象的健康发展，包括但不局限于授业、解惑，更应该着重于传道，培养学习者终身受用的品格和能力。习近平同志在 2018 年考察北京大学，并与师生座谈时指出，人才培养一定是育人和育才相统一的过程，而育人是本。人无德不立，育人的根本在于立德。这是人才培养的辩证法。① 这明确了育人和育才的辩证关系和精神实质。

德育与智育是人才培养的两面重要旗帜，这其中又以德育为矛盾的主要方面，是育人的根本所在。就"德""才"二者关系而言，"立德"始终处于根本地位。北宋大家司马光有云："才者，德之资也；德者，才之帅也……才德全尽谓之圣人，才德兼亡谓之愚人，德胜才谓之君子，才胜德谓之小人。凡取人之术，苟不得圣人、君子而与之，与其得小人，不若得愚人。"② 在司马光看来，最理想的用人标准当数德才兼备，有德无才者次之，无德无才者又次之，最不能用的就是有才无德的小人。司马光的人才思想是以德为先，用人当先求有德，若才德不能两全，则宁舍才而取德。曾国藩亦辩之，德若水之源，才若水之波；德若木之根，才若木之枝。一个人的德行是其根源，只有将源清明、把根厚植，才能谈其才学带来的水波荡漾、枝繁叶茂，正所谓根深叶茂、源清流净。

立德是人立身之道，教育者传授的是做人之道，学习者学习的亦是成人之道。因此，终身教育在培养人才时，亦要遵循"德才兼备、以德为先"的规律，把德育放在更加重要的位置，加强教育者的德育建设，坚持为学习者传播美德和知识，方能为社会输送有机血液。

当前，各级各类教育中对智育、德育、体育、美育、劳动教育的重视程度和具体实施还存在不协调、不均衡的现象，往往对智育高度重视，对其他方面关注不足，容易造成学习者的道德素质、身体素质、心理素质等

---

① 习近平. 在北京大学师生座谈会上的讲话［N］. 人民日报，2018-05-03.
② 司马光. 资治通鉴［M］. 中华书局，1956.

方面发展不协调,对人全面发展能力的提升造成一定阻碍。在终身教育中,加强德育教育仍然是任重道远的一项任务。

(三) 立德树人是终身教育的根本任务

从纵向来看,终身教育是贯穿人一生的教育,不局限于儿童和青少年阶段;从横向来看,终身教育则是各类教育资源的整合,是一种开放的教育体系①。无论从哪个方面来看,终身教育作为教育的下位概念,立德树人是其教育过程中的根本任务。

1. 终身教育的本质所在

终身教育的本质在于促进个体健康成长,实现生命个体由自然人向社会人的高度转化。立德树人同样旨在对个体思想、行为方面的规范,促进个体的健康发展,强调培养德智体美劳全面发展的同时又以德育为出发点和落脚点,是唯物辩证法中关于整体作用和主要矛盾的科学统一。

终身教育还具备两个本质特征:一是时间的延展性,是贯穿个体一生的教育形态;二是形式的多样性,不仅是包括所有现存的教育形态在内的教育过程,而且是一种教育理论和教育观念。立德树人同样具备这两种特征,德育的培养贯穿人的一生,是通过不同的教育方式来完成培育目的的一种教育观念。可见,终身教育的本质与立德树人的本质是同向同行。

2. 终身教育的终极目的

终身教育是个体在一生中通过学习加深认知、改善行为、提高文化素养、社会经验和职业能力等社会活动的过程,其终极目的是个体人格臻于完美和人生价值的实现。吴遵民指出,终身教育以提高人的精神教养和健全人格、完善人性为宗旨②。

北宋张载提出"为天地立心,为生民立命,为往圣继绝学,为万世开太平"(《黄氏日抄·横渠语录》),这是儒家追求的完美人格的顶峰。古语有云,金无足赤,人无完人,个体的修养追求不断趋向完美但仍处在未

---

①② 吴遵民. 终身教育研究手册 [M]. 上海教育出版社,2019.

能达到的层面，故而是不断追寻。具体来看，终身教育要把学习者塑造成人格健全、全面发展的个体，培养其吃苦耐劳的精神、独立思考和解决问题的能力、承担家庭与社会责任。这些与立德树人中明确的培养方向和详细内容具有一致性，可见立德树人亦是终身教育的终极目的。

3. 终身教育的活动枢纽

从纵向来看，终身教育是同样的个体在不同时间所接受的教育知识和技能是不同的；从横向来看，同一个时间段中，面对的人群不同，知识和技能的传授也会不同。这使得终身教育呈现多样性的同时其衔接性受到影响。立德树人作为终身教育中全方面强调的教育实践，具有一致性和连贯性，贯穿各级各类教育，弥补了终身教育中全方面育人的衔接问题，是其活动枢纽。

德育教育是人在一生中都需要学习和践行的，与终身教育的本质和终极目的一致，打通终身教育中不同形态教育中的壁垒，成为其教育工作中极为重要的方面。

二、终身教育中立德树人的理论内涵

"立德"一词最早见于《左传·襄公二十四年》："太上有立德，其次有立功，其次有立言；虽久不废，此之谓不朽。"[①] 最高层次是创立规章制度使天下百姓受益，其次为百姓排忧解难创造和平环境建立功勋，再次是写出义正理达的著作传之后世，这些才可以称得上是不朽，后世将"立德、立功、立言"称为"三不朽"，成为士人实现人生价值的目标追求，这里的"德"则是建立规章制度之意。"树人"则见于《管子·权

---

① 杨伯峻. 春秋左传注［M］. 中华书局，1981.

修》："一年之计，莫如树谷；十年之计，莫如树木；终身之计，莫如树人。"① 如果是一年的计划中，最好的方式是种植五谷，如果是十年的计划，则最好的方式是种植树木；如果是终身的计划，那么最好的方式是培育人才。这里的"树人"即指向人才培养。在党的十八大报告中，"立德"与"树人"合并使用，得到了极大的关注。

"立德"是"树人"的方法，"树人"是"立德"的目的。从逻辑关系上看，二者辩证统一、相辅相成。那么，立什么样的"德"、树什么样的"人"呢？传统教育对此给出了自己的答案，提出"穷则独善其身，达则兼济天下"（《孟子·尽心章句上》）；"格物"、"致知"、"诚意"、"正心"、"修身"、"齐家"、"治国"、"平天下"（《礼记·大学》）等德行修养的目标和方式。在新时代环境中，我们所立之德当是"大德"、"公德"、"私德"，即国家大德、社会公德、个人私德，所树之人则应当具有共产主义远大理想、有社会责任感、人格健全、本领过硬。

（一）明国家大德

在传统文化中，"大德"一说是指"大恩"，如"忘我大德，思我小怨"（《诗经·谷风》）；"天地之大德曰生"（《周易·系辞传》）；"扶弘义以致英俊，大德也"（《后汉书·荀彧传》）等。另一说则有"大节"之意，如名臣范仲淹所言"先天下之忧而忧，后天下之乐而乐"；爱国诗人陆游感怀"位卑未敢忘忧国"；大儒顾炎武提出"天下兴亡，匹夫有责"；一代名将林则徐高呼"苟利国家生死以，岂因祸福避趋之"……凡此兼怀天下的伟大胸襟，是士大夫的崇高德行目标，体现传统文化中对大德的阐释。朱熹即提出"大德、小德，犹言大节、小节"一意。

现阶段，我国的"大德"指将"社会主义核心价值观"内化为对社会主义、共产主义理想的追求，具有爱国献身精神，就是"明大德"；将社会主义核心价值观外化为坚定不移地走社会主义道路，脚踏实地地进行中

---

① 《管子》卷一《权修》，李山、轩新丽译注，中华书局，2019.

国特色社会主义建设，培养崇高的共产主义信仰，坚定的社会主义理念，也是"明大德"；努力实现"两个一百年"奋斗目标和中华民族伟大复兴的中国梦而奋斗终身，也是"明大德"。

1. 厚植爱国主义情怀

爱国主义直接体现了人们对自己祖国的深厚感情，揭示了个人对祖国的依存关系，是对家园、民族、文化的归属感、认同感、尊严感与荣誉感的统一。从古至今，爱国主义情怀一直都是仁人志士追求的崇高道德。屈原投江，以死明志；岳飞抗金，精忠报国；文天祥"人生自古谁无死，留取丹心照汗青"的民族气节；谭嗣同"我自横刀向天笑，去留肝胆两昆仑"的大义凛然；赵一曼用"未惜头颅新故国，甘将热血沃中华"的爱国情怀从容就义；陈祥榕以"清澈的爱，只为中国"的行动来保卫祖国。在中华民族五千多年的历史进程中，爱国主义在不同时期、不同文化背景下，人们的爱国思想和爱国行为有所不同，而这样的爱国志士犹如繁星一般，点燃人们内心的爱国情怀，照耀着中华民族伟大复兴的新征程。

爱国主义贯穿情感、思想和行为三个方面。情感是基础，是人们对祖国的一种直接感受和情绪体验。思想是内核，是人们对祖国的理性认识。行为是体现，指人们身体力行、报效祖国的实际行动，是爱国主义精神的落脚点和归宿。爱国主义是中华民族的民族心、民族魂。必须把爱国主义教育作为永恒主题，把爱国主义教育贯穿国民教育和精神文明建设全过程。一个人只有将爱国之情铭记心中、自觉融入生活，才能奋发图强、报效祖国。

爱国主义是调节个人与祖国之间关系的道德要求、政治原则和法律规范，也是民族精神的核心。① 世界各国普遍把爱国、报国、强国视为高尚的美德，把卖国、辱国、叛国等视为不道德的丑恶行为。爱国主义成为人们进行道德评价的标准。我国《宪法》明文规定："中华人民共和国公民有维护祖国的安全、荣誉和利益的义务，不得有危害祖国安全、荣誉和利

---

① 思想道德与法治［M］. 高等教育出版社，2021.

益的行为";"保卫祖国、抵抗侵略是中华人民共和国每一个公民的神圣职责"。

2. 坚定社会主义信念

所谓"人生如屋,信仰如柱",必须坚定对国家政治体制和发展道路的自信。2018年,习近平同志在全国教育大会上的讲话中强调,要在坚定理想信念上下功夫,教育引导学生树立共产主义远大理想和中国特色社会主义共同理想,增强学生的中国特色社会主义道路自信、理论自信、制度自信、文化自信,立志肩负起民族复兴的时代重任。①

社会主义制度的建立为中国的繁荣发展提供了可靠的保障。社会主义在中国不是一句空洞的口号,而是集中代表着、体现着、实现着国家、民族和人民的根本利益。实践证明,社会主义道路是近代以来实现国家富强、民族复兴的唯一正确道路。

其一,从历史的角度看,社会主义解救了中国。自1840年鸦片战争后,中国逐步沦为半殖民地半封建社会,帝国主义和中华民族的矛盾、封建主义和人民大众的矛盾成为中国社会的主要矛盾,反帝反封建成为中国人民的主要任务。仁人志士寻求各种方法救亡图存,戊戌变法失败、辛亥革命胜利的果实被窃取,军阀混战、内乱不断,等等。事实证明,只有社会主义才能救中国。社会主义道路是历史和人民的选择,中国只能走社会主义道路,不能走也走不通资本主义道路。

其二,从现在和未来看,中国特色社会主义是发展的必由之路。2021年,我国脱贫攻坚战取得胜利,为解决世界人口脱贫问题作出了历史性贡献。现行标准下农村贫困人口全部脱贫,8年来累计脱贫近1亿人,全国832个贫困县全部摘帽。人民群众获得感、幸福感、安全感不断提升。新时代中国特色社会主义所取得的开创性成就,使科学社会主义在21世纪的中国焕发出强大的生机活力,彰显了社会主义制度的独特创造力和强大生命力。

---

① 习近平在全国教育大会上强调 坚持中国特色社会主义教育发展道路 培养德智体美劳全面发展的社会主义建设者和接班人 [J]. 人民日报,2018-09-11.

社会主义与当代中国形成了一损俱损、一荣俱荣的命运共同体。我国始终围绕着实现民族富强、人民幸福而发展，最终汇流于中国特色社会主义。因此，终身教育在立德树人之时必须引导学习者坚定社会主义理想信念，坚定走中国特色社会主义道路。

3. 追寻新时代中国梦

中国梦的本质是国家富强、民族振兴、人民幸福，国家富强是实现基础，民族振兴是核心内容，人民幸福则是奋斗目标。中国梦是个体梦与群体梦的辩证统一，国家富强与民族振兴最终落脚点都是人民的幸福。只有人民过上了幸福的生活，民族才会振兴，国家才能真正强大。

从历时的角度看，中国梦是历史的、现实的，也是未来的。从共时的角度看，中国梦是国家的、民族的，也是每个中国人的。只有每个中国人都为美好梦想而奋斗，才能汇聚起实现中国梦的磅礴力量。终身教育中的德育教育引导学习者不懈追求的梦想与中华民族伟大复兴梦紧密相连，承担起振兴中华的责任。

所谓"求木之长者，必固其根本；欲流之远者，必浚其泉源；思国之安者，必积其德义"①，养大德方能立大志、成大业。

（二）守社会公德

"公德"一词，在我国古代文本中亦有所见，如清人沈复在《浮生六记·坎坷记愁》中提到"今小女无恙，时诵公德"，这里"公德"的含义是指"恩德"，"公"是"主公"的意思，可译为"您"。与当前"公德"意义迥别。学界普遍认为，我国近代意义上的"公德"概念，是由国学家梁启超首先明确提出的。梁启超著有《论公德》一文，他认为"人人相善其群者谓之公德"②，并将具有"公益心"、"公共心"、"爱国心"的行为均归于"公德"，可见，在他看来，　"大德"与"公德"并无严格界限，而我们今天把具有"爱国心"的行为称为"大德"。现代意义上的

---

① 魏徵. 论时政疏·第二疏［M］//董诰等编. 全唐文. 中华书局，1983.
② 陈书良. 梁启超文集［M］. 北京燕山出版社，2000.

"公德"概念由近代"公德"意义上发展而来，一般是指存在于社会群体关系中的道德，是为了维护社会公共秩序，为了群体的利益，必须遵守的公共生活中的规则、规范。

"社会公德"是每个公民在社会交往和公共生活中应该遵守的行为准则、必须履行的社会义务与责任，是维护公共利益、公共秩序、社会和谐稳定的起码的道德要求，涵盖了人与人、人与社会、人与自然之间的关系。

1. 以为人民服务为核心

守公德的核心是要牢固树立服务人民之德。为人民服务是社会主义经济基础和人际关系的客观要求，既是涵养道德情操的应有境界，也是以良好形象引领社会道德风尚的必然要求。

我国正处在社会主义初级阶段，每个社会主义建设者都在为社会、为他人同时也是在为自己而劳动和工作。各行各业的劳动者和建设者，只是社会分工的不同，没有高低贵贱之分。对于不同利益群体、不同觉悟程度的人们，为人民服务的具体要求不可能是完全一样的。毫不利己、专门利人、无私奉献是为人民服务，顾全大局、先公后私、爱岗敬业、办事公道是为人民服务，同志之间、师生之间、同学之间的互相关心、互相帮助是为人民服务，热心公益、助人为乐、见义勇为、扶贫帮困是为人民服务，遵纪守法、诚实劳动并获取正当的个人利益同样也是为人民服务。一个人只要时时处处能够推己及人、与人为善，服务他人、奉献社会，使他人能够因自己的所作所为而得到益处，使社会可以因自己的努力而发生积极改变，就是在践行为人民服务。

为人民服务是中国共产党人将马克思主义基本原理与中国革命、建设、改革的具体实践相结合的伟大创造。为人民服务，不仅是坚持历史唯物主义的必然要求、是中国共产党践行的根本宗旨，也是社会主义道德观的集中体现、是全体中国人民共同遵循的道德要求。

2. 以集体主义为准则

"公德"指向"团体"、"群体"，是在公共场合中表现出来的品质，涉及公共领域、公共生活等。公德关注的是"公共场合"的"公共心"、"公共观念"等，是人与外界在公共场合、公共生活接触中而表现出来的品质，体现为在公共场合遵守公共秩序、维护公共利益等①。

集体主义是深入中华民族血脉的价值观。中华人民共和国成立后，全新的社会主义制度，重新定义了个人、集体与国家的辩证统一关系，也让集体主义产生了新的飞跃。在社会主义制度下，国家、集体、个人三者之间的根本利益是一致的，兴衰相关，相辅相成，不是靠抑制一方来发展另一方，而是要力求做到共同发展、相互增益、相得益彰。集体主义强调国家利益、社会整体利益高于个人利益，在三者发生矛盾冲突时，必须坚持国家利益、社会整体利益高于个人利益的原则，归根结底，既是为了维护国家、社会的共同利益，最终也是为了维护个人的根本利益和长远利益。集体主义重视和保障个人的正当利益，使个人的才能、价值得到充分的发挥。这不但与集体主义不矛盾，而且正是集体主义思想的应有之义。对于损人利己、损公肥私的行为，集体主义不但不保护，而且强烈反对和禁止。

国家强大，人民才有坚强后盾；人民奋斗，国家才能继续向前。尤其这些年，海外撤侨时"你身后是强大的祖国"的底气，抢险救灾时"把人民生命放在第一位"的要求，小康路上"一个都不能少"的承诺……一次次亲历的事件，让人们切实感受到个人命运与国家民族命运的血脉相连。

从在一穷二白基础上"建设一个新世界"，到克服种种困难成功研制出"两弹一星"；从战洪水、防非典、抗地震，到抗击新冠肺炎疫情，面对困难与坎坷，中国人民总能迸发出"人心齐，泰山移"的集体伟力。这是团结一心、同舟共济的伟大团结精神的彰显，充分见证社会主义所特有的道德属性、中华民族所高扬的人文价值。在社会主义的中国，无论谋发展、搞建设，还是应对各类风险挑战，集体意识与集体精神从未缺席，也永不过时。

---

① 史少博，尹凯丰. 论社会主义核心价值观的道德维度［J］. 理论探讨，2019（1）：41.

集体与个人，即"统"与"分"，是相互作用、相互依赖、互为前提的辩证统一关系。只有使二者有机地结合起来，才能使生产力保持旺盛的发展势头，偏废任何一方，都会造成大损失。① 一滴水只有放进大海里才永远不会干涸。马克思主义认为，集体主义不会遮蔽个人价值，而会为个人成长搭建更广阔的舞台。集体主义可以增强一个人恪尽职守、担当任事的责任心，可以激发一个人面对困难和危险不退缩的战斗力，赋予一个人光辉的人格、英雄的风范，能够沿着道德层次的阶梯循序渐进地向更高道德境界攀登。

3. 遵循法律制度与社会规范

遵纪守法是全体公民都必须遵循的基本行为准则，是维护公共生活秩序的重要条件，每个社会成员既要遵守国家颁布的有关法律、法规，也要遵守特定公共场所和单位的有关纪律规定。全面依法治国需要人人遵纪守法，树立规则意识，增强法治观念。

守公德提倡人伦价值，重视道德义务。一个人的道德修养分为三个层次，包括道德认知、道德内化和道德外化。道德认知只是意味着对道德知识的掌握。在道德认识基础上产生观念上的认同，进而形成道德信念。在道德信念的指引下，通过践行其道德理念，从而完成道德外化②。

（三）严个人私德

"私德"之意，古代指个人方面的恩惠、修养等。如宋代王安石认为："朕率是道，进退百官，故于迩臣，无有私德。"（《周沅右谏议大夫制》）我国教育历来重视个人修养，倡导"修身养性"、"正心"、"诚意"等，可见注重"私德"的培育是中华民族的优良传统。到了近代，梁启超把"私德"与"公德"两个概念予以辩证，指出"人人独善其身者谓之私德"③，私德指向个体领域，表现为对父母孝敬、与兄弟相亲和睦、夫妻

---

① 习近平. 摆脱贫困 [M]. 福建人民出版社，1992.
② 魏寒冰. 明大德 守公德 严私德 [N]. 内蒙古日报（汉），2019-12-10.
③ 陈书良. 梁启超文集 [M]. 北京燕山出版社，2000.

之间的相亲相爱、对朋友以诚相待等。私德主要强调的是个体的道德修养，主要关注人的内心活动、私人品质，即关注自我的"人格完善"①。

1. 践行社会主义核心价值观

社会主义核心价值观是我们党对新时期国家、社会、公民应当遵循的价值原则和道德规范的全面概括，重视德育，有助于培养中国特色社会主义合格建设者和可靠接班人，造就真心认同、自觉践行社会主义核心价值观的"四有"新人。习近平同志强调，核心价值观，其实就是一种德，既是个人的德，也是一种大德，就是国家的德，社会的德②。社会主义核心价值观既是对中华优秀传统文化的继承，又是对社会主义本质要求的体现，寄托着近代以来中国人民上下求索、历经千辛万苦确立的理想信念，承载着每个公民的美好愿景，具有广泛、深刻、持久的精神感召力，是我国各族人民价值追求的"最大公约数"。

终身教育在培育和践行社会主义核心价值观中重视德育，强调勤学、修德、明辨、笃行，将学习者培养成德才兼备的国家栋梁，为实现中华民族伟大复兴的中国梦凝聚强大的正能量。

勤学是基础。下得苦功夫，求得真学问。诸葛亮在《诫子书》中说道："夫君子之行，静以修身，俭以养德。非淡泊无以明志，非宁静无以致远。夫学须静也，才须学也，非学无以广才，非志无以成学。淫慢则不能励精，险躁则不能治性。年与时驰，意与日去，遂成枯落，多不接世，悲守穷庐，将复何及！"③ 不努力学习就无法增长才智，不立志向就无法成就学业。知识是树立核心价值观的重要基础。要勤于学习、敏于求知，注重把所学知识内化于心，形成自己的见解，既要专攻博览，又要关心国家、关心人民、关心世界，学会担当社会责任。

修德是关键。做人做事第一位的是崇德修身。修德，既要立意高远，又要立足脚下。要立志报效祖国、服务人民，这是大德，养大德者方

---

① 史少博，尹凯丰．论社会主义核心价值观的道德维度［J］．理论探讨，2019（5）：41.
② 习近平．在北京大学师生座谈会上的讲话［N］．人民日报，2018-05-03.
③ 诸葛亮．诸葛亮文集译注［M］．罗志霖译注，巴蜀书社，2011.

可成大业。同时，还得从做好小事、管好小节起步，"见贤思齐焉，见不贤而内自省也"（《论语·里仁》），踏踏实实修好私德，有道德知识，更要有道德行为，切实学习并做到劳动、勤俭，感恩、助人，谦让、宽容，自省、自律等良好品德。

明辨是核心。"千淘万漉虽辛苦，吹尽狂沙始到金。"（刘禹锡《浪淘沙》）淘金要千遍万遍的过滤，虽然辛苦，但只有淘尽了泥沙，才会露出闪亮的黄金。学会明辨是非是一个十分艰苦的历程，但只有这样，才会得出真知灼见。"学而不思则罔，思而不学则殆。"（《论语·为政》）是非明，方向清，路子正，人们付出的辛劳才能结出果实。当今互联网发达，各类新闻层出不穷，对于新闻的真假更应该有自己的判断，而不是人云亦云、推波助澜，因此，终身教育中的德育培育，更是要帮助学习者树立正确的世界观、人生观、价值观，深入观察社会万象，丰富人生历程，与现实世界遭遇碰撞，才能学会思考、正确抉择。

笃行是保障。学有所得，践履所学，使所学最终有所落实。"儒有博学而不穷，笃行而不倦。"（《礼记·儒行》）"纸上得来终觉浅，绝知此事要躬行。"（陆游《冬夜读书示子聿》）高尚道德品格的形成重在实践，贵在坚持。做任何事都要踏踏实实，一步一个脚印，切莫投机取巧、耍滑头。扎扎实实干事，踏踏实实做人。

2. 培育专业技能

终身教育在培育学习者好好学做人的同时，也要引导他们掌握一项本领，才能在社会上立足。学习者在学习期间，第一任务是搞好学习，学好本领，提高自身素质，要讲求实干，将理论与实践相结合，注重实践，有实践的能力和勇气，在实践中提高处理问题、解决问题的能力。

同时，也要培养他们在职业生活中的道德规范，即职业道德，它是从事一定职业的人在职业生活中应当遵循的具有职业特征的道德要求和行为准则，涵盖了从业人员与服务对象，职业与职工、职业与职业之间的关系。爱岗敬业、诚实守信、办事公道、热情服务和奉献社会是职业生活中的基本道德规范。爱岗敬业就是要干一行爱一行，爱一行钻一行，精益求精，尽职尽责。诚实劳动要求从业者在职业生活中诚实劳动，合法经营、信守承诺、讲求信誉。办事公道要求从业人员做到公平、公正，不损公肥私、不以权谋私、不假公济私。热情服务要求每个人无论从事什么工作，能力如何，都应该在本职岗位上通过不同形式为群众服务。奉献社会要求从业者在工作岗位上兢兢业业为社会与他人作贡献，这是社会主义职业道德中最高层次的要求。

3. 实现人生价值

严私德的核心是恪守清正廉洁之德，追求精神境界，向往理想人格，强调道德修养，注重道德践履，这既是必须守住的道德底线，也是人生行得稳、走得正的重要保证。

习近平同志指出，"要在加强品德修养上下功夫，教育引导学生培育和践行社会主义核心价值观，踏踏实实修好品德，成为有大爱大德大情怀的人"[①]。在严"私德"的层面上，应引导学生有"不患位之不尊，而患德之不崇"的忧患之心，严格约束自己的操守和行为，做到德比于上、欲比于下，保持艰苦奋斗、俭以养德的生活态度和精神追求；怀揣"不自重者取辱，不自畏者招祸"的敬畏之心，正心明道，始终不放纵、不越轨、不逾矩，做到不存非分之想、不取不义之财、不染不正之风；涵养"无羞则失气节，无耻则失德行"，自知羞耻之心，增强慎独慎微、严以修身的道德定力，自觉抵制低俗、庸俗、媚俗之风，珍重自己的名节、声誉和形象，追求有高度、有境界、有品位的人生。[②]

大德、公德、私德三者是"同心圆"，合到一起就是德育的全部内涵。"大德"追求的是全民的国家利益；"公德"针对的是群体、追求的是群体的利益；"私德"针对的是个体、追求的是个体品质的完善。从道德维度分析，社会主义核心价值观中的"爱国、敬业"，体现了要"明大德"的道德要求；"文明、和谐、友善"是对"守公德"的道德要求；"诚信、

---

① 习近平在全国教育大会上强调坚持中国特色社会主义教育发展道路 培养德智体美劳全面发展的社会主义建设者和接班人 [N]. 人民日报，2018-09-11.

② 邓一非. 做明大德守公德严私德的模范 [N]. 解放军报，2020-01-21.

友善"则回应了"守私德"的道德要求。"明大德"、"守公德"、"严私德"既统一于践行"社会主义核心价值观"中，也统一于新时代道德建设的过程中①。

三、终身教育中立德树人的实践理路

（一）家庭教育

家庭是社会的基本细胞，是人生的第一所学校。习近平同志在2015年春节团拜会上强调，不论时代发生多大变化，不论生活格局发生多大变化，我们都要重视家庭建设，注重家庭、注重家教、注重家风。② 家庭和睦则社会安定，家庭幸福则社会祥和，家庭文明则社会文明。

家庭教育泛指以家庭为场所的教育活动，尤其指父母或其他年长者在家庭环境中自觉而有意识地对子女进行的教育③。家庭教育对个体的思想品德形成和社会化具有重要影响，是国民教育事业的有机组成部分，也是学校教育和社会教育的支持力量。家庭教育的主要任务有三个：一是帮助学龄前儿童建立身心健康发展的基础；二是儿童入学后配合学校帮助培养良好的品德；三是建设良好的家风。

1. 早教启蒙

家庭是人生的第一课堂，父母是孩子的第一任老师，家庭教育涉及很多方面，但最重要的是品德教育，是如何做人的教育。古人曾说："爱

---

① 史少博，尹凯丰. 论社会主义核心价值观的道德维度［J］. 理论探讨，2019（5）：43.
② 习近平. 在2015年春节团拜会上的讲话［EB/OL］. http：//www. xinhuanet. com/politics/2015-02/17/c_1114401712. htm.
③ 吴遵民. 终身教育研究手册［M］. 上海教育出版社，2019.

子，教之以义方。"（《左传》）

个体形成良好的道德品质在于积累。家庭教育在教育的过程中必须要遵循孩子成长的自然规律，做到有的放矢。品行的养成需要从小抓起，孩子还在摇篮时，家长就需要对孩子的性情进行陶冶。一方面，家长要树立起道德榜样。家长是孩子的一面镜子，孩子最初的行为都是从模仿家长的言行开始的，故而家长要规范自己的言行，做到言传身教、举止文明，用自己的良好行为规范来引导孩子。另一方面，家长要有意识地培养孩子的良好品行。俗话说"三岁看老"，可见婴幼儿时期的德育教育非常重要。家长可以通过绘本、游戏等方式，将文明礼貌、爱护公物、劳动自律等适合儿童身心发展的德育教育的具体内容传授给孩子。这需要家长能够深刻认识"立德树人"的理念，自身先做到德育合格。家长的知识储备量有多少之分，但良好品行的评判是放之四海而皆准的，不因学历高低而有不同，因此，家长必须身正，才能令从，在教育孩子的同时提升自身的道德修养，从而更好地引导孩子。

值得注意的是，家庭教育是一种生活化教育。家庭首先还是生活的群体和世界。从家庭的内在来看，家庭教育是家庭众多功能中的一个，多以日常生活教育存在，在生活中促成立德树人的培养。

2. 配合学校

孩子进入校园后，家长不能当"甩手掌柜"或"局外人"，而是要与教师保持沟通，第一时间了解孩子在学校的表现，并积极配合学校开展德育教育，做到家校教育步调一致，从而提高孩子的道德情操。

其一，与学校保持良好沟通。家长和学校的联系构建起一个安全的家校教育网，良好的沟通有助于孩子的健康发展。其二，了解孩子在学校的言行。上学以后，孩子在学校的时间比在家里长，家长应当及时发现孩子在学校是否存在某些问题，从而调整自己的教育内容。其三，配合学校展开家庭教育。孩子的教育不是光靠学校就能完成的，同样需要家庭教育。家长的配合程度也会影响学校教育的完成度，让孩子在良好的环境中受到熏陶，健康成长。特别是进入叛逆期的孩子，常常有逆反心理、反权威意识,家长要减少说教式道德教育,将自己放到平等的姿态与孩子进行沟通和讨论,多用贴近社会生活的话语、网络流行用语和实际案例来进行教育,让德育能够切实入耳、入脑、入心。

随着社会发展,留守儿童教育、非原生家庭教育等问题的突出,促使立德树人的践行需要加深家校之间的紧密合作,彰显家校教育相互依赖、相互渗透的辩证统一的关系和作用,帮助学生将德育内化于心,外化于行。

3. 家风建设

家风是指一个家庭或家族世代相传的风尚、作风,是一个家庭的风气、习俗,是一个家庭代代相传的规矩,是每一个家庭成员都需遵循的祖训,是一种潜移默化的规则。"积善之家,必有余庆;积不善之家,必有余殃。"(《周易》)建设和传承良好家风具有重要意义。家风正,则民风淳;家风正,则政风清;家风正,则党风端。

东汉荀悦在《申鉴·政体》中谈道:"天下之本在家。"它反映了家庭在我国古代的突出地位,这与当时宗族社会有着密不可分的关系。正因为对家庭的重视,所以古人十分注重培植家庭的优良传统习惯和良好的生活作风,即人们所说的家风建设。南北朝时期,颜之推撰写《颜氏家训》,记述了他的经历、思想、学识,用以告诫子孙,开家训之风。北宋名臣范仲淹,以自身言行为准则,开办"范氏义庄",教导范氏家族恪守俭朴、刚正、一心为公的道德品质。清人曾国藩的十六字家训"家俭则兴,人勤则健;能勤能俭,永不贫贱",教人勤勉、朴实。家风的好坏也会被世人所评判。北魏大臣刁遵家族就因家风不良而被时人所鄙夷:"刁氏世有荣禄,而门风不甚修洁,为时所鄙。"(《魏书》卷三八)可见在我国传统社会中,耕读、忠厚、清廉等美好品质才能被视为传家久、继世长的家风。家风是一种精神力量,无时无刻约束和规范家庭成员的个人行为,促使他们营造文明、和谐的家庭环境,追求积极进取的人生目标。

具体来看,建设良好家风要做到四个方面。第一,家庭成员相互尊重、和睦共处。这样的家庭营造的温馨和谐的氛围,才能让孩子快乐健康成长。第二，家长以身作则，做出表率。赵一曼烈士牺牲前在给自己的儿子写的信中说道："我最亲爱的孩子啊！母亲不能用千言万语来教育你，就用实行来教育你。在你长大成人之后，希望你不要忘记你的母亲是为国而牺牲的！"她以自己的实际行动教育孩子什么是理想信念、什么是爱国主义。第三，注重孩子引导，因材施教。不能一味强调智育发展，而是要德智体美劳全面发展，特别是道德品质的培养。第四，与时俱进，结合新时代公民道德建设要求，制定符合自身实际情况和时代要求的家训，为家庭提供良好的道德规范。

事业成功往往与美好的爱情和美满的家庭密切相关。因此，要注重家庭、家教、家风，遵守恋爱、婚姻中的道德规范，树立正确的恋爱观和婚姻观，处理好复杂的感情和人际关系，以便个体的健康成长。

（二）学校教育

在重视家庭教育、搞好家风建设的同时，还必须高度重视和切实抓好学校教育。学校教育是由专门机构、专职人员承担的有目的、有系统、有组织的，以影响入学者身心发展为直接目标的社会活动①。各级各类学校是办教育最重要的平台，对学习者进行系统教育活动，是由教育者根据党和国家教育方针引导和培养学习者成长成才的重要场所②。作为学校教育的主要对象，青少年阶段是人生的"拔节孕穗期"，最需要精心引导和栽培③。学校教育形式多样，包括各类课程学习、校园文化熏陶、社会实践锻炼等方面，它们共同服务于全面贯彻党的教育方针，解决好"培养什么人、怎样培养人、为谁培养人"这个根本问题。

1. 育人课程体系化

教育是一项系统且持续的育人活动，尽管不同阶段、不同类型的教育

①　吴遵民．终身教育研究手册［M］．上海教育出版社，2019.
②　吴默闻．中华优良传统家风与新时代立德树人［J］．思想理论教育导刊，2020（11）：69.
③　习近平．思政课是落实立德树人根本任务的关键课程［J］．求是，2020（17）：4.

对育人的具体要求和规格不同，但立德树人作为教育的根本任务是贯穿教育全过程的。虽然育德在育人过程中被高度重视，也确立了以德为先的价值导向，但是不同阶段立德的标准和依据并不清晰，并且还存在重叠、脱钩等衔接方面未做好的现象。而从学生的个体发展来看，他们的德性心理发展是持续不断的，做好大中小学一体化的德育衔接显得极为迫切。

思政课作为落实立德树人根本任务的关键课程，是学校德育教学主阵地。习近平同志指出，我们办中国特色社会主义教育，就是要理直气壮开好思政课，用新时代中国特色社会主义思想铸魂育人。① 因此，必须要做好大中小思政课一体化的德育教育衔接。

具体而言，一是确定立德目标，奠定推进基础。目标的确立要遵循每个阶段教育的不同特点和规律，也要保证内在的一致性和连贯性，并且要将"德智体美劳"融合其中进行考量。二是建设德育教材，筑牢基本依据。可以通过"加强整体规划，形成由浅入深、循环上升、有机统一的大中小学德育课程体系"② 创新性挖掘现有教材的育德价值、与时俱进开发新的德育教材等方面进行，做好教材衔接。三是跟进德育评价，发挥导向作用。特别是综合素质评价、第三课堂等教育形态中增加德育权重，凸显重要性。

育人课程的系统化是以系统、关联、贯通的思维，将立德和树人作为相互促进的过程，实现其深化发展。同时，还要特别强调思政课教师要做到"六要"，即政治要强、情怀要深、思维要新、视野要广、自律要严、人格要正、以身作则、身正令从。

2. 学科话语协同化

学校中所有的课堂都具备立德树人功能，各门课程要守好自己的"一段渠"、种好"责任田"，规范课堂秩序，不给错误思想观点提供传播渠道，与思想政治理论课同向同行，形成协同效应。

青少年阶段是人生的"拔节孕穗期"，需要精心引导和栽培。新时代

① 习近平.思政课是落实立德树人根本任务的关键课程［J］.求是，2020（17）：16.
② 张力.纵论立德树人——教育的根本任务［J］.人民教育，2013（1）：10-13.

贯彻党的教育方针，要坚持马克思主义指导地位，贯彻新时代中国特色社会主义思想，坚持社会主义办学方向，落实立德树人的根本任务，坚持教育为人民服务、为中国共产党治国理政服务、为巩固和发展中国特色社会主义制度服务、为改革开放和社会主义现代化建设服务，扎根中国大地办教育，同生产劳动和社会实践相结合，加快推进教育现代化、建设教育强国、办好人民满意的教育，努力培养担当民族复兴大任的时代新人，培养德智体美劳全面发展的社会主义建设者和接班人。要在厚植爱国主义情怀上下功夫，让爱国主义精神在学生心中牢牢扎根，教育引导学生热爱和拥护中国共产党，立志听党话、跟党走，立志扎根人民、奉献国家。

特别是教材建设与选用的完善。教材是立德树人在学校教育中的重要依托。教材中要体现马克思主义的科学指导地位，体现马克思主义中国化的发展变化，体现党和国家对教育的基本政策、要求和方针，体现中华民族优秀传统文化的发展和继承。这就要求在教材的编写上不断创新理论，推广使用方式，集中力量、统筹资源，编写出高水平教材，建立哲学社会科学学科专业核心课程教材目录，推动国家统编教材使用，用好课堂教学主渠道。

3. 校园文化实践化

在第一课堂系统协同的同时，也要抓紧第二课堂的立德树人实践。对于高校而言，包括学生管理、创新创业教育、校园文化建设、心理健康教育、困难学生资助、学生公寓党建工作等。对于中小学来说，则是在班级管理、少先队组织建设等方面。在具体实践过程中，鼓励学生通过参与生产劳动、社会公益、社会文化活动，不断塑造正确的世界观、人生观、价值观，从而提升其道德境界。无论是高校还是中小学，往往通过红色文化资源、地方特色文化、网络与自媒体等载体进行政治认同教育、社会主义核心价值观教育和道德修养教育。

当前，我们要深化教育体制改革，健全立德树人落实机制，扭转不科学的教育评价导向，坚决克服唯分数、唯升学、唯文凭、唯论文、唯帽子的顽瘴痼疾，从根本上解决教育评价指挥棒问题。全国高等院校要走在教育改革前列，紧紧围绕立德树人的根本任务，加快构建充满活力、富有效率、更加开放、有利于学校科学发展的体制机制，当好教育改革排头兵。无论是中共中央办公厅、国务院办公厅印发的《关于深化教育体制机制改革的意见》，还是《国家中长期教育改革和发展规划纲要（2010—2020年）》，均传递出"立德"的重要性。坚持德育为先既是党和政府提出的教育战略主题之一，也是落实立德树人根本任务的首要环节。

近年来，我国大中小学德育工作取得了明显成效，强化了中华民族优秀传统的根基，在深度上得以提升，在广度上有所拓展，德育途径、方法也更加多样化，德育机制在创新、德育保障在增强、德育管理在改进、德育实效性得到加强。同时，德育工作仍然相对薄弱，存在不同年龄段德育衔接不畅、实效性不高等问题。面对此般困境，更应强调"立德"工作的重要性与紧迫性。具体来说，一要深入开展理想信念教育。理想信念是一个人发展的灵魂和方向，这亦是我国教育者的使命，引导学生坚定地拥护中国共产党的领导、树立中国特色社会主义共同理想、增强中国特色社会主义道路的"四个自信"。二要深入开展以爱国主义为核心的民族精神和以改革创新为核心的时代精神教育。学校育德既要传承优秀文化传统，增强学生的民族自豪感，也要做到与时俱进，不断改革创新。三要深入开展道德教育和社会责任教育，引导学生养成良好的道德品质和行为习惯。教育的宗旨是使人向善，在学校教育各个阶段培养学生良好的行为习惯，从小树立社会责任意识，热爱集体、关心社会。四要深入开展法治教育，引导学生树立社会主义法治理念。法治教育是德育教育的重要内容，要进一步着力培养学生的法治意识和法治思维，培养学生成为遵纪守法的良好公民。

（三）社会教育

立德树人的践行体现在日常生活的无形植入和社会教育的实践中。因此，要把握好社会教育中立德树人的方向。详细而言，包括专门性的理论宣讲、生活化的实际行动和主题活动三个方面。

1. 理论宣讲

理论宣讲是有意识地对学习者进行专题教育，具有针对性和专门性。在理论宣讲中，以德育作为主题，从学校教师、社会人士、政府部门等遴选优秀的教育者，为各级各类教育进行相关阐释。

针对不同的学习者，选取的德育教育中的侧重点应有所不同。青少年教育以学校教育为主，可以邀请时代楷模、道德榜样等优秀人士作理论宣讲，从亲身经历中带给他们更多的触动，从而更好地体会立德树人。中年教育多以培训为主，老年教育则多以老年活动中心、老年大学为主，在培训和活动中，可以邀请学校老师为他们作理论宣讲，讲清楚立德树人的概念、重要性和践行方法，强调知识传播的同时，也能带动家庭教育中德育教育的提升。

2. 实际行动

立德树人教育根本任务的深入落实，社会生活作用不可小觑。如何在适当的生活中渗透立德树人的理念，这既要遵循具体生活的特点，也要尊重教育的规律。理想的状态是，立德树人与生活达成天作之合，让立德树人在生活中常态化，也使生活本身自觉发挥立德树人的价值①。

具体来看，可以充分利用社会力量和资源，与教育主体单位联合建立教学基地，利用社会单位的先进管理理念、生产手段等扩充教学内容，促进个体的实践能力，融合产学研，接受社会德育教育。在社会教育中，更多的是需要个体的自觉学习，城市中的科技馆、图书馆、文化馆、博物馆、美术馆、纪念馆、青少年活动中心、工人文化宫、老年人活动中心等社会公益性场馆可以根据实际需要和自身条件，向个体提供学习场所或者设施，丰富个体精神文化生活的同时获得健康有益的德育教育。

3. 主题活动

福建省自 2005 年以来，将每年 9 月 28 日定为终身教育活动日，开展活动时可以"立德树人"为主题。在举办文艺演出时，可穿插与德育相关

---

① 张铭凯，靳玉乐．论立德树人的实践逻辑与推进机制［J］．中国电化教育，2020（8）：10.

的节目；在做读书分享会的时候，可侧重阅读《论语》、《道德经》等中华优秀传统文化的代表之作，亦可侧重阅读新时代中国特色社会主义的理论著作，从中汲取育德精华。此外，在书画展、诗词吟诵、摄影比赛等活动中，同样可以充分融入德育教育，寓教于乐。

立德树人的教育是家庭教育在场、学校教育引导和社会教育促动的三位一体的持续性、一贯性的教育。家庭教育把家庭纳入立德树人教育的整个体系中，成为推进德育实践的帮手，密切家校合作，增强立德树人教育合力。学校教育则是通过课程教学实施、学科协同合作、学校文化建设等教育活动，把立德树人作为最根本的出发点和落脚点，切实做好立德树人的实践教育。社会教育充分利用社会资源，加强学校与社会的关联，利用社会资源和社会力量增加立德树人实践的形式，并在社会真实情境中得以深刻体悟。因此，要加强家庭、学校、社会三方的教育联系，破除各自局限，使其在相互衔接和系统整合中做到互补，共同推进立德树人在终身教育中的实践。

四、城市终身教育中立德树人的机制构建

终身教育中的立德树人机制，可以从推进机制、运行机制、评价机制三个方面的构建来落实，从而引导和促进立德树人的内在机能及运行方式的实施。

（一）推进机制

鉴于立德树人的重大教育意义，各级政府和相关部门应当进一步完善顶层设计，通过统筹、出台相关政策文件、联合各方之力，引导和激励立德树人的研究，整体推进立德树人的落实进程。

1. 党的领导和政府统筹

终身教育是涵盖各级各类的教育，中国共产党发挥领导作用，政府部门发挥统筹协作的作用，明确各自的分工并形成协同的合力。同时，党委和政府要通过顶层设计，协同联动，构建终身教育中立德树人体系，激发工作动能，形成育人合力。

党在终身教育立德树人多元主体协同中占据领导核心地位，引导终身教育执行中国共产党的路线、方针、政策，坚持扎根中国大地办大学的理论自觉和教育自信，坚持社会主义办学方向，按照党章和有关规定统一领导教育工作，筑牢党对教育工作的领导权，使终身教育成为坚持党的领导的坚强阵地。具体而言，一要全面加强党的建设，强化政治责任，肩负起总揽全局的责任。二要管理好意识形态，做好终身教育中德育工作管理职责的权限。三要做好组织领导工作，肩负起总揽全局、协调各方的领导核心作用。通过坚持和加强党委领导来确保马克思主义在教育中的科学指导地位，让终身教育成为社会主义意识形态的重要阵地。

政府则要做好落实终身教育的统筹工作，发挥政策导向作用。一方面，加强组织领导终身教育中思想政治理论课的建设，夯实育德主阵地。另一方面，协调相关部门、社会企业和终身教育上下协同，提高凝聚力量和保障能力。

通过构建党委统一领导、党政齐抓共管的格局，将立德树人根本任务的落实分解到终身教育的各个环节，使其成为贯穿各级各类教育的主线。

2. 政策引领方向

中华人民共和国成立以来，我国的教育方针一贯强调育人的全面发展。毛泽东同志强调，我们的教育方针应该使学习者在德育、智育、体育几方面都得到发展，成为有社会主义觉悟的、有文化的劳动者。1980 年 5 月 26 日，邓小平同志为《中国少年报》和《辅导员杂志》题词，希望青少年能成为有理想、有道德、有文化、有纪律的"四有"新人。1999 年 6 月 13 日，中共中央、国务院推出《关于教育改革全面实施素质教育的决定》，把美育列入教育方针中，发展了教育内容。2012 年，党的十八大首次将立德树人确立为教育的根本任务。2017 年，党的十九大进一步强调教育要落实立德树人根本任务，培养德智体美全面发展的社会主义建设者和接班人。可以看到，全面贯彻党的教育方针，落实立德树人根本任务，培养德智体美劳全面发展的社会主义建设者和接班人是教育培养人才的目标，亦是立德树人工作的重要环节。

福建省针对终身教育出台多项利好政策。早在 2005 年 7 月 29 日，福建省第十届人民代表大会常务委员会第十八次会议通过了《福建省终身教育促进条例》，这是祖国大陆第一部关于终身教育的法规，为福建省依法发展终身教育、建设具有八闽特色的终身教育体系提供了法制保障。福建省把每年的 9 月 28 日定为终身教育日，并举办主题活动；每年都会制定颁发《福建省终身教育工作重点》。但政策中强调偏重于技能的培训和本领的掌握，对德育方面的培养关注度还不够，需要引起重视。

3. 各方合力联动

在党委领导、政府主导统筹下，联动机构、团体、家庭等主体共同参与终身教育。从政府方面来看，通过制定具有引领性、前瞻性的政策来明确"立德树人"是育人的目标、任务和重要内容，为终身教育中的德育教育提供保障。就社会层面而言，则是配合政府、学校在价值导向、思想引导、实践活动等方面积极发挥作用，同时，为学校教育、社区教育等各级各类终身教育提供实践资源，组织个体参加公益活动、志愿活动等能够培养德智体美劳全面发展的实践活动，激发个体服务社会、报效家国的情怀。从家庭层面来看，要完善其社会功能和文化熏染的作用，有效地将道德责任与道德意识结合，将立德树人贯彻整个家庭教育。各方合力联动，增强教育主体间的良性互动和有效衔接，充分发挥各类主体之间的相互作用，构建全员育德的多元主体格局。

（二）运行机制

1. 保障教育资源

终身教育可以结合自身的多形态特色，持续输送高品质的教育资源,培养个体的能力,激发其内生动力。降低管理重心、分散资源配置,通过深化教学、科研、人事等制度改革,鼓励教育主体开展自主管理,围绕立德树人的目标、内容和任务,开展符合实情的探索。在教学上,首先,要把立什么"德"讲清楚,德是国家层面的大德、是社会层面的公德、是自身层面的私德。其次,要把知识讲透,培养个体的技能,鼓励学习者将自身本领与中华民族伟大复兴结合起来,报效祖国。最后,加强教学形式的创新发展,让学习者能够获得更加丰富和创新化的学科知识,充分发挥教育功能和社会价值,实现教育资源的有效供给,让更多的人通过终身教育实现个人发展与价值。

2. 营造育人氛围

古语有云:"近朱者赤,近墨者黑。"孟母三迁是为了给孩子提供一个良好的学习环境,环境对于育人来说十分重要。当今社会,环境复杂多变,诱惑增加,社会环境、学习环境和家庭环境对学习者的影响越来越大。

在社会环境中要营造重视立德树人的大环境。不仅是要在政府层面倡导,而且要靠新闻舆论的传播和引导,充分利用网络、广播电视、报纸杂志、横幅、标语、宣传栏等,加强对终身教育的宣传,为终身教育发展营造良好的社会舆论环境。学习环境对学习者产生的影响最大。在一个好的氛围中形成良性的竞争,激励个体自发学习,从身边小事做起,深化德育教育。同时,要求教学主体做好硬件、软件设施,提供一个良好的学习环境。家庭既是温馨的港湾,又是补充动力的充电桩。家庭对个体的培育影响不局限于物质基础和情感归依,更重要的是让家风约束与规范家庭成员,将育德春风化雨、润物无声。

3. 加强师德建设

教师是学生健康成长的指导者和引路人,好老师要有道德情操。学为人师,行为世范,老师的人格力量和人格魅力是成功教育的重要条件。"师也者,教之以事而喻诸德者也。"(《礼记·文王世子》)教师对学生的影响,离不开他的学识和能力,更离不开教师为人处世、于国于民、于公于私所持的价值观。一名教师如果在是非、曲直、善恶、义利、得失等方面出问题，如何能担起立德树人的责任？因此，广大教师必须率先垂范、以身作则，引导和帮助学生把握好人生方向，特别是引导和帮助学生扣好人生的第一粒扣子。习近平同志多次在会议和讲话中强调，社会主义教育的根本在于立德树人，这是衡量一名教师是否让人满意、一所大学是否达到一流水平的标准。立德不仅仅是要强调对学生德育方面的教育，更是要求教师自身做到立身有德。教师必须以身作则，将立德作为第一要素，才能在育人之时具有说服力。习近平同志在主持召开的学校思想政治理论课教师座谈会上强调，思想政治理论课是落实立德树人根本任务的关键课程。办好思想政治理论课关键在教师，关键在发挥教师的积极性、主动性、创造性[①]。

4. 强化道德意识

"士必悫而后求智能者焉。不悫而多能，譬之豺狼不可迩"。(《孔子家语·五仪解第七》) 一个人的德育如若能够过关，那么他在什么样的岗位都可以发光发热；若个体的专业出众，品德却不行，那么他带来的危害将是巨大的。由此可见，育德必须放在首位，以德教人、以德树人。教师、社会都要明确"为谁培养人"，明确必须为党、为国家培养自己的人才。要在立德树人的过程中注重将"德育"融入思想道德教育、文化知识教育、社会实践教育各环节，贯穿基础教育、职业教育、高等教育各领域，学科体系、教学体系、教材体系、管理体系要围绕这个目标来设计，教育者要围绕这个目标来教，学习者要围绕这个目标来学。凡是不利于实现这个目标的做法都要坚决改过来。

(三) 评价机制

1. 健全激励制度

终身教育的目的是促进个体全面学习，提高自身的素质、完善自我。

---

① 习近平主持召开学校思想政治理论课教师座谈会强调 用新时代中国特色社会主义思想铸魂育人 贯彻党的教育方针 落实立德树人根本任务 [N]. 人民日报，2019-03-19.

立德树人是终身教育的终极目的，不仅要重视其在终身教育中的地位，还要通过激励的方式来促进育德的发展。一方面，政府和教育主体提供专项的资金支持。鼓励开展德育教育培训，支持终身学习相关的企业、机构实行职工品德再教育，对于这类机构或企业给予一定的优惠政策。教育主体也可以对德育优秀的学习者进行资助，激励他们奋发学习，弘扬社会主义优秀道德品质。另一方面，开展立德树人相关的评选表彰活动。通过评选表彰，鼓励终身教育中德育教育的落实，积极推广先进个人、先进单位的经验和做法，在全社会营造立德树人的浓厚氛围。通过制度激发学习者的动机，调动其德育学习的积极性和创造性，使其朝着教育所期望的目标努力前进。

2. 完善考核标准

建立符合终身教育特点的立德树人评价机制，是推进终身教育发展的重要环节。从整体层面来看，针对终身教育的德育教育状况、组织实施效果、社会公众整体学习效果等进行考核；从教育主体来看，针对具体实施的教学过程、教学质量、社会效益进行考核。从个人层面来看，针对学习者学习德育质量和践行德育效果进行发展性考核，把是否具备良好的道德品质作为衡量、评价、考核、晋升等重要标准，记录学习者的德育学时、学习内容以及相关的证明证书，作为以后工作的升职加薪、评奖评优的依据凭证。以多维评价代替单一评价，以德育定位丰富智育定位，以发展评价代替结果评价。

3. 改进监测方式

法律是内心的道德，道德是成文的法律。道德与法律都是社会规范的一种。而德育培养的监测方式也需要用法律来规定。在一定程度上，法律效力能够有效地促进社会和个人的德育发展，也能监督和完善评价、考核体系，为终身教育中落实立德树人起到促进作用。各级人民代表大会应该依据本地的实际情况，制定符合当地需要的终身教育法律法规，明确其中德育教育的重要地位和考评标准，以法律的形式鼓励立德树人。

社会的动态发展和人的相对适应决定了人类道德的变化和发展，人的道德发展需要终身德育的疏导。开展终身教育中的立德树人研究，对促进人类精神、品质与科学意识形态的形成具有重要意义，帮助学习者进一步提升公共责任、职业素养、家庭美德、个人品质的协调发展，从全面发展的学生到终身发展的个体，再到纵向的终身发展和横向的共同发展相融合的社会公民的拓展，成为合格的社会主义建设者和接班人。

第四章

城市终身教育数字化研究

一、城市终身教育数字化发展的重要性

（一）终身教育数字化发展的内涵特点

以信息技术为代表的科学技术迅猛发展，对人类的生产方式、生活方式、思维方式等产生了重大的影响。信息技术应用到教育教学过程后，引起了学习环境、学习资源、学习方式的重大改变，这种在现代学习理念的推动和数字化信息技术的改革中产生①数字技术与课程教学内容整合的方式称为数字化学习（E-Learning）。数字化学习为学习者提供了随时随地学习的机会，为终身学习者提供了一种全新的学习方式，改变了教师的作用和师生之间的关系，是锻炼学生思维与能力的重要途径。学习者能够充分利用数字化的学习资源进行自主性、交互性、创新性的学习，真正实现了将学习者从学习过程的被动者地位向主体者地位的转变，学生能够自主掌

---

① 张琪，李娟. 数字化学习社区：信息时代社区教育发展的方向［M］. 首都师范大学出版社，2013（1）.

握学习的时间、空间和进程。数字化学习不仅使学习的方式产生了重大变革，有助于学习者以理解式、探究式方法进行学习，而且打破了不同类别、不同时段、不同学科的学习资源之间的壁垒，提高了学习获取资源的便捷性，更有助于终身教育目标的实现。

终身教育数字化发展是在人本理念指导下，以促进人的终身学习和全面发展为目的，在数字化的学习环境中应用数字化信息技术，整合数字化学习资源，为个体的终身学习提供支持与服务的教育方式。终身教育数字化发展的核心是发挥教育者和学习者的主动性，通过交互性的数字化教育环境的营造，有效地选择和利用开放、共享的教育资源，在信息技术有效的支持服务下，运用数字化的学习方式所开展的个性化的学习活动。这种基于数字化学习资源和通信手段的学习模式，更灵活、更以学习者为中心，是终身教育中学习者的重要学习手段。现代信息技术手段的运用，实现学科课程与数字化学习的有效整合，充分体现学生的主体作用，改变了传统的教学结构和教育本质[①]，实现终身教育的目的。

学习是个人的一种生活方式，数字化学习为各个年龄段的个体提供了良好的平台，成为不同的个体寻求知识的渠道，必然以满足人的不同需求为目标。无论是传统的学习方式，还是数字化学习，都要有完善的教育体系的支撑，让个人能够无障碍地接受教育、实现终身学习。终身教育数字化的发展改变了传统的教育内容和教育方式，引发了学习者在学习目的、学习内容以及学习方式上改变，使学习者的学习变得易懂、直观，为学习者提供了方便、灵活、个性化的学习条件，有效培养学习者的创造性，保障了学习者自主学习、终身学习的机制。

（二）终身教育数字化与数字中国建设

1. 数字中国建设

随着人工智能、云计算、大数据、物联网等新兴信息技术革命的爆

---

① 何克抗. 如何实现信息技术与学科教学的"深度融合"［J］. 教育研究，2017（10）.

发，各行各业都在发生"数字蝶变"。世界经济数字化转型是大势所趋，新的工业革命将深刻重塑人类社会。当今世界正经历百年未有之大变局，新冠肺炎疫情影响仍在持续，全球经济发展中的不确定性因素增多，对国际政治、经济、文化、社会等领域发展正产生前所未有的影响。同时，以互联网、大数据、人工智能为代表的新一代信息技术加速与生物技术、新能源技术、新材料技术等交叉融合，正在引发以绿色、智能、泛在为特征的群体性技术突破，正在引领新一轮科技革命和产业变革①。全球正迈向以万物互联、数据驱动、软件定义、平台支撑、智能主导的数字经济新时代，建设数字国家已经成为全球共识，数字竞争力正在成为世界各国新一轮竞争的焦点。

2021年3月发布的《中华人民共和国国民经济和社会发展第十四个五年规划和2035年远景目标纲要》，围绕"加快数字化发展，建设数字中国"进行了全面部署，这为新时期数字中国建设指明了方向。数字中国建设开辟了我国数字化发展的新空间，正适应、引领、创造经济社会转型发展新需求。数字中国建设为我国经济、政治、文化建设等提供数字技术、资源和环境支撑。数字中国建设的系统思维是利用整体方法把数字中国看成一个系统②，重视部分间关系以及对整体的影响，科学有效的规划系统要素和运行机制，使政府和全社会具有创新思维，各个政府部门之间高度协作，所有人都有均等的机会融入其中，享受可靠、高质量的数字服务，推动经济高质量发展。数字中国建设的主要内容是在确保安全的新型基础设施和数据治理服务体系的基础上实现政府数字化转型、社会数字化能力提升，促进多元参与的社会治理创新，打造适合数字经济发展的环境，构建良好的数字生态体系。

2. 终身教育发展与数字中国建设

数字中国既是技术体系也是国家教育的不可替代的重要部分，以5G网络、数据中心、工业互联网、人工智能为代表的数字基础设施建设步伐

---

① 王晓东. 加快数字中国建设，打造数字竞争力［J］. 数字经济，2021（5）.
② 刘密霞. 数字中国建设需要系统思维［N］. 学习时报，2021-06-04（3）.

加快，为终身教育领域的技术应用、组织变革、模式创新提供重要载体。终身教育可为大数据的发展提供智力支持与智慧保障，最大限度地促进技术自由发展。从宏观来看，教育是社会重要的部门之一，教育部门的主要任务是育人，其核心问题恰恰在于培养什么样的人以及怎样培养人。把数字教育与已有的社区教育、老年教育等各级各类终身教育的改造、提升结合起来；更要开拓，依靠公共服务数字体系这个链条，把终身教育的提供者与教育的需求者衔接起来，并与各级各类教育横向贯通起来，从而形成服务于终身教育公共服务体系和社会化的学习平台。

首先是推动终身教育数字化转型。终身教育数字化转型不仅要为广大受教育者提供无缝集成的服务，还要提升教育系统内部的运作方式，包括教育工作者、教育管理者等各类人员数字能力的提升。并在数字驱动下推进终身教育的服务创新、数据安全管理和数据开放等方面，探索在数字化转型中如何更好发挥终身教育的作用。其次是创新数字环境下的终身教育治理。数字社会带来经济组织、社会组织形态的变革，并由此带来社会治理规则和机制的变化，确保终身教育数字化发展与市场数字化供给相配套，与数字化社会治理机制相协调，不断提高终身教育实施者与受教育者的数字素养，探索提升终身教育服务水平的数字化能力发展的路径与方法，推进数字环境下的终身教育治理创新，强化大数据理念与终身教育精准施策治理有效对接，着力构建大数据创新应用格局，构建适用于大数据时代终身教育治理的实施路径。

（三）终身教育数字化赋能智慧城市创新

智慧城市是继数字城市和智能城市后的城市信息化高级形态，是信息化、工业化和城镇化的深度融合。智慧城市是数字城市与物联网相结合的产物，包含智慧传感网、智慧控制网和智慧安全网。智慧城市依托深层次信息共享和业务协同，实现城市智慧式管理和运行，促使城市规划、建设、管理和公共服务的精准化、智能化以及便捷高效化，提升城市综合管理能力和城市功能服务，推动经济转型、产业升级，从而实现城市高质量发展①。"城市大脑"通过汇聚、整合、利用城市各领域数据资源，实现以数据资源为基础的城市治理模式和服务模式创新，赋能城市管理、环境保护、文化教育等各类场景应用，助力智慧城市建设走深向实。

数字社会成为满足人民美好生活需要的重要依托。新一代信息技术与人民生活的深度融合，不断催生更智能化的产品、更个性化的服务、更优质化的体验。智慧城市的理念是把传感器装备到城市生活中的各种物体中形成"物联网"，并通过超级计算机和云计算实现物联网的整合，从而实现数字城市与城市系统整合。人文城市、宜居城市、绿色城市、平安城市等是智慧城市的应有之义。通过智慧城市，可以实现城市的智慧管理及服务。"智慧城市＝物联网＋互联网"。发展智慧城市对城市的经济转型，居民生活方式变革，环境保护和社会管理具有重要的战略意义。

终身教育数字发展是通过"智慧+"教育平台的打造，激活终身教育的治理和服务创新力，打造智慧教育的特色领域智慧平台，满足个体对高质量终身教育的需求。同时，打造终身创新综合服务体系，促进教育与产业、行业等领域的融合、衔接，并通过终身教育内容与技术相互赋能和深度融合的方式，充分发挥各自优势，形成聚集效应，全面提升终身教育的数字化、智慧化治理和服务水平，拓展终身教育发展空间，不断突破学习的时空限制，赢得教育领域的未来发展主动权，发挥其引领带动作用，促成智慧城市在各个"智慧+"领域全面开花，最大限度地满足个体生活与教育的需要。

---

① 刘曼，李晶，冯宁．关于建设智慧城市的探讨［N］．衡水日报，2021-11-04（A03）.

二、城市终身教育数字化发展现状

（一）数字化学习形式迭代情况

数字化学习的形式多种多样，在数字化学习的不断发展中，呈现出了多种多样的学习形式。

1. 计算机辅助教学与翻转课堂

自 1985 年将计算机技术引入教学开始，先后出现了程序教学机、电视教材，将幻灯投影应用于教学和教育专题网站等形式的计算机辅助教学。在这种学习形式下，学生积极主动地参与到教学过程中，而不仅仅是教师单纯地教，学生被动接受的教学模式，对于培养学生的主动性与积极性有很大帮助。

翻转课堂数字化学习的方式强调学习者的自我建构过程。学习的主要过程放在课下，课上学习主要用来解决学生在学习过程中存在的问题。在学习过程中，教师作为学习的引导者，学生作为主动探究者参与整个学习过程。

2. 移动学习与混合式学习

移动学习出现在 2001 年美国斯坦福大学实验室开发简单的移动学习模型，试图将移动电话应用于教学。移动学习不仅改变学生的学习方式，还改变了学习的固定性，将学习的过程变得灵活而广泛，为个性化学习提供了基本的模式支持和技术支持。再者是混合式学习，是把传统学习方式的优势和 E-Learning（即数字化或网络化学习）的优势结合起来。也就是说，既要发挥教师引导、启发、监控教学过程的主导作用，又要充分体现学生作为学习过程主体的主动性、积极性与创造性。

　　混合式学习是在互联网迅速发展中衍生出来的调和性学习形式，主要是平衡全在线学习和全面授学习之间的矛盾。在混合式学习形式下，学习者在课下可以根据教师所布置的任务及需要达到的目标到线上寻找合适的资源，以完成学习任务；在课上可以通过教师的引导及重点难点的讲授，对知识形成融会贯通。

　　3. MOOC 和 SPOC 学习

　　MOOC 和 SPOC 分别表示大规模在线开放课程及小规模限制性在线课程，在网上提供免费课程，给更多学生提供了系统学习的可能。这两种形式主要指利用网络平台进行在线学习，MOOC 课程的主要特点是大规模和开放性，大规模是指学生的人数不局限于一个班级甚至一个学校，开放性是指所有的学习者都可以参与学习过程，没有门槛。SPOC 的主要特点是小规模和私密性，小规模是指只有少数人可以参加，私密性是指准入门槛较高，对学习者的要求较高。MOOC 和 SPOC 形式广泛存在于教育的各个领域，可以说是实现终身化学习最便捷的途径之一。

　　数字化学习从出现到不断发展的过程中，一共出现了上述五种形式，在"互联网+"时代，所有的数字化学习形式都正在以不同的形式，通过不同的方式来参与学习过程，而不是消失在历史的长河中。① 就目前的发展来说，移动学习可能是数字化学习在今后的主要发展趋势。移动学习方式较为灵活，并且能够通过可穿戴设备等实现与社会公共服务体系对接，通过支持非正式学习、个性化学习等学习形式参与个人的终身学习。

（二）数字化学习模式创新成效

　　1. 自主学习模式

　　数字化学习强调的是终身学习者的主体地位，因此自主学习模式是数字化学习的基本模式之一。自主学习模式的核心内涵是学习者在数字化环

---

　　① 孙晓婷. 数字化学习的历史发展研究［J］. 教育现代化，2019（23）.

境中，利用数字化学习资源，设置学习目标、选择学习内容、学习策略等，发挥自我的学习能动性，对学习的成果进行自我评价与反思，完成学习任务。终身教育学习者主要为了生活与工作的需要，根据自身的实际情况、个人标准需求等选定学习任务并确定学习目标。在数字化的环境中，自我制订学习的步骤与计划，通过自我激励与评价，体验在终身教育学习中的乐趣与收获。

2. 合作学习模式

终身教育的主要方式是以开放性和便捷性推进学习者的学习进度。在终身教育阶段，个体学习的目的不仅是知识的获得，人际交往与学会合作也是学习的重要原因，因此合作学习模式也是主要模式之一。合作学习是以小组学习为主要形式，以合作和交流为具体的学习模式。学习者之间的相互沟通交流、相互支持，有效利用各种数字化资源，通过互动来推进学习。可以按照不同的学习任务或者学习者的特征，如年龄、文化背景、学习动机兴趣等对学习者进行分组，然后分配小组学习任务，建立学习小组的沟通与评价机制。合作学习模式扩大了信息交流量，提高学习者的学习效率和兴趣，促进学习者的学习热情。

3. 探究式学习模式

探究式学习模式是学习者在自主学习和合作学习基础上的学习模式。终身学习是为了不断地应对和解决生活、工作中出现的问题。面对信息技术的迭代更新，探究能力的培养是终身教育的核心培养目标。学习者具备了一定的生活阅历和工作经验，更趋向具有挑战性的学习任务，倾向体验学习带来的乐趣，探究式学习模式的参与式和开放式的特点，契合了终身学习者的学习需求与特征。在数字化学习中，数字化资源的丰富性和开放性，学习环境的智能化和立体化，学习者在探究式的学习过程中更能获取直接的体验，帮助学习者培养学习能力、解决问题的能力。

（三）数字化学习平台整合速度

终身教育是体现"人人、时时、处处"的教育形态，其核心理念是以人为中心。数字化教学平台建设的目的是：倡导新方式学习，提高学习者学习效率，实现终身教育信息化，推进终身教育课程改革发展。数字化学习平台的设计与开发秉承终身教育学习者学习需求特点，在平台创建整合的过程中以学习者的需求为出发点，这是一个动态的设计整合的过程。平台的设计流程是要了解用户、分析任务、资源整合、迭代升级等。学习者的学习需要会随着时间的推移而有所改变，因此学习平台的迭代更新速度要跟随着学习内容的前沿动态，进行及时的发布与更新。

构建完善的终身教育网络体系是终身教育发展的目标之一，而要实现这一目标，依托现有的各种技术，建设和完善统一的终身教育数字化学习平台尤为重要。虽然国家已经出台了一些旨在推进终身教育平台建设的意见，但从地方的实践来看，尚未对数字化教育平台进行有效的整合，很多教育机构还是单打独斗的状态，未实现优势整合和平台统一。还由于地方政府对终身教育的投入不足，导致建设和完善终身教育平台的各项物质基础相对薄弱，在数字化终身学习平台的建设和整合中，缺乏统一的规划和领导，很多教育机构大部分都是靠自己摸索终身教育平台的整合和建设模式，但由于单个机构的资源建设和整合能力有限，最终的效果并不理想，与预期的成果还有较大的差距。

（四）数字化学习资源更新数量

线上资源的数量和质量是决定社区教育发展优劣的重要基础，也是将终身教育理念落地的现实基础。然而现实的情况是，社区教育的线上资源不仅数量难以满足社区居民的学习需求，质量上也参差不齐。大部分的社区教育机构自行开展资源制作的能力都很薄弱，因此，为了在短期内充实线上资源数量，主要采用的是集中购买资源的方式。这种方式虽然在短期内能丰富线上资源的数量，但受资金规模的束缚，采购的资源在内容质量上却很难提出较高的要求，大部分内容与现实需求相比还是陈旧，难以有针对性地满足社区居民的现实学习需求。因此，社区教育除平台的整合外，在教育资源上也要进行整合，不仅要注重资源的数量，也要关注资源的质量，要基于本地化的原则，建设和采购适合本地区居民需求的学习资源。

创设数字化学习环境能更好地促进课程整合，"校校通"工程为信息技术的应用营造了良好的数字化学习环境，教育信息网为师生提供了情景探究、信息传递、自主学习、协商讨论、全方位交流的共享空间。加速经济社会全面数字化转型，教师利用数字化的学习环境和学习资源，将信息技术应用于学科教学中，根据学生的需要整合学习资源，创造适合特定教学目标的数字化学习模式，真正实现师生互动，既完成教学内容达成教学目标，又满足学生个性化学习的需要。发展数字经济，深化新一代信息技术与经济社会各领域深度融合，加速数字化学习资源更新，提升数字化学习资源的质量。

三、城市终身教育数字化体系构建

（一）强化数字化的统筹职能

现代终身教育体系尚未形成，必须尽量采用数字化技术，发展数字化学习，建设以数字化为特征的现代终身教育体系。数字化学习和学习型城市的建设是一项长期的任务。政府和企业要认识数字化建设的定位与价值，要懂得大数据、用好大数据，善于获取数据、分析数据、运用数据，满足协调统筹、决策指挥和日常运转的需求。要坚持以推进集中统一管理为方向，以标准化、信息化建设为支撑的发展战略，做好顶层设计。各级地方政府是数字化发展和资源配置的领导机构，对数字化的资源统筹和配置具有重大影响，对数字化教育的认知程度和重视程度将直接影响终身教育的发展深度和广度。

按照国家对终身教育的定位，终身教育在国民教育中扮演着重要的角色，发挥着重要作用。终身教育数字化发展需要地方政府在资金、组织等方面提供强有力的支撑和保障，才能有效地促进发展和取得预期的成果。因此，这就要求各级地方政府重视终身教育的发展，要强化政府在终身教育信息化过程中的领导和统筹职能，除提供必要的资金支持外，要组织、协调好社区教育布局和发展的各种力量，要将终身教育发展纳入地方发展规划，建立健全相关的规章制度，确保终身教育发展的长期性和稳定性，统筹终身教育的协调发展。

（二）创新数字化应用场景

数字化改革不是单纯的信息化，线上数字世界和线下现实世界密不可分，要通过数字空间重塑物理空间与社会空间，最终实现数字、物理、社会三元空间的融合①。这就需要在现实世界中，针对特定空间、特定对象，打造具有特定功能的数字化应用场景，有了应用场景才可以使终身教育数字化改革能够聚焦并落地实施。瞄准大数据核心技术领域，对标世界先进的科技前端，集中优势资源突破，建立自主可控的技术体系。把系统性的数字化改革任务分解为一个个快速推进的应用场景，再通过这些应用场景各自的评价反馈、优化调整、迭代升级，形成一个个成熟适用的功能模块，最后把这些功能模块组装起来，才能构成终身教育数字化改革的体系。

终身教育数字化应用场景的打造，需要给学习者带来获得感，才具有生命力。从需求导向来评价，需关注几个维度：一是服务面向，应用场景设计所服务的对象应是广泛的学习者，使应用场景具有更高的使用价值；二是学习者使用频率，作为一个终身教育数字化的产品，学习者需求使用频率越高，则黏性越强，产品更容易迭代；三是紧迫性，应用场景所解决的应该是学习者面临的难点、堵点问题，抑或是新形势下爆发出的新需求、新挑战，是解决某个特定问题的唯一途径，或者是绝对的最佳路

---

① 董波．如何打造数字化应用场景［J］．浙江经济，2021（3）．

径，体现价值最大化。

终身教育数字化的应用场景，还应该建立在大数据基础上，大数据不同于传统的统计数据，具有全样本和即时更新等特点，有助于推动数据开放共享和部门间的工作协作。获取数据以巧妙的低成本方式，数据能够自循环和自巩固，利用多源大数据打造出应用场景，让数据汇集更加结构化和标准化。终身教育数字化改革的最终指向是系统性的改革，强调应用场景模式的可移植性和可复制性，打造的应用场景是不能仅仅适用于特定地域人群和特定领域行业，而是可延伸拓展到其他群体和领域，引爆全面应用和推广。

（三）改进数字化教育模式

终身教育模式主要指终身教育的运行机制，终身教育的主要构成要素按一定的结构和功能，为保障全体学习者，实现终身教育目标而形成的协调运作方式。数字教育模式的构建需要以丰富的终身教育实践经验为基础，以成熟的终身教育理论体系为指导。国内终身教育模式主要有以区或街道（镇）为主体的地域型体制模式，以学校为主体的辐射型体制模式，政府机构与社区合作办学的体制模式，社区学校（院）实体型的体制模式。这些模式共同特点是社区教育活动由政府机构、社区或学校主导和运作[①]。

数字化教育模式应以人为本，从学习者需求出发开展教育活动，这是终身教育有旺盛生命力的重要前提。数字教育模式的发展还要扩大教育服务对象，使学习者不受任何限制，真正扩大终身教育的受众面，有利于终身教育体系的完善。在数字化教育模式下，教学内容以吸引学生的注意力，使学生的视觉、听觉和大脑等相互统一，提高教学效率为核心。在数字化帮助下，学习者和教师始终处于面对面交流的状态下，便于教师对教学过程进行有效掌控，以获得最及时的教学反馈信息，使教学效果得到不

---

① 王琪丰. 国内外社区教育模式及相关研究综述［J］. 宁波广播电视大学学报，2012（6）.

断提高。时间和空间上突破传统教育教学模式的束缚，让终身教育的学习者真正实现时时处处学习的便利性。

首先，从时间维度来说，终身教育必须实现对学习者 24 小时全天候的开放，这样才能满足他们随时学习的学习需求。终身教育学习者大多没有固定的学习时间，一般是根据自己的需要自由安排学习，因此，要求终身教育必须能提供 24 小时的教学支持服务，这样才能给参与者提供较好的学习体验，从而增加学习的积极性，提高学习者持续参与社区教育的黏性。其次，从空间维度来说，终身教育要适应移动互联网的发展，其学习资源库和在线系统要充分实现与智能手机、平板电脑等学习终端的有效对接和融合，使其数据资料能够方便地在移动设备上接收和传输，使终身教育真正实现"指尖上的学习"。

运用大数据推进终身教育模式创新，加强政企合作，实现政府管理、公共服务领域数据集中和共享，形成社会治理强大合力。终身教育的软硬件水平直接决定终身教育模式的发展层级和整体水平，因此，要提升数字化教育模式的发展水平，必须加大对教育的软硬件投入，改善终身教育教学环境，此外，加强对信息技术在终身教育中应用的宣传和引导。通过调查发现，很多终身教育机构对信息技术在终身教育中的应用和推广还存在盲区，致使很多投入没有产生预期的效果。因此，要进一步提高社区教育的效果，除发挥好目前各级政府对终身教育的投入效益外，必须进一步提升对终身教育信息化的认识和应用水平，改进数字化教育模式，发挥好终身教育信息化在推广终身学习理念和发挥资源最大化利用效率上的作用，满足社会对终身教育发展的需求。

（四）完善数字化资源库建设

数字化学习资源是在终身教育数字化学习系统中，能够满足学习者数字化学习需求，有效支持学习者进行学习的一系列支持条件。数字化教育资源建设是实现终身教育可持续发展、现代化的基础要素。终身教育资源建设的重心主要是建设以学习者为中心，以数字化技术为支撑建设开放、免费、共享的数字资源，借助互联网技术丰富学习内容，提供高效便捷的学习方式，提供个性化的学习支持服务，增强学习者之间的交流，形成一个系统的网络学习圈，建成"人人皆学、处处能学、时时可学"的学习型社区。

围绕着"满足学习者学习需求"的主线，数据资源库建设呈现出了独特的特点。首先，数字化资源库的内容要体现地域差异性，资源的建设与开发立足区域学习者的需求与发展立场，同时还要立足区域经济、文化的发展特点。其次，数字化资源库的开发要具有动态性。所有资源课程等内容与学习目标是随着学习者需求的变化而变化。最后，数字化资源的开发内容要具有广泛性和实践性，终身教育针对的是各个层次、各类人员的多样化的学习需求，其内容与学习者的实际生活和工作分不开，资源库的建设是要为学习者提供更加多元、便捷的学习服务。因此，数字化学习资源建设要进行需求调研，要以满足学习者的数字化学习需求作为资源库建设的根本目标；还要统一标准，建立可流通共享的数字化学习资源；再进行系统整合，建立层次化、结构化的数字化学习资源体系。

完善数字化教育资源整合的重要目的就是创建丰富的学习内容，使学习者可以根据自己的兴趣和需要获得自己的学习材料和进度，并利用各种信息工具找出问题的正确答案，从而极大地促进学习者学习的积极性，开拓学习者学习视野，提升解决问题的能力。随着我国高等教育与信息技术的深度融合与发展，各高等学校也都在推动本校教育教学的信息化发展，分别建立了自己的数字化资源中心或资源库，并随着时间的推移，不断完善资源库的各种数字化资源。而且，各高等教育凭借在专业上的优势，有些数字化资源还具有专业上的特色，其他学校和机构难以复制。因此，终身教育应充分利用这些资源，建立终身教育联盟或融入学习型社会建设体系，引导各高校向终身教育体系开放本校的数字化资源，进一步完善终身教育资源库，扩大终身教育数字化资源的容量和质量，为终身教育学习者提供更高质量和更广范围的学习资源。

数字化教育资源整合还要注重提升学习者自主创新能力的提升，促进学习者自主探究及协同讨论，因而建立不同建设主体之间对数字化教育资源的共享协作机制，不仅可以完善学习者自主学习中所能检索到教育资源的丰富程度，而且可以让学习者体验到不同风格的学习教育资源，引发学习者主动探究不同知识体系的兴趣。因此，要建立共享激励机制，建立吸引各类教育机构和学习者广泛参与、互利多赢的优质教育资源共享机制，即转变观念，承认数字化学习资源的商品属性，逐步建立数字化学习资源方便交易、交换有效通道，建立开放、交易、数据产权保护、资源共享等相关制度，加强数据风险预警和溯源能力，保障关键信息基础设施、关键数据资源的安全。

四、城市终身教育数字化案例分析

（一）长宁"云视课堂"

1. 组织制度：创造良好发展环境

长宁区地处上海市中心城区西部，面积38平方千米，辖9个街道和1个镇，现有居（村）委会183个，人口约70万，在"大虹桥"理念下，依托虹桥综合交通枢纽，已逐步发展成为上海西部最具发展潜力的现代服务业集聚区和服务辐射长三角的重要功能区。长宁区经济实力雄厚，居住环境良好，国际化程度较高，上海市1/3的驻沪领事馆、1/5的境外常住人口集聚在长宁区。人文资源丰富，教育体系完善，居民终身学习意识强，社区教育有良好的社会氛围和群众基础。早在1988年，长宁区就在全市率先成立了区、街道（镇）两级社区教育委员会；1997年经市政府批准，又率先成立了市区第一所独立建制的社区学院，并逐步建立了10所社区学校、179处居民区教学点，构建了社区教育三级网络。

长宁区在学习型城区建设中，一开始就致力于从推进数字化学习着手。早在 2008 年，长宁区学习委在所制定的《长宁区学习型城区建设三年规划》中，就对数字化学习工作进行了全面规划，以"学在数字长宁"为抓手，目标"要实行区域整体推进，以数字化推进城区学习化，在三年内基本形成资源高度整合、网络高度覆盖的数字化学习环境"。在长宁区学习委统筹协调下，区学习办具体负责区域内数字化学习资源整合，动员各方积极参与；社区学院、社区学校、居民教学点，形成三级网络，促进了数字化学习资源向社区传输。

长宁区学习办制定实施了《长宁区市民数字化学习管理办法》，不断拓展、整合数字化学习资源，形成了学习卡发放、统计、分析、激励等长效管理机制，为提升市民数字化和信息化素养、进一步推进数字化学习提供了保障。区学习办在社区教育专项经费中安排数字化学习经费项目，用于区层面数字化学习环境建设、数字化学习资源的更新、街镇数字化学习实验项目及市民数字化学习奖励，形成有力的经费保障和支撑。长宁区启动了"区街一体化数字化学习平台"建设项目，即依托区级平台为各街镇建立数字化学习子平台，并配套提供管理和技术支持，进一步完善"学在数字长宁"模式，实现统筹协调、优化管理，加强街镇对数字化学习平台的运用和管理。

2. 平台资源：奠定给力的发展基础

长宁区通过"学在数字长宁"网搭建平台、高性能宽带构建通道、街镇打造基层数字化学习基地，为市民提供了较为完善的数字化学习环境。落户长宁的 3T NET 高性能宽带信息网是国家"863 计划"的研究专项，为长宁区实现数字化资源向全区范围的传输和覆盖打通了"地网"，实现了与长宁数字图书馆、沪杏图书馆、数字媒体人才培训联盟、上海市职业培训指导中心、世博局等单位的连通和资源共享；完成了社区学院、长宁图书馆、沪杏图书馆和 10 个街镇的局域网连接，可以实现资源传输、协作学习、视频会议、在线管理等复合型功能，使各街镇之间能更好地沟通与交流，使社区学院能更加高效、便捷地对社区学校实施指导和服务，也使市民能更方便地在社区学校、社区文化活动中心享用各类数字化学习资源、参与在线学习活动。

（二）济南"泉城文化驿站"

"十四五"期间，济南着力构筑公共文化新型空间，是文化建设四项工作的重点之一。打造百姓身边的新型公共文化空间，不仅为群众文化生活提供了更加美好、优质、时尚的活动平台，也体现了顺应新时代人民群众对公共文化便民、惠民、利民的高效需求。

除为市民提供便捷的阅读服务外，济南探索实施"泉城文化驿站"建设，将文化馆也搬到市民身边。以"嵌入式空间"有机串联全市各级公共文化场馆，推动文化馆总分馆制建设的同时，构建便民、时尚、互动、精品城乡融合新型文化空间。在探索"泉城文化驿站"建设过程中，市文化馆、图书馆、博物馆、美术馆、府学文庙要结合实际、积极行动、先行先试，"泉城文化驿站"的建设，探索借助社会力量，依托基层艺术类培训机构建设社区泉城文化驿站，进一步将各类文化场馆、基层艺术类培训机构有机串联，打造百姓身边小而美的公共新空间，实现多类型城市空间、文化场馆融合发展、资源共享、互联互通，丰富广大人民群众的文化生活。

第五章

新时代城市社区教育发展探究

一、社区教育概述

　　社区教育（Community Education）是一个外来词，由"社区"派生而来。这个词的最早由来，有的学者认为是源于 20 世纪初美国实用主义教育家杜威提出的"学校是社会的基础"思想。此后，社区教育的内涵不断扩充和完善，其教育理念和活动形式也为越来越多的国家所接受。现代意义上的社区教育主要是以社区为基本单位，充分利用各类教育资源，旨在提高社区全体成员整体素质和生活质量，促进区域经济建设、社会发展和教育自身发展的教育活动的总称。社区教育的内容多种多样，有法制教育、道德教育、生态环境保护教育、人口教育、家政教育、家长教育、妇女教育、卫生教育、艺术教育、闲暇教育、健康教育等。

　　在社区发展史上，社区教育的开展是一项意义重大的事件。它广泛地凝聚着社区居民，以丰富的内容、灵活多样的形式推动着终身教育体系的构建和教育改革的进行。就我国社区教育发展的历史来看，民国初年广泛开展于学校系统之外的、以地域为特征的通俗教育或民众教育，即可视为社区教育的前身；20世纪二三十年代梁漱溟的"乡村建设运动"、晏阳初的"平民教育"和陶行知的"生活教育"为当时乃至后来的社区教育提供了理论和实践两方面的重要启示；80年代中期伴随着改革开放政策的顺利实施，具有现代意义的中国社区教育得以出现。社区教育的产生与发展都有着特定的社会背景和原因，现代社区教育在我国的产生与当时改革开放的社会背景也是密不可分的。

1. 我国社区的兴起是社区教育得以发展的前提条件

随着我国市场经济的发展，中国社会开始从"大政府，小社会"向"小政府，大社会"方向过渡，普通民众的自主性明显得到加强，民间性自发组织及联合体（非政府组织）有了生长的土壤。行政垂直干预与管理越来越多地让位于社区的、民间的自我融合与调节。在这种情况下，社区兴起与发展成为一种新的必然趋势，这种趋势也为社区教育的发展提供了必然的理由和条件。同时，社区教育也在促进社区形成与发展的过程中发挥了自己的重要作用。

2. 我国区域经济的发展要求建立适应本地情况的社区教育体系

改革开放以后，我国经济整体上有了很大的发展，但是出现了区域发展的不平衡现象。这种区域经济发展的不平衡，对本地区的教育提出不同的要求，尤其是对高等职业教育影响最大，也最为直接。这就要求具有地区的区域经济发展特点的教育体系。而社区教育主要以地方发展为目标，从这个角度来看，社区教育最能满足这些要求，社区教育应运而生也就成为必然。

3. 我国社会发展对就业人口素质的高要求为社区教育的发展提供了契机

随着我国经济建设和科学技术的迅速发展，社会对劳动者素质的要求越来越高，但就普遍情况来说，相当多的劳动者在职业技能、基本素质等方面的水平还较低，难以适应经济和社会发展的实际需要，而我国职前培训和终身教育的薄弱是造成这种矛盾的重要原因。由此，建立以终身教育为目标的社区教育体系就显得十分重要。

4. 我国高等教育大众化的进程和职业教育、继续教育的发展要求大规模发展社区教育

大多数西方国家在 20 世纪五六十年代就完成了高等教育的大众化，我国目前高等教育的大众化也已取得阶段性成果。从社会对高等教育的需求来看，实现高等教育大众化、满足不断提高的教育需求的任务十分迫切，而单纯依靠国家投资，或者仍然遵循原有正规高等教育的模式发展，是无法真正实现高等教育大众化的。同时，伴随社会经济的发展对人才结构的需求调整，以及教育体系结构自身的完善，职业教育和继续教育被列入重要政策议程，其发展方兴未艾。这都需要建立由社会力量投资办学、灵活多样的社区教育体系。可以说，建立社区学院是实现我国高等教育大众化、大力发展职业教育和继续教育的有效途径之一。

近年来，我国政府高度重视社区教育问题。1996 年，教育部在《全国教育事业"九五"计划和 2010 年发展规划》中提出面向全体社会成员开展社区教育试点工作。1998 年，国务院批转教育部《面向 21 世纪教育振兴行动计划》中明确提出："开展社区教育实验工作，逐步建立和完善终身教育体系，努力提高全民素质。"2004 年，教育部发布《关于推进社区教育工作的若干意见》。这是我国政府推进社区教育工作的一个十分重要的纲领性文件。2016 年，《教育部等九部门关于进一步推进社区教育发展的意见》就社区教育发展提出了要"全面贯彻落实党的十八大和十八届三中、四中、五中全会精神，深入学习贯彻习近平总书记系列重要讲话精神，牢固树立创新、协调、绿色、开放、共享的新发展理念，按照协调推进'四个全面'战略布局的要求，以促进全民终身学习、形成学习型社会为目标，以提高国民思想道德素质、科学文化素质、健康素质和职业技能为宗旨，以建立健全社区教育制度为着力点，统筹发展城乡社区教育，加强基础能力建设，整合各类教育资源。充分发挥社区教育在弘扬社会主义核心价值观、推动社会治理体系建设、传承中华优秀传统文化、形成科学文明生活消费方式、服务人的全面发展等方面的作用"，为新时代我国社区教育发展指明了方向。

二、新时代社区教育发展的重要性

党的十九大报告明确指出：中国特色社会主义进入新时代。这个新时代，是承前启后、继往开来的时代，是在新的历史条件下继续夺取中国特色社会主义伟大胜利的时代，是决胜全面建成小康社会，进而全面建设社会主义现代化强国的时代，是全国各族人民团结奋斗、不断创造美好生活、逐步实现全体人民共同富裕的时代，是全体中华儿女勠力同心、奋力实现中华民族伟大复兴"中国梦"的时代。进入新时代，我国经济社会发展踏上了新征程，我国社会主要矛盾已经转化为人民日益增长的美好生活需要和不平衡不充分的发展之间的矛盾，人民对美好生活的需要日益广泛，不仅在物质生活上，更多的是对精神文化生活的美好向往。尤其是，人民群众对高质量、多元化教育的需求更加强烈、与日俱增，促进人的全面发展与个性化发展已成为新时代教育发展的重要目标。优先发展教育事业，办好新时代人民满意的继续教育，加快建设学习型社会，大力提高国民素质，成为了新时代社会发展的主旋律之一。作为学习型社会建设的重要载体和有效途径，社区教育迎来了前所未有的发展机遇，同时也责无旁贷地担负起了新时代所赋予的历史使命。

（一）新时代社区教育是实现社区善治的重要基础

社区作为国家治理体系中最基层的单位，承接国家各项大政方针实施的"最后一公里"，基层不牢地动山摇，国家治理重在基层。社区教育是社区活动与社区居民生活息息相关、彼此融合的一种新的教育形态，是社区治理的重要组成部分，2014 年，教育部等 7 部门联合发布的《关于推进学习型城市建设的意见》指出："广泛开展城乡社区教育，推动社会治理创新。"由此可见，社区教育、居民素养与社区治理是融合一体的，社区教育承载着社区治理的独特功能，成为引领社区治理的风向标和催化剂，是维持社区治理良好秩序的根本保障，是实现社区善治的重要基础。

1. 社区教育是社区治理创新的重要内容

社区有鲜明的治理优势，它既是社区居民生活的大家园，也是实现终身教育的大校园，社区居民作为社区的主体，在社区治理创新中扮演了重要角色，"将社区建设成为犹如自己的家一样，必须依靠社区的广泛参与"。社区治理多数为国家规定的刚性来实施的，但社区教育却不一样，与社区居民的文化素质、价值取向、生活需求等密切相关。在社区治理过程中，社区教育除发挥基本的教育功能外，还会立足于社区居民的实际需求，根据社会发展形势的变化有意识地通过组织教育等方式，提升居民参与社区工作的积极性，帮助其树立社区居民的责任感，引导居民更加积极地参与到社区建设中来，同时，深入挖掘教育资源，构建社区公共学习空间，提升其学习能力、服务意识、整体素养。社区教育资源的聚集整合和作用通过社区治理重心下移的发动力、社区居民共生活动的作用力，从而形成社区教育多维教育的影响力和体现在价值共识的聚合力，有效激发了各类主体的参与意识，充分发挥了各参与主体在社区治理中的作用，实现和社区公共服务的精准对接，充实社区治理力量，保证各项机制有序运行。

2. 社区教育是社区治理创新的重要手段

随着我国新一轮产业转型升级、结构调整和科技革命的到来，现代信息技术的融合推广与创新应用，人们的生活方式和学习方式发生了革命性变化。社区教育作为终身教育和学习型社会建设的基础成分，也发生了颠覆性变化，成为与之变化相适应的一种新的学习载体和学习方式。这种方式不仅提升了社区居民整体生活品质，而且也成为社区治理创新的有效手段。社区治理和社区教育具有目标一致性，即为了促进社会发展，促进人更好地发展。为实现这一目标，社区教育实施中往往会采取各种方式利用各类资源，让社区成员不断学习，满足相关学习需求，提升居民的幸福指数，而这一过程同时也是将社区治理中的关键因素融入到社区教育的过程。例如，在社区教育内容上，增加法治教育、科普教育、环保教育等，更好地让居民了解社区治理功能，也为其参与社区治理工作奠定基础；在教育形式上，从被动学习逐渐向主动学习转变，引导居民在社区经济、社区文化、社区安全等方面发挥作用，从而有效增强社区教育体系活力，成为社区治理创新的一种重要而有效的手段。

（二）社区教育是构建学习型社会的重要途径

学习型社会是美国学者罗伯特·哈钦斯于 1968 年首次提出的。1972年联合国教科文组织国际教育发展委员会编著、被誉为当代教育思想发展中里程碑的著名报告《学会生存》不仅引入了学习型社会的概念，也发出了"向学习化社会前进"的号召。此后，学习型社会的理念就在全世界广泛传播，成为社会发展和社会进步追求的重要目标。

近年来，党和国家高度重视学习型社会建设。党的十六大把建设学习型社会作为全面建设小康社会的重要目标和任务，提出"形成全民学习、终身学习的学习型社会，促进人的全面发展"；党的十八大提出，"完善终身教育体系，建设学习型社会"；党的十九大报告指出："加快建设学习型社会，大力提高国民素质。"

学习型社会是一个以学习者为中心，以终身教育体系为基础，以各类学习型组织为主要载体，在相应的机制、手段促进和保障下，形成"人人皆学、时时能学、处处可学"的社会，其基本特征是善于不断学习，形成全民学习、终身学习、积极向上的社会风气，其核心内涵是全民学习、终身学习。学习型社会中个体学习的内容不仅包括科学知识，还包括在生活、工作技能方面的知识。社区是人们主要的生活场所，社区在日常生活中宣传教育观念，比如通过宣传栏、报纸、社区集体活动等，能够对人们产生广泛、持久的影响，使人们逐步认识到终身学习的重要性，有利于终身教育的观念和学习习惯的培养。因此，学习型社会建设虽然有多种途径和方式，但是社区教育在学习型社会建设过程中在终身教育体系完善、社区居民学习方式选择、社会道德和价值的重构方面能够发挥特殊的作用，故而成为学习型社会建设的重要途径。

从个体社会化的进程来看，每个人终身都处于不断学习的过程中，而现代社区教育的基本特征在于充分利用社区资源，对社区成员实施全方位、全过程的再学习过程，即社区活动的教育化和学校教育的社会化，它是以社区成员自身为教育主体和对象，面向人生、面向全社会的社会化方式，满足社区居民对多样化的终身教育的需求，营造"人人皆学、处处能学、时时习学"的学习型社会环境，促进学习型社区的形成。同时社区教育为人们提供学习和教育的机会，帮助人们提升自身能力，应对社会变化和转型的挑战，从而实现个人自由全面发展、实现个人价值。社区教育在提升个体文化素质的同时还不断提升个人道德素质，加强个体对社区乃至整个社会的认同，在全社会形成和谐、团结的氛围。随着我国经济建设和科学技术的迅速发展，社会对个体成员的要求越来越高，因此建立以终身教育为目标的社区教育体系就显得十分重要。社区教育的实质就是沟通教育与社区，协调教育发展与社区发展，从而走向学习型社会，实现教育社会化和社会教育化。

（三）社区教育是提升全民素质的重要推动力

在终身教育体系下，社区教育的发展对全民素质的提升起着关键性的作用。我国的中等教育和高等教育并不能让每个人都获得全日制教育的机会，随着社会的发展以及个人对自我发展的需求，这一问题亟待解决。社区教育是一种社会化教育，以社区为依托，在学校和社会之间架起桥梁，使教育与生产劳动和其他紧密结合。社区教育面向社区全体成员，通过多种途径，采取有效方式，有目的、有计划、有组织地引导社区民众获得知识技能，陶冶思想品德，发展智力和体力，从而满足社区成员多类型、多层次、多形式的教育需求。社区教育的实践性、广泛性和针对性极大地促进了社区成员的全面和谐发展，使每个社区成员在一生发展的不同阶段所具有的思想道德、精神人格、知识能力和行为规范同所处的社会相适应。社区教育通过对社区内居民的终身教育，提高社区居民的业务、文化、道德素质，同时使其个性得以充分发挥，形成独特的个性品质，这对优化教育环境，发挥社区内各方面的教育作用是大有裨益的。

当前根据我国居民受教育的要求，在全民素质提升方面，社区教育可以在以下方面发挥重要的推动作用：

1. 提供学历教育

高等教育的大众化并不能实现让每个人都能接受全日制的大学教育，在我国学历又是对一个人知识和素养的评价标准。在高考的大潮中仍有很多人不能实现自己的大学梦，这其中就有很大一部分人有继续深造的迫切渴望。社区教育通过提供学历教育，可以满足社区人民对学历提升的需求。

2. 提供职业培训

相关的职业技能培训是社区教育所要关注的。无论是待业人群、外来务工人员、创业人群，都需要有目标的职业培训来提升职业竞争力。职业培训可以是对相关人员职业工作能力的培养，也可以进行某一行业的职业资格考试等就业资格培训，让社区与企业合作促进社区居民均衡发展，解决我国面临的各类问题。

3. 提供兴趣爱好及生活技能教育

提供兴趣爱好等生活技能的教育培训会让社会更加和谐，化解社会、社区矛盾。随着物质生活质量的提升，对精神生活的需求必然增加，人们的生活兴趣也在多元化发展。人们关注文学、艺术、绘画、美食、养生、健身、园艺等各种知识和技能，而社区教育机构恰好能满足居民的需求。

（四）社区教育是传承优秀传统文化的重要载体

优秀传统文化，即为中华文化，它是历经中华民族上下五千年历史发展所沉淀下来的一种象征中国灵魂的文化传统，是我国宝贵的非物质财富，也是促进我国对人民群众进行精神文明建设的重要依据，对提高社会稳定、促进社会进步与发展具有积极的意义。伴随着中国特色社会主义的快速发展，弘扬优秀传统文化，增强文化自信就显得尤为迫切。由于社区成员对优秀传统文化的传承更具有学习动力，且社区本身就负有传承优秀传统文化的职责，因此社区具有良好的区域优势和群众基础，由此奠定了社区教育在优秀传统文化传承中所扮演的重要角色。现阶段我国城市社区范围一般指的是居民委员会辖区，而每个社区构成的一个基本要素就是拥有特定的文化，文化教育成为社区教育的重要内容，从某种程度上说，社区教育其实质也是文化教育，社区教育的开展更离不开中华传统文化的影响和熏陶。一方面，传统文化为社区教育提供了丰富的素材，在实践教育中，通过对传统文化的研究使得文化传播内容更加合理，不仅实现对中华民族优秀传统文化的继承与发展，而且提升了社区教育工作水平，促使文化传播更加具有实践应用价值。社区教育与传统文化的结合，使得教育工作体系更加完善，通过对文化内容的融入，使得教育效果更加明显。另一方面，在开展社区教育过程中，社区民众成为优秀传统文化传承中必不可少的、保障文化持续传承下去的必要条件。发展社区教育能够更好地将传统文化的精髓植入到群众中去，并与休闲娱乐、风俗礼仪、生活生产等建立有效的连接，提升社区群众的整体道德文化水平，促进社区全体成员的共同发展。优秀传统文化与社区教育发展之间可视为一种互补关系，优秀传统文化是促进社区教育发展的动力，而社区教育是传承优秀传统文化的重要载体。我国在开展社区教育过程中，要充分发挥其范围广、平台大的优势，将优秀传统文化的传承作为教育工作的重心，通过对社区成员进行的文明教育活动与中华民族传统美德进行有效融合，积极推进具有地域特色的优秀传统文化的传承与发展，从而促使该地域的优秀传统文化在不断创新的过程中得以代代相传。

（五）社区教育是稳定经济发展的重要催化剂

知识经济时代知识是财富，知识是重要的经济因素。教育、学习是知识的源泉，教育理应凸显知识的经济功能。教育对于国家的发展、对于综合国力的提高、对于国际竞争力的提高意义重大。现代教育很重要的一个特征是发挥教育的经济功能，突出教育对经济发展的促进作用。社区教育作为教育体系的有机组成部分对经济发展的整体推动作用是毋庸置疑的。

社区教育利用社区的教育和文化等资源，面向社区所有人，立足于社区成员基本的学习需求，教给社区居民学习内容与方法，提高社区成员的生活技能，以促进社区成员和社区的发展。社区教育是对基层群众的一种有效教育，它是关系到社会大众乃至国民整体素质提高的重要环节，是稳定经济发展的重要催化剂。

1. 社区教育是促进地方经济发展的重要力量

任何时候，社会经济的发展都离不开人们的需求。现代城镇的发展需要越来越多的人才资源。在当前城乡一体化进程中，乡村剩余劳力逐渐向城镇转移，并且已经成了城市建设的主力军。而产业升级和新兴产业对这些劳动者的要求与自身素质存在较大差距，这就需要我们充分发挥社区教育的功能，通过社区教育来提高现有人员的综合素质和能力。社区教育在促进经济发展上有两大功能：一是为社会发展提供良好的基础和条件；二是为社区经济的建设提供人才。能源、设备、资金固然是社会经济建设的重要物质条件，但社区居民的科学文化水平则是社会发展的重要人力条件。社区教育通过多种方式培训居民，帮助他们掌握各种专业技能，进入生产领域开展生产活动，引领他们成为经济发展的重要生产力。社区教育面向公众，服务于居民，无门槛、零费用，为劳动者在区域经济建设中提供了实用、便捷的学习条件，使劳动者焕发出更多的活力，为地方经济建设服务，提高劳动效率，创造更多的产出，经济效益自然显现。

2. 地方经济发展引导着社区教育的发展方向，二者协同发展

经济发展与社区教育正相关，经济发展促进社区教育发展，社区教育促进社会经济进步。它对社会教育具有重要的指导作用。当地方经济发展到某一方面时，教育机构的教育水平、结构、人才技术和规模都会集中在这一方面，为当地区域经济发展培养相应的人力资源。社区教育发展好了，就能培养出更多的人才；而地方经济发展好了，就会有更多的财力投入到社区教育中，使社区教育具有更大的发展空间，也就能更好地促进社

区教育的教学质量、发展速度、规模和层次类型的结构得到改善。否则，就会受到社区教育的制约。事实表明，在区域经济条件较好的地区，社区教育较为发达。这是因为区域经济发展与社区教育相辅相成，经济的发展为社区教育的发展提供了条件，使社区教育有了美好的未来，这是融合发展机制在社会发展理论中的重要体现。

三、我国社区教育的现状：成就与问题

社区教育是我国国民教育的重要组成部分，当今，社区教育的发展已经成为影响我国城市社区文化建设及社区整体发展的重要因素。当代社区教育开展近 40 年来，社区教育在各个方面都取得了巨大的成绩，伴随着社区教育的进一步发展，诸多深层次的问题日益凸显。

（一）我国社区教育取得的成就

1. 社区教育实验区工作取得较大进展

为深入推动我国社区教育的不断发展，教育部自 2001 年起先后分 6 批确立了 207 个社区教育实验区，加上各省批准的省级社区教育实验区，全国社区教育实验区已经达到了 300 多个，覆盖了全国绝大多数省、自治区、直辖市和计划单列市，形成了以京津沪等大城市为龙头、东部沿海发达地区为主干、中西部地区有重点开展的梯度发展格局。自首批全国社区教育实验区确立以来，社区教育实验工作蓬勃发展，开展了内容丰富、形式多样的教育培训活动，努力满足社区居民多样化的学习需求。各社区教育实验区建立了较为完善的社区教育管理体制机制，完善了以社区学院为龙头的社区教育三级办学网络，社区教育办学更加规范有序，办学能力和水平有了进一步提升。社区教育实验区已成为社区教育的先行与骨干力量，这是"社区教育从自发行为走向自觉行动；从无序步入规范有序；由单纯活动型向制度化、实体化、网络化转变；由经验型转为注重科学研究、社区教育理论和实践紧密结合的时期"，对推动学习型社会建设起到了支撑和引领作用。同时，为进一步总结推广社区教育实验区建设成果，发挥社区教育示范区辐射作用，教育部在 2008 年、2010 年和 2014 年、2016 年又分别在实验区的基础上命名了 122 个社区教育示范区，社区教育示范区是在社区教育实验区开展实验的基础上产生的，示范区的本质属性是先进性和示范性，既强调它是一个荣誉称号，又强调它对其他地区社区教育工作的影响效果和辐射作用。因此，命名社区教育示范区并不是社区教育发展的终极目标，而是社区教育发展的一个新阶段，旨在推动社区教育新的变革和创新。这些，都为我国社区教育的发展奠定了坚实的基础，推动了社区教育的持续发展。

2. 社区教育资源得到了初步整合

各社区教育实验区利用社区内的教育资源，在横向联合、纵向沟通的基础上，拓展、开发了一批社区教育资源，实现社区教育资源的共享。实验区内各类学校、教育培训机构和各种文化体育设施都有组织、有计划地向社区开放，积极开展多种形式的社区教育培训活动，特别是依托社区内普通中小学和各类职业学校、成人学校，充分发挥教育资源的优势，利用业余时间，通过多种形式，面向居民开展各种教育培训服务；在整合利用现有教育资源基础上，形成了以县级社区学院为龙头，以街道（镇）社区教育中心为骨干，以居委会（村）社区教育教学点等为基础的社区教育网络，满足了社区居民多样化的教育需求；充分运用播放教学光盘、收看卫星电视教育节目、计算机网络教学等现代远程教育手段，开展现代远程教育，构筑起全民学习、终身学习的平台。同时，全国各社区教育实验区立足本地实际，组织开展了以提高社区居民素质和生活质量为目的的社区教育活动，满足了社区居民多样化的学习需求。

3. 社区教育开展了多层次、多内容、多形式的教育活动

全国各地普遍从本地实际出发，以成人教育为重点，组织开展了以提

高社区居民素质和生活质量为目的的社区教育活动，满足了社区居民多样化的需求。积极进行在职人员的岗位培训、下岗职工的再就业培训、老年人群的社会文化活动、弱势人群的生存技能培训、外来人群适应城区的社会生活培训等，同时抓好社区内婴幼儿教育、青少年学生校外素质教育，以及面向全体居民的科学文化、思想道德、社会生活等方面的教育培训活动。另外，全国各地开始把更多的注意力放在街道、社区居委会一级的社区学校、社区学院（大学）、市民学校和活动站的建设上。伴随社区学院在各地的兴起，上海、杭州等发达城市开始探索以社区学院为载体的综合型社区教育新模式。

4. 社区教育推动了学习型组织的建立

社区教育在学习型社会的建设过程中可以充分地发挥推动、载体和途径措施的作用。在社区的地域范围内、在社区的各类居民中，经过社区组织机构或其他群众自治机构的工作，形成和完善了大家广泛认同的社区学习文化，促成普遍的学习行为，也就完成了一个微观环境的"学习化"工作。于是在社区教育的推动下，创建了一大批学习型企业、学习型单位、学习型街道、学习型居委会、学习型楼组、学习型家庭等学习型组织。例如，北京市西城区作为全市第一个"发展社区教育，推动学习化社会建设先进区"，形成以社区学院为龙头，以各级各类社区学校、市民学校、成人学校为主体，以政府各职能局教育指导中心为指导的社区教育学习体系。随后，区政府又做出了一系列新决定、采取了一系列新举措，来推动社区教育向更深更广的领域发展，如由教委负责在全区开展教育进社区的"十、百、千"活动。主要内容是：面向全区十个街道和223个居委会（即"十"）；发动全区百所以上的中小学、幼儿园、（青年）宫、（科技）馆、（少年之）家和成人学校进入社区，共同开展社区教育活动（即"百"）；发动全区数以千计的教师和志愿者，以专职教师或兼职教师的身份，以定期、不定期的形式到社区、到居委会中开展各类教育学习活动（即"千"）。同时还坚持搞好原来的小学教师进社区工作，并通过科普宣传、健康知识讲座、文艺演出和推出学习志愿者等活动，极大地增强了社区教育的影响，通过这一系列活动，使该区逐渐发展成为成熟的学习型社区，为更多的学习型组织的建立起到了良好的示范作用。

（二）我国社区教育存在的主要问题

1. 对社区教育认识不足，重视不够，居民参与率较低

社区教育作为一种社会化的新型教育，其发展需要社会各个方面的支持与配合。然而，现实的情况是，有些地方的领导在思想上还没有真正重视社区教育，只偏重社区的经济和政治功能，在社区教育工作上行动不到位；各级政府的部分领导、企事业单位的领导和社区教育人员对社区教育的认识还比较模糊、肤浅，受制于传统教育的思维定式、封闭观念，使教育机构与非教育机构和社会之间不能充分发挥各部门的教育整合功能；不少社区居民对自我学习的要求不强烈，学习自觉性不够，存在着从业时无意学习、失业时无心学习、享受时不愿学习的现象，社区居民参与率不高。我国不少发达地区社区教育的居民实际参与率只有百分之十几，欠发达地区的社区教育机构更少，居民的参与率就更低。同时，在这些参与者中，大多为老年人（且女性为主）和儿童，中青年人参与率较低。据教育部职业教育与成人教育司2015年社区教育实验区示范区调查数据显示，我国社区教育仅能覆盖26%的社区居民。这说明在社区教育的过程中，很多人没有参与社区教育活动的观念。具体表现在大部分社区居民不知道为什么要参与社区教育，还有些居民认为没有必要进行社区教育。加之国内的很多民众仍然对何谓社区教育了解甚少，因此，参与学习的积极性也不高。例如，在国内的一些大城市，社区教育的条件已经比较成熟，人们已经有条件在社区学院接受社区教育，并且享受许多免费的学习资源。然而，许多居民表示他们不愿意接受这种类型的教育服务，或者没有时间到这些社区学院去阅读和学习。由此可见，这些问题的存在，都对国内社区教育的发展极为不利，成了亟须解决的问题。

2. 三级社区教育网络资源分布不平衡

三级社区教育网络指的是，以区、街道、社区为中心成立的覆盖全区

城乡的区社区教育学院、镇（街）社区教育学校和村社社区教育学习中心。建立三级社区教育网络的目的是推进区级各部门和居民共同参与社区教育，让社区居民能在家门口接受教育培训。

区社区学院主要是集远程开放教育、成人高等教育、教师培训、职工培训、失土农民培训等多种教育培训功能于一体，开展以技能教育、学历教育、市民素质教育、青少年校外教育为主要内容的培训；街道社区教育中心（成人学校）在普遍建立妇女学校、法制学校、科普学校、人口学校的基础上，整合各类教育资源，开展以居民公德，普法教育、科普知识、未成年人思想道德建设等为内容的市民教育；各社区（村）建立市（村）民学校，贴近社区居民生活，面向社区居民开展教育和培训活动，开设图书室、健身房、棋牌室、聊天室、电子阅览室等，为社区居民提供零距离的教育服务。

根据 2015 年社区教育实验区示范区调查数据，社区教育中心的数量方面，区级社区教育学院 830 所、街道社区教育中心 6729 所、居委会社区学习中心 557601 个；在各级社区教育中心的师资规模方面，区级社区教育学院专职教师 16838 人、街道社区教育学校专职教师 23845 人、居委会社区学习中心专职教师 71628 人；在社区教育培训场地方面，区级社区教育学院 1.36 亿平方米、街道社区教育学校 751 万平方米、居委会社区学习中心 1296 万平方米。从数据上可以看出，区级社区教育学院的数量相对最小，但培训场地的占地数量相对很大；而居委会社区教育学习中心的数量与教师人数相对居多，但培训场地占地面积却相对最小。这是一种非常明显的社区教育资源分布不平衡的现象。

3. 社区教育发展地域差异大

由于我国地域辽阔且地区间经济发展存在不平衡的情况，受此影响我国社区教育从总体上看，中西部滞后于东部，农村滞后于城市。从推进工作层面看，全国社区教育还只是实验区先行先试、重点突破、局部开展，不是普遍开展、全面发展、全面推进。东部沿海地区如珠江三角洲、长江三角洲、环渤海地区等发展水平比较高。而西藏、青海、内蒙古等西部地区的社区教育发展水平就比较低，有的地方还没有开始。从而形成了发达地区的社区教育越来越完善，促进了经济发展，反过来经济又为社区教育的发展提供物质保障的良性循环；而落后地区出现了社区教育越来越相对落后，人才缺失，经济难以持续发展的恶性循环。东部与西部、农村与城市、少数民族地区与经济发达地区等的经济文化发展水平，政府部门对社区教育的管理机制，社区居民对社区教育的需求程度等因素，决定了社区教育发展水平的差异。社区教育发展水平与地方经济文化之间形成的循环效应产生的影响越来越大。

社区教育发展水平地域差异可以通过社区课程建设的地域差异得到说明。根据 2015 年社区教育实验区示范区调查，在我国社区教育课程量排名前 10 位的省份中除浙江、江苏两省的社区教育课程量在 17000 门以上，在全国范围内遥遥领先以外，其他几个地区的社区教育课程量都非常低，辽宁、四川、安徽的年课程量还不足 1000 门。浙江、江苏是全国开展社区教育较早的地区，由于社区教育工作目标明确且措施得力，使得社区教育得以深入推进，并快速发展，呈现出良好发展态势。由此可见，社区教育课程建设虽然在个别经济发达地区取得了一定成果，但总体实力还有待提升。同时，社区教育课程发展存在较大的地域差距，社区教育课程建设还需要大力推进。

4. 社区教育法规和政策有待完善

自 1996 年"社区教育"正式出现在政策文本中开始，陆续出台了一系列有关社区教育发展的政策文件，但这些政策内容都散落于各类教育政策文本中，没有形成完善的社区教育政策体系。同时，我国的社区教育政策的制定与执行仍然以教育部门为主，相关部门没有有效参与，以致在涉及社区教育发展和管理问题时，出现责权不明、各自为政、政出多门的状况。具体而言，在现实中社区教育的发展要涉及众多部门，社区教育的开展涉及财政、教育、民政、劳动、文化、卫生、城市管理等许多方面的工作，需要相关法规和政策规范相关部门的合作行为。但是，各地的社区教育领导机构主要是教育部门，而教育部门职能范围有限，难以统筹协调相关单位共同推进社区教育。各有关部门各自为政，相互间缺少工作交流沟通，严重影响了我国社区教育的健康发展。

由于社区教育缺乏完善的法规和政策的保障，因此在一些地方看来社区教育是属于可搞可不搞、可有可无的工作。从运行情况来看，尽管我国社区教育的管理体制和运作机制已经初步形成，但由于相关法规和政策不完善不配套，依然存在着整合统筹不力、关系不顺、部门分割等问题，加之社区教育的政策结构单一，正规教育与非正规教育之间没有形成一种有机结合的关系，各种教育形式之间缺乏相互联系沟通的纽带，从而使社区教育发展处于边缘化的状态。

5. 社区教育资源投入不足，资源整合不充分

社区教育是一项系统工程，它的范围十分宽泛，因此，需要通过政府统筹，合理整合、配置社区内的各种教育资源，形成教育合力，提高教育效益。但是我国一些地方社区教育还有很大的随意性。第一，社区教育缺乏必要的经费支持。按照《教育部关于推进社区教育工作的若干意见》，国家和省级社区教育实验区按照社区常住人口人均不少于1元的标准落实社区教育经费。同时，各地也可采用资源共享、专项拨款、捐赠资助、建立社区教育基金支付等办法妥善解决教育经费。但许多地方没有设立社区教育专项经费。从整体上看，社区教育经费投入不足、经费来源单一问题已成为制约社区教育建设快速发展的瓶颈。第二，社区教育专职工作者队伍在编制、待遇、职称评定等方面面临的实际问题没有解决，致使社区教育专职队伍不稳定、素质良莠不齐。第三，社区教育资源未能充分整合和利用，由于还没有普遍建立起一套教育成本补偿机制，社区内的各类学校向社区开放教育资源的积极性普遍不高。为解决这些制约社区教育发展的实际问题，亟待建立以政府为主导的社区教育协调统筹机制，健全开展社区教育的规章制度，保证社区教育持续、稳定、健康发展。

四、我国社区教育发展的未来走向

（一）发展方式：由外延扩张转向内涵发展

从外延式发展到内涵式发展是当前世界各国和地区社区教育发展的趋势。我国社区教育从 20 世纪 80 年代开始至今，其内涵和外延都在不断发展变化着。随着《国家中长期教育改革和发展规划纲要（2010—2020年）》的颁布实施以及党的十八大提出在改善民生和创新社会管理中加强社会建设和党的十八届三中全会对深入教育领域综合改革的新要求，社区教育的地位更加凸显，其工作要求明显提高。在这样的背景下，社区教育已经成为教育工作新的亮点和制高点。推动我国社区教育内涵式发展是进一步深化教育制度综合改革，提升社区教育质量的必由之路。

所谓社区教育内涵式发展是以社区教育的内部因素作为动力和资源的发展模式，比较注重社区文化建设、社区课程和师资建设以及社区教育机制建设等方面的发展。我们可以从教育的视角和社会的视角去理解社区教育的内涵，社区教育的发展不仅是教育的发展，也是社会的发展。因此在推动社区教育发展时便需要综合考虑这两方面的影响。在我国推动社区教育内涵式发展首先有助于提升社区教育质量，提升社区教育吸引力。社区教育的发展不能只靠数量的增加体现，更重要的是从质量来看发展。其次是有助于学习型城市建设，更好地推动"终身教育"的实现。社区教育内涵式发展注重社区教育同社区的紧密联系，课程设置和教学内容贴近社区成员的实际需求，能够很好地起到引导社区成员积极参与社区教育。

推进社区教育由外延式发展向内涵式发展其首要目标就是实现社区教育的现代化。2019 年，中共中央、国务院印发了《中国教育现代化

2035》，强调要加快推进教育现代化，建成服务全民终身学习的现代教育体系。在推进教育现代化的浪潮中，作为服务全民终身学习的现代教育体系中不可或缺环节的社区教育，当然也应把推进其自身的现代化建设作为首要任务。为此，我国社区教育内涵式发展趋向集中体现在以下两个方面。

1. 进一步加强社区教育的现代性

（1）现代社区教育必须把培养现代人作为核心。现代社区教育本身是由于现代社会对现代人的需要而产生的，同时，社区教育和其他所有教育形式一样，其本质都是培养人，而实现现代化的核心是人的现代化，"无论哪个国家，只有它的人民从心理、态度和行为上，都能与各种现代形式的经济发展同步前进，相互配合，这个国家的现代化才真正能够得以实现"①。因此加强社区教育现代性的核心是要培养现代人即全面发展的人、是具有主体性的人、具有公共理性的人以及具有爱国守法、民主法制、公平正义、责任担当、公共道德等现代公民意识以及自治、沟通、参与公共事务、终身学习等现代公民基本能力的人。

（2）加强社区教育的民主化。其一，要以社区居民为本。"人的回归才是教育改革的真正条件"②，因此，社区教育必须确立以人为本的理念，即要以社区居民为本。以社区居民为本是指社区教育的一切教育活动都要以社区居民的特点和需要为出发点，以所有社区居民都得到发展为最终目标，只有每个人都得到应有的发展，才是社区教育真正的教育民主体现。其二，实现教育均衡。教育均衡发展是社区教育民主化的重要表现，为实现地区之间、城乡之间社区教育的均衡发展，首先要实现社区居民接受社区教育机会的公平，使所有地区都建立起社区教育机构。其次"教育均衡首先是教育资源配置的均衡"③，国家要出台相应的政策，在社区教育资源配置上向欠发达地区倾斜，实现经费投入、办学条件、师资配

---

① 英格尔斯. 人的现代化 [M]. 殷陆君译. 四川人民出版社，1985.
② 雅斯贝尔斯. 什么是教育 [M]. 邹进译. 生活·读书·新知三联书店，1991.
③ 翟博. 教育均衡论——中国基础教育均衡发展实证分析 [M]. 人民教育出版社，2008.

备等方面的大致均衡。

（3）推进现代社区教育体制的现代化。《中国教育现代化 2035》中强调，要"推进教育治理方式变革，加快形成现代化的教育管理与监测体系，推进管理精准化和决策科学化"①。在社区教育上，同样要推进社区教育体制的现代化。首先，要建立系统的、科学的社区教育管理体制和办学体制，改变当前社区教育管理机构不明，多头管理的局面，改变当前社区教育办学体制的不健全现状，以现代管理理论为指导，健全各项规章制度，努力推进社区教育管理和办学的规范化与科学化。其次，治理理论指导下建立社区教育的治理体系。改变过去那种单一行政部门管得过多过死的科层式体制，建立多元主体参与及协商与合作的体制，实现社区教育公共利益的最大化。

（4）进一步促进社区教育与社会各方沟通融合，建立大教育体系。首先，社区教育应进一步增强其开放性，更加主动自觉地与各种教育机构及机关、企业、社会团体等沟通合作，最大限度地实现教育资源共享。其次，应形成社区教育、学校教育、职业教育、成人教育等相互沟通的教育网络体系，形成覆盖全国城乡的教育系统，为各类社会成员提供多种教育服务，并建立相应的学习成果认证制度，实现各种教育形式和学习形式的沟通衔接，真正形成社会与教育一体化的大教育体系。

（5）推进社区教育途径、内容、方法手段的现代化。在社区教育中，除课堂教学活动外，要特别注意通过实习、参观等教育方式进行社区教育。即要把社区教育与现代生活及现代大工业生产紧密结合，作为现代社区教育的重要途径。同时，要加强社区教育内容的现代性，注意传授最先进的科学技术知识、现代职业技能，宣传先进的思想理念、现代公民意识等。此外，还要更新社区教育的方法和手段，更多地采用有利于培养现代人主体性的探究式、合作式等教学方法，充分利用微信、微博、微课程等渠道，通过计算机、手机等电子终端进行泛在教育与学习；要创建更多

---

① 中共中央 国务院 . 中国教育现代化 2035 ［EB/OL］. （2019 - 02 - 23）［2019 - 10 - 06］. http：//www. moc. gov. cn/jyb_xWb/ezdt_ezdt/201902/m0190223_370857. html.

高质量、公益性的社区教育网络学习平台，建立数字化学习资源共享机制，使社区教育手段日益走向现代化。

2. 在批判继承我国社区教育传统基础上改革创新现代社区教育

（1）传统社区教育是我国现代社区教育发展的基础，必须扬弃地继承。一方面，传统社区教育中有不少值得继承的东西。改革创新现代社区教育必须继承社区教育的优良传统，抛开了传统，我国现代社区教育就失去了发展的根基。而事实上，传统的社区教育中有不少好的做法值得继承。即使在教育内容方面，也有不少值得继承的部分，如著名的《吕氏乡约》中所规定的德业相劝、过失相规、礼俗相交和患难相恤等，对于正确处理人与人之间的关系仍有借鉴意义。另一方面，在继承社区教育传统中应持扬弃的态度。对传统社区教育中的糟粕，应毫不犹豫地舍弃。

（2）超越传统社区教育，改革创新现代社区教育。传统社区教育是在传统社会中产生，并适应于传统社会的教育，现代社区教育要适应现代社会的发展，就必须不断改革创新，改革创新是现代社区教育的重要特性之一。首先，改革创新社区教育是人和现代社会发展的要求。教育就是要促进人的不断完善，社区教育只有不断改革自身，才能让所有居民不断完善，走向卓越。同时，现代社区教育本来就是因为传统社区教育不能适应现代社会的需要而产生的，今天的社区教育要适应不断变革的社会，同样要不断进行改革创新。其次，改革创新是解决我国社区教育现存问题的要求。现阶段，社区教育在政策法规、管理体系、资源整合、课程建设、师资队伍、教学方法等方面都还存在种种问题，要妥善解决这些问题，社区教育必须进行改革和创新。

（二）资源整合：统筹社区内外资源，扩大资源供给

社区教育功能的发挥需要充分的资源作为保障，社区教育资源的整合、建设、开发与利用，是开展社区教育的基础与关键。因此社区教育必然要依照社区建设发展及社区居民的需求，充分有效地整合利用社区内教育资源来组织、实施各类教育活动。根据我国社区教育的发展实际，现阶

段及未来社区教育发展需要整合的资源主要有行政资源、高校资源以及包括企业、单位、社会组织在内的广大社会资源。

1. 行政资源的整合利用

行政资源对于社区教育来说，最为重要的意义就是提供其发展所必需的物资保证。建立稳定的经费投入保障机制是开展社区教育的重要保证。就我国的情况而言，社区教育还处于发展的早期阶段，社区教育机构凭借自身提供的服务实现自力更生的能力更显不足，因而，必须采取政府投入为主，"社会筹一点、单位出一点、个人拿一点"的办法，多渠道筹措经费，确保社区教育经费投入就显得尤为必要，而且，既然资源是由政府提供的，那么相应地，政府就有了管理方面的话语权，政府就可以利用行政管理手段对于社区教育的运行和发展进行规划和监督。

整合行政资源还有一项重要的任务就是建立健全社区教育的管理体制。社区教育的发展离不开全社会的大力参与。多头参与势必要求我们对于多元利益的整合问题做出妥善的应对。为此，政府需要设置专门的社区教育主管机构，该机构能够根据社区教育发展的切实需要与其他行政组织及行业协会开展积极的沟通，争取它们的支持，并依据社会对于社区教育的期望，对社区教育的发展有针对性地提出指导意见。此外，政府还应运用法律手段加强社区教育领域的相关立法，为社区教育健康、高效发展提供法律保障；合理政策、宣传等手段，打破存在于行政部门、学校、企业和其他社会组织参与社区教育中的结构和观念束缚，积极引导社会各方面力量加强对社区教育的参与，从而为社区教育的发展创造更好的条件。

2. 普通高校资源的整合利用

普通高等教育与社区教育之间虽然在教育形式上有所差别，但是从服务的对象和教育的内容角度来说，二者却有很多共同之处，而普通高校（包括高职院校）丰富的教学资源却是社区学校所不具备的。因此，社区学校应积极寻求与普通高校的合作，借助普通高校的教育资源拓展办学层次，提高办学质量。为实现这一目标，促进社区教育发展，必须建立社区教育与普通高等教育之间基于互惠基础上的资源共享与联动机制。

在学历教育方面，利用现代化的网络技术，社区学校将普通高校丰富的教学资源引入社区，以弥补其教学资源的不足。在具体实施上，由高校组织力量，按照有关标准和社区学校实际需要建设体系化的网络教学资源，社区学校通过购买的方式获得这些资源的使用权限。同时，社区教育的业务指导部门可以通过向普通高校进行积极的学习，将普通高校在教学和学历管理方面相对完善的制度和手段移植到社区学校中，使社区学校的学历教育更为规范化、合理化。

在非学历教育方面，社区学校应当与当地的普通高校开展密切的合作。其形式除可以采用购买教学资源外，也可以直接聘请当地的普通高校教师，以专题讲座的方式完成教学。并且，许多高职院校为培养学生的实际操作技能而设立的校内实训基地也可以向社区学校中接受职业培训的学员开放；反之，社区则可以借助自身的空间优势，为高校的科研工作以及学生的社会公益服务和实习提供机会和场所。为更好地推动社区教育与普通高等教育的联动，政府应该通过加强立法和政策引导等手段为二者之间的联动创造条件，并为这种联动的顺畅运行提供有力保障。

政府的大力推进是建立联动机制的重中之重，高校自身参与的积极性也不可或缺。由于资源占有上的不对等，普通高校在资源占有上往往居于优势而带有先天的优越感。为改变此种状况，普通高校应该适时地转变观念，充分认识到参与社区教育的重要意义，与社区学校之间保持高效的沟通。同时，包括普通高校、社区学校和政府在内的多方参与主体应展开常态性的对话与磋商，开诚布公地就所关心的问题交换意见，并在相互理解的基础上，以社会效益最大化为衡量准绳，争取达成共识，最终形成一致性的行动方略。

3. 社会资源的整合利用

社区教育能够为人们提供的教育服务是多元化的，包括学历教育、职业教育、兴趣技能教育、公民素质教育等内容。提供多元化的教育服务，必然要求社区教育机构要与社会中的其他组织加强互动和合作，以争取这些组织能够力所能及地为社区教育的发展提供相应的帮助。例如，社区教育机构应该加强与经济组织的联系，采用与行业指导委员会、行业协会以及企业共同开发职业技能培训课程，聘请企业中的专家和业务骨干进入社区课堂等方式丰富社区职业技能教育资源。而且很多社区中的企业可以为学生提供实习的机会。社区教育机构还应该加强与社区中的民间团体和志愿服务组织的合作。民间 NGO 组织和志愿服务组织的宗旨就是为社区居民提供福利服务，长期以来，它们在组织公民素质教育和居民文化娱乐教育方面积累了丰富的经验。而且，许多志愿服务组织中的志愿者都是社会各行各业中的精英，他们本身就意味着不同领域多元化的教学资源。加之，这些社会服务组织一直以来都与社区居民间保持很好的互动关系，它们在掌握社区居民的学习需求和调动社区居民的学习兴趣方面，拥有无可比拟的优势。

（三）教育目标：以居民需求为导向，教育目标多样化

随着时代的进步发展，人们实现自身持续发展所最需要依靠的既不是占有生产资料，也不是货币资本的积累，而是不断学习。因此，不断学习的需求现已成为当下及未来社会成员的一种非常凸显的需求。我国政府早在 2002 年就已经提出建设全民学习、终身学习的学习型社会的目标，以满足社会成员上述需求。而社区教育依靠教学网点分布广泛、教育方式和内容灵活等特点向广大居民提供大众化、多层次、多元化的教育服务，从而成为满足居民终身学习需求的最好选择。因此，以社区居民需求为导向，提供多元化教育内容是今后社区教育发展的重要目标。

1. 接受学历教育的需求

学历代表一个人的受教育程度，因此，常常被看作人的知识和素养的集中体现，这使得对于更高学历的追求往往成为人们自身价值实现的一部分。近年来，尽管我国高校招生的数量仍呈逐年增长的趋势，但是每年还是会有很多人在高考的竞争中落败，难圆自己的大学梦。而且，此次的失败还很有可能会影响到接下来的人生轨迹。所以，无论是从功利还是自我实现的角度来说，这些人中的很大一部分都拥有迫切继续深造、获得更高

学历的需求。

2. 接受职业培训的需求

职业培训是人力资源开发的一项重要内容，通过接受职业培训，人们的职业竞争力会得到持续的提升。而且，由于很多职业都实行"职业技术资格评聘制度"，因此，人们能否获得某个职位，以及职位的升迁在很多时候取决于他所能获得的职业资格认证等级。因此，为了谋求更好的职业发展，绝大多数人都有接受适合的职业培训的需求。

3. 基于兴趣爱好的生活技能学习需求

伴随着社会的不断发展，人们开始越来越关注生活的质量。诸如文学、艺术、科普、美容、美食、养生、健身等领域的知识和技能在当下正在引起人们日益浓厚的学习兴趣。

（四）运行机制：多元参与，协同推进

在传统社区教育中，教育的主体相对单一，政府在社区教育发展进程中发挥着主导作用，换言之，我国开展的社区教育在很大程度上更像是政府办学。随着社会对教育需求的多元化，单一主体的管理模式已经不能满足社区教育的发展要求，因此，社区教育的利益相关者应加入到社区教育的发展进程中。社区教育多元主体参与社区教育即意味着社区教育利益相关的组织及群体一起介入社区教育的各个环节，共同决策、共同管理，分担责任、共享成果，目前及未来我国社区教育的多元主体主要体现为政府、社区学校、社区居民、民间组织与私人部门五个参与主体。

社区教育作为一项公共事务必然要得到政府的领导与管理。在我国，政府是社区教育的掌舵者和监护人，在社区教育的发展过程中发挥主导作用，实施宏观管理，制定大政方针，拨付教育经费；社区学校是社区教育的决策组织者和具体执行者，它是社区教育发展的战略基地和公共机构。社区学校涉及的成员主要是社区教育的管理者和社区教育的教师；社区居民是社区教育的参与者、消费者，是社区教育的施教对象，但长期以来，我国社区居民在社区教育中处于被动接受的地位；民间组织亦称为非

政府组织、非营利性组织或第三部门，是指除政府以外的其他为实现社会公益的组织。社区教育作为一项政府投资建设的公益事业，而民间组织大多属于互惠性组织，具有非营利性、自治性和志愿性，正是公众民情民意的集中体现，恰恰体现了居民主体性的价值追求，因此民间组织参与管理社区教育必然能够带动居民学习积极性，促进社区教育快速发展，加快建设学习型社会步伐；私人部门即营利性组织通常指企业，是以营利为目的的。社区教育的发展需要资源，单靠政府财政拨付、公益组织出资远远不够，而企业的捐款将会加大社区教育的资源储蓄，但企业参与社区教育的目标要实现"互利共赢"，为此，企业在社区教育发展过程中必然会对实施者进行监督，达到利益最大化。由此可见，企业作为第三方监督者在社区教育的发展进程中显得尤为重要。

在开展社区教育的过程中，政府、社区学校、社区居民、民间组织与私人部门必须明确自己的功能定位，彼此联系、相互配合、协同合作，认真履行自身在宣传、决策、筹资、设计、执行与评估六大环节中的职责，保证六大环节的顺利运行，促进社区教育的协同发展。

（五）教育效果：数字推动，服务全民终身学习

《中国教育现代化2035》明确提出，到2035年建成服务全民终身学习的现代教育体系。社区教育作为服务全民终身学习的重要依托，近年来在智能化核心技术的支撑下取得诸多的新成果，社区教育数字化水平不断提高，促进了网络化、数字化、移动化、个性化、智能化的新型社区教育模式，即社区教育数字化学习模式的形成与发展。

社区教育数字化学习模式是数字化社区教育环境、数字化教育资源及泛在化学习方式的有机统一。数字化社区教育环境即为社区居民提供数字化学习的硬件及软件环境。其中，硬件设施包含了数字化学习场所，即提供多媒体计算机、数字视频展示台、中央控制系统、投影屏幕、音响设备等多种现代教学设备，还包括虚拟体验馆、仿真展览室等新型数字化学习场所，这些硬件环境是实现数字化学习的基础，将极大地丰富社区学习者

的学习体验。软件环境则包含了支持社区成员进行数字化学习的在线学习系统、平台、APP 等软件，同时还包括支持社区教育管理者进行信息化管理的系统软件。数字化教育资源则是社区成员进行数字化学习的必要条件，数字资源的多样性、丰富性以及优质性在智能化时代社区教育数字化学习模式中尤为重要，它能够满足社区成员个性化、多元化的学习需求。泛在学习是指任何人可在任何时间、任何地点学习，可以通过一定的方式和渠道获取任何所需学习内容，并以任何方式开展学习。这种学习方式融合了数字化学习和移动学习的优势，意在构建一个以学习者为中心的、智能的、无所不在的学习环境，它是解决社区居民在学习内容、时间、地点上不能完全统一的最佳途径。

当前我国社区教育数字化方面还存在着信息化基础设施建设不完善、数字化学习活动模式较单一、教育人才队伍培养不重视等问题，未来社区教育数字化建设应着重从以下三个方面加以完善，以提升社区教育的效果和水平。

1. 加快硬、软件设施建设，完善数字化学习环境

首先，配置完备的硬件设施，构建智能化学习环境解决社区教育信息化基础设施建设不完善、不均衡的现状，依据各地区的实际发展情况，政府相关部门应给予足够的资金购买完备的基础设施，引进专业人才，建设一些高质量支持数字化学习的网络平台。其次，以平台建设为载体，整合数字化学习资源。网络学习平台是载体，所承载的数字化资源是核心。社区教育中资源的多元化、丰富化非常关键，整合多方数字化资源，才能满足社区成员的多样化学习需求。例如，可将社区中的在校学生的学习资料以及学习动态等都整合到社区教育的个人资源库中，实现数字化学习平台的联通。同时，可向社区教育发展较好的社区借鉴经验，在资源的开发、建设中不断积累经验，让不同的社区拥有专属的数字化学习资源，最终达到实现社区居民个性化的数字化学习的目的。

2. 完善学习模式的多样性，优化数字化学习模式

当前社区教育数字化学习模式主要是依靠社区成员自主地通过学习平

台进行学习，但这种自主性的数字化学习并不是唯一的学习模式。首先，随着社区信息化教育环境的不断完善及智能化教学与学习工具的不断涌现，社区教育数字化学习应注入先进的教学理念，引进先进的智能化技术。例如，社区教师可在平台有针对性地开设不同的网络课程，让社区成员通过在线学习完成课程相关内容。其次，可在传统的社区教育活动中结合数字化学习的方式，形成新型线上与线下结合的混合学习模式，以创新社区教师的教学方法，潜移默化地提高社区成员使用信息技术的能力，提升其信息素养。在社区教育评价机制方面，引进先进的评价技术，在学习系统融入大数据分析技术，形成客观、科学、智能化、个性化的评价机制。

3. 重视教育人才队伍培养，提高社区主体参与度

一方面，实现优质社区教育数字化学习模式。专业人才培养是创新社区教育模式发展的内生动力，专业化的社区教育工作队伍是推动社区教育数字化学习发展的内驱力，其中包括专业化的社区教育教师队伍、专业化的社区教育管理队伍及统筹社区教育发展的领导队伍。首先，专业化的社区教育教师不但需要具有专业的知识储备，还需要具备熟练地运用信息化的教学手段进行教学的能力，善于运用现有的智能化教学工具。其次，社区教育管理者不但要根据社区教育领域的实际情况组织和开展契合社区发展的相关教育活动，还应具备运用智能化工具进行收集与整理社区成员信息及学习数据的能力。最后，作为整个社区教育发展的领导者，不但应对时代发展与社区教育未来发展具有敏锐的洞察力，同时还应具有规划、组织、统筹、协调等综合能力，以"跨界、融合、众筹"引导社区教育创新、管理体制和运行机制创新。

另一方面，提高社区教育中的主体参与度。将社区数字化教育资源建设看作一个系统，其主体动力机制则是指为了满足数字化学习环境下社区成员多样化、个性化、自适应的学习需求和发展目的，分析建设系统中参与主体及主体之间相互作用的方式，从而形成良好的运作机制以推动社区数字化教育资源建设良性发展。主体与主体之间形成的相互联通性与互动

性，是解决社区教育多种复杂性问题与满足多样性、个性化社区学习需求的保障，是维持社区教育生态系统平衡、可持续发展的关键。因此，需要协调好不同参与主体之间的关系，采取有效的措施大幅度提升其参与程度。

五、社区治理创新背景下的社区教育发展

无论是从历史的视角还是从人的角度来看社区教育和社区治理，两者都存在着必然的联系。教育（社区教育）作为国家治理的手段，在我国可以追溯到《礼记·学记》提出的"建国军民，教学为先"的思想，西方国家更是自柏拉图开始就把教育与治理联系起来。发展至今的社区教育已然成为社会教育的主要开展形式，是促进全民终身学习的重要途径，可见社区教育在促进社会治理的同时，也成为国家治理、发展的重要部分。社区教育得以推进社区治理，最根本的原因还在于社区教育与社区治理存在着共同的目标，即两者都以发展社区为己任，都坚持以人为本的理念，以促进人的全面发展为目标，为实现和谐社会奠定基础。

（一）社区教育在社区治理创新中的重要作用

社区教育要满足居民日益增长的参与社区治理的需求，促进建立中国特色社区治理方式。社区教育如何为中国社区治理服务，构建现代治理体系、提高现代社区治理能力，进而形成具有中国特色的社区教育与社区治理方式是当前我国现实发展的紧迫问题。2014年教育部等七部门出台的《关于推进学习型城市建设的意见》中，明确提出，要通过培育多元社区教育主体，支持社区居民自主学习、自我教育，进一步激发城乡社区教育活力。建立社区教育联席会议、社区教育理事会等制度，完善社区教育多

元参与协商、合作机制，提高社区治理能力，推动社会治理创新。由此可见，社区教育在社区治理创新中的重要作用主要从以下三个方面加以体现：

1. 提高居民参与意识

教育无论在任何领域都是通过影响人的意识形态来起作用的，社区教育也不例外，所以，社区教育促进社会治理的第一个方面就是通过教育提高居民的参与意识，调动居民对社区治理的积极性，这主要通过社区教育的内容和开展的相应活动来实现。例如，将社区教育的内容与公德教育、普法教育、新市民教育相结合，使居民建立起公民意识以及树立起相关的法律意识。这样的教育不仅有利于让居民知法懂法、知法用法，引导居民在社会制度规范里，善用合法手段和途径，表达自己的利益诉求，积极维护和争取自己的权益，履行自己的义务，从另一方面来讲也使作为社区治理主体的居民意识到自己不仅是社区的被管理者，同时也是社区的管理者，明确自己作为"主人翁"在社区治理中的地位，以此提高自身参与治理工作的积极性和责任感。

2. 提高居民的自治能力

由于社区的存在打破了以往的"单位"制，社区居住人员相应的囊括了社会各个阶层。不同工作、不同背景甚至不同民族居住在一起，在这样一个复杂的环境下，实现社区和谐，实现社区现代化治理最根本的推动力量就是依靠居民自治，但是治理意识的觉醒只是居民参与社区治理的前提，提高居民的自治能力才是社区治理的关键所在。社区教育以受教育者的生活为背景，帮助社区居民建立自治的意识，提高参与治理的能力，辅助各类不同的人群在参与社区治理的过程中明确自己的定位，找到适合的参与方式。

随着社会的发展，国家治理工作从政府主导转向多元主体协同治理的模式，多元主体包括组织和个人两种形式。要实现多元治理模式，使个人和组织参与到社区治理的工作中就必须依靠教育来培养人的治理能力，这种治理能力就包括组织能力、学习能力、工作能力、适应社会变化的能力、解决问题的能力等各方面。

3. 建立居民自治组织

社区治理非常重视非营利社会组织和民间志愿者队伍在治理过程中发挥的积极作用，所以，利用社区教育活动的开展帮助居民创立社区自治团体、组建民间志愿者队伍就成为创新社区治理的重要途径之一。居民自治组织的建立标志着社区居民真正转化为社区治理的主体，是治理主体意识的觉醒。社区教育以居民的学习需求和兴趣为切入点，通过课程、团队、活动等形式为兴趣爱好相近的民众找到学习伙伴，使原本松散的个体成为组织化的群体，使人们相互建立起共同的情感，建立居民自治组织必须以居民的情感联结为基础。社区教育从教育内容到教育组织形式都打破了学校教育固定班级制的形式，不同课程、不同学习团体给居民提供了更多的选择，以促使人们来找到志同道合的伙伴。

（二）当前社区教育推进社区治理创新的障碍

近年来，我国各地的社区教育在社区治理中进行了大量的探索与创新，部分地区正涌现出具有特色的社区教育方式和途径。但整体而言，当前我国社区教育在促进社区治理上还存在很多问题，社区教育、社区治理未达到群众满意的状态，其效果不明显，主要问题表现在以下几个方面：

1. 社区教育目标的缺失，导致社区教育的功利化与影响力下降

教育是促进人们生命成长的特殊实践活动，是灵魂的唤醒和生命意义的追寻。人的生命成长首先是人的发展的全面性，人是物质存在和精神存在的统一体，人的生命意义即是追求物质和精神的全面发展，能摆脱自然界所加诸于自身本能、超越生存规定的自由，能实现自为的创造力。其次，人的生命成长是主动性与创造性。培养人的主体性、自由选择的权利与不断创新的思想和能力，是教育的本质使然。相对于人的灵魂与精神而言，所有单纯以认知为目的、以技能或知识为目标的教育与学习都是次要的。教育活动具有从现实生活中的知识、技能获得工具价值，更包含人的生命发展的精神价值，而后者远比前者更为重要，这就是柏拉图所说的追

求人类绝对的善。然而受培根、斯宾塞科学主义教育和林德曼、诺尔斯实用主义成人教育思想与理论的影响，社区教育偏离了教育的方向，窄化了教育内容与方式，使社区教育功利化、浅表化，让人们觉得这种教育虽然热闹，也能学到一些常识和生活技能，但它始终难以走入人心，成为人们一生追求和寻找人生意义的终身行为。这种对教育曲解、窄化与表面化的社区教育得不到社会、市民认可和尊重，更不用说对社区治理创新的作用和价值。

2. 社区居委、村委会的功能错位，导致社区教育与社区治理管理无力

社区居委、村委会本是社区自治组织，它们虽然受街道、乡镇党委政府的领导，但它们并不是政府的派出机构和行政单位，其重心是服务社区、服务居民、解决居民矛盾与需求。然而现实中，两委会都成了政府部门的基层机构，政府将许多行政、党委事务都交给它们，致使两委会在有限的权力范围内工作无限的扩大，同时，很多基层政府的指导思想仍是以发展经济为首要目标，不重视社区治理与社区教育。加上社区管理人员少、人员专业能力和素养较低，难以满足社区教育与社区治理精耕细作的需要，更无法引领社区教育与社区治理的探索与创新。

3. 居民自主参与的失位，使社区教育与社区治理失去活力

居民自治是社区治理的重要基石和出发点，只有每一个社区居民自觉自愿参与到本社区的决策、议事和事务中，关心、支持、承担相应的社区义务和责任，提高居民自治与社区治理的意识、能力才能有效地促进社区治理工作的进行，而这都依赖社区教育的培养和推动。

当前的问题是，由于我国社区大多只是人们的居住空间，与人的生息无关，居民分散在社会的各行各业，居民们之间缺乏共同利益纽带和需要，个人参与社区治理的社会成本高，加之我国居民长期缺乏自治的习惯和意识，缺乏社区治理的相关知识和能力，所以，居民自愿参与社区教育和社区治理的积极性不高。居民参与率低一直是社区教育、社区治理的难题。同时，由于我国长期实行的政府包揽一切社区事务的管理机制，致使各种社会组织难以发展，社会组织的缺失，导致社区教育与社区治理举步

维艰，社区治理、社区教育应该是多元主体共生的空间和场域，是各种个体和组织广泛参与的共治方式，共治的前提是共享、共赢、共进、共存。

4. 社区精神与凝聚力的丧失，使社区教育与社区治理失去动力

社区精神是社区文化和社区价值追求，它表现为人们对社区文化、习俗、行为方式、价值观念的支持、接纳、认同与遵从。社区精神既是社区治理的基础与方向，是社区教育的核心，也是联结社区居民之间的情感、关系的纽带，更是社区人的身份认同和价值，心理的归属，是人们形成凝聚力的核心。社区不仅是人们居住的空间，也是人们精神、情感的共鸣与寄予之地。然而，伴随着我国城镇化进程的快速发展，产生了大量的新型社区。人们失去了原有熟悉的居住环境，带着不同的职业、身份、文化成为这种新社区的陌生居民。居民文化的多元性与身份的复杂性并未带来人与人之间的亲情、认同，而是隔阂和感情的淡漠。随着网络的发展和生活节奏的加快，年轻人更愿意在网上通过虚拟世界交流以抵制现实社区人际交流的荒芜和寂寞。以血缘、亲缘、地缘为核心的居住方式的改变，人们共同爱好的消失与社区文化、共同心理的衰落导致社区精神与凝聚力丧失，使社区治理和社区教育失去了核心和动力。

所以，加强和深化社区教育，促进社区居民形成共同的精神、多元的文化，增强凝聚力是促进我国社区治理创新的重要方式。

（三）社区教育推动社区治理创新的具体举措

党的十九大报告中强调，要打造共建共治共享的社会治理格局，就应加强社区治理体系建设，推动社会治理重心向基层下移，发挥社会组织作用，实现政府治理和社会调节、居民自治良性互动。可见，社区教育要推进社区治理，不仅要以实现居民自治为目标，更应当注重社区作为区一级政府的领导和保障作用，以实现两者的有效互动。在具体层面，社区教育应当从自身的本质功能出发，以居民为媒介，整合社区各类资源，培育学习组织或团体、搭建居民协商治理平台，同时促进社区各部门之间的合作与政府的职能转变，以提供给社区治理后续之源，提高社区教育推动社区

治理的有效性。

1. 培育各种社区自治组织

社会治理非常重视非营利社会组织和民间志愿者队伍发挥的积极作用，所以，创立社会自治组织和激发其活力就成为创新社会治理的重要途径之一。居民自治组织的建立标志着社区居民真正转化为社区治理的主体，是治理主体意识的觉醒，社区教育以居民的学习需求和兴趣为切入点，通过课程、团队、活动等形式为兴趣爱好相近的民众找到学习伙伴，使原本松散的个体成为组织化的群体，使人们相互建立起共同的情感。社区治理的主体多元协商治理方式，强调人在社会治理中的独立主导性，这就要求人具有独立自治意识、主体意识以及对自身在社区治理中的角色定位。社区教育从教育内容到教育组织形式都打破了学校教育固定班级制的形式，不同课程、不同学习团体给居民提供了更多的选择，促使人们找到志同道合的伙伴，以形成各式内涵不同、目标不同的学习须知和团体，这就为社区自治组织的形成奠定了基础。

2. 搭建社区治理平台

社区作为现代社会政府人员、社区居民协同处理社区事务、处理社区问题的平台，以社区为单元的社会治理方式是推动社会治理的现代化进程的重要力量。社区教育以社区为载体对社区居民进行理念传递、常识教育以及技能培训，除社区外，没有其他的平台能够这样充分展现教育在成人身上所起到的巨大作用，由于社区的组成单位是家庭，一个家庭中就包含至少两代或者三代人，这样就确保了社区中成人的数量以及成人所具备的思考能力、解决问题的能力。由于社会问题的复杂性，成人所具备的经济能力也是极为重要的，所以，社区是社会治理现代化治理的重要平台，主要是因为社区中成人存在，才使得社区教育促进社会治理有实现的可能。

3. 整合社区资源

社区资源整合指将社区相关的社会资源相互协调成为一个整体，使之成为社区掌握、支配和动员的资源的过程和状态。广义上的社区资源泛指所有与社区有关的社会资源，是社区赖以生存和发展的一切物质资源与非物质资源的统称，也称为社区社会资源。狭义上的社区资源指社区可以掌握、支配和动员的各种物质资源和非物质资源。这些资源主要包含两大类：一是物质资源；二是人力资源。从资源共享的角度出发，社区内外的场地、图书、体育器材等各类公共资源、社区与社区之间的教学资源、办学经验、实践成果以及居民所拥有的各类资源，都是社区资源整合的范畴。通过整合社区内外、线上线下、有形无形的资源，社区资源的整合利用，有助于完善社区教育的管理体制，促进社区教育发展，提高居民参与社区教育与社区治理的积极性，更能切实改善人居环境救助弱势群体，把不安定的因素化解于萌芽状态，把问题解决在基层，从而达到社区治理的目的。

4. 促进社区治理多元主体的形成

在社区治理过程中应充分利用社区作为一级政府部门所具备的职能，发挥政府的组织功能和管理机制，发动政府人员组织居民成立治理小组，建立社区治理与学习共同体。一方面利用社区教育促使社区治理主体多元化发展，另一方面通过明确自身的政府职能使社区治理有了创新治理方式的可能。在社会治理从政府单一制转变为多元主体制的过程中，如何转变自己的职能、找准自己的定位，成为当前最迫切的问题，政府作为不可替代的治理主体，应当不断完善其最基本最重要的职能，如国防安全、社会保障职能，从而强化国家制度的基础力量。社区教育在促进社会职能的社区教育一方面给基层党政干部提供实际学习的机会，让其在社区治理的实践工作中吸取经验；另一方面，社区教育作为培养基层干部的基地，通过社区教育开展一系列活动，学习社区治理知识，传达最新治理理念。除促进政府职能的直接转变，社区教育从促进建立社会自治组织、培养合格公民发展社会（区）治理的多元治理主体，在促使其他主体发挥治理价值的同时，间接促进政府职能在社区治理中的角色转换。社会组织由社会管理的对象转变为社会治理的主体，它填补了政府和市场的空缺，如社会服务和咨询等，所以，要最大限度地发挥社会自治组织在社会治理中的作用。而社区是社会自治组织形成的根据地，社区教育则是发展社区自治组织的重要途径。公民本位是基层治理创新的逻辑起点。公民本位要求社会（区）治理以公民为根本和核心，将公民需求作为社会治理的出发点，由此可见，公民作为社会治理的主体之一是无可替代的，而通过德育培养合格的公民则是社区教育培养人的根本出发点和实际落脚点。

5. 促进各部门的合作

无论是培育学习组织和自治团体、整合社区资源，还是搭建社区议事平台，在这些过程中，都需要各个部门之间的相互协调和配合。我国的社区教育从 2000 年进入实验深化阶段后，普遍建立了社区教育委员会，形成了"党委领导、政府统筹、教育主管、部门协作、社会支持、社区运作"的体制模式。处于整合共治阶段的社区教育，更加注重党委领导下政府多个部门的参与合作。我国的社区教育管理体制存在两种情况：一是尚未建立由党政在区（县）党委、政府的统一领导下组织实施社区教育工作牵头的专门领导机构，这类情况通常是社区教育发展时间较晚的区（县）；二是全国社区教育实验区、示范区以及部分省级实验区，根据政策要求，实验区、示范区均已建立了由区政府领导的社区教育管理体制，但由于尚在摸索阶段，各地管理体制的具体形态、归属部门、组织称谓都不尽相同。社区教育的发展势必推动着管理体制的健全和多部门的共同合作和协商，此外，这也是提供给社区治理管理体制上的保障。

第六章
城市职业技能培训

一、城市职业技能培训的重要性

（一）城市职业技能培训的必要性

1. 人才供给侧改革的必然要求

职业技能培训是保持就业稳定、缓解结构性就业矛盾的重要举措。随着我国深入实施人才强国战略，全国人才资源总量不断增长，"十二五"时期末为 1.75 亿人，2020 年约为 2.25 亿人，2035 年预计将达到 3 亿人。人才资源数量增长一方面依赖于人口资源和劳动力资源数量，另一方面取决于教育和培训以及人才流动情况。国家统计局数据显示，我国总人口总体呈现增长趋势，2019 年末，大陆总人口达到 14 亿人。但从另一个角度看，我国劳动力资源正面临着人口老龄化加速和人口出生率下降的双重挤压。2015~2019 年，全国 60 周岁及以上老年人口占比由 16.14% 增长到 18.13%；到 2035 年，这一比重将达到 25%。

根据人力资本理论，教育是提高人力资本的最基本手段，通过教育培训提升劳动者的职业技能是增加人力资本存量的重要途径之一。大力开展全民职业技能培训，是建设人力资源强国的必然选择。从供给侧结构性改革的视角看，人才供给应注重有效供给和中高端供给，应注重增强对人才需求的适应性。为此，新时期职业技能培训将具有三个特点：一是职业技能培训对象的广泛性。一方面，要对现有在岗人员实行普遍的职业技能培训，帮助其提升职业技能，更好地发挥其价值。另一方面，要对失业或处于职业转换期的劳动力实施有针对性的职业技能培训，帮助其顺利就业和择业。此外，还要扩大职业技能培训的覆盖范围，特别是挖掘老龄人口的劳动力价值，强化老年人力资源开发。二是职业技能培训要满足有效的培训需求，注重开展中高端职业技能培训，以最大限度地开发人才资源。三是职业技能培训周期的终身性。在终身学习的背景下，积极参与终身职业技能培训将是个体适应社会工作需要的必然选择。因此，进一步完善终身职业技能培训制度，加快推进终身职业技能培训工作，培养更多的高素质技能型劳动者，既是新时期促进就业创业的现实需要，也是践行终身学习理念、推进学习型社会建设的内在要求。

2. 提升劳动者素质和就业创业能力的必然要求

新时期，伴随我国经济结构转型升级步伐的加快，出现了更多高质量的就业岗位，进而对劳动者素质提出了新的、更高的要求。同时，在传统产业领域，生产方式正在经历着深刻变革，绿色、智能、高端等产业特征越发显著，与之相关的工作岗位的内容和标准不断提升，因此传统职业岗位上的劳动者面临转岗提质。在这种背景下，以行业企业为主体，积极完善职工技能培训制度，就成为引导职工转换职业岗位和进行创新创业的重要保障。

从劳动者素质角度看，我国当前劳动者的整体素质还不能完全满足新时期经济社会发展的根本要求。首先，劳动者的创新创业能力有待提升。在我国深入实施创新驱动战略背景下，正在形成"大众创业、万众创新"的社会图景，而依附于劳动者身上的知识、能力与精神，则是个体实施创新创业的核心要素。根据《中国大众创业指数（MEI）》的相关研究成果，创业人才指数高低与教育科研投入数量、人才培养与引进强度之间存在较强的正向关联。反过来讲，通过加大教育培训投入，可以有效提升劳动者的就业创业能力。因此，推进职业技能培训是提升劳动者创新创业能力的必然要求。

（二）产业转型升级对人才需求的变化

1. 对高素质人才的需求

产业化转型升级是产业进一步向有更有利于社会经济发展方向的转型升级，既包括现代高新技术新兴产业，也包括通过改革创新而升级的传统产业，而这一过程离不开一批掌握新技术的高素质人才。技能人才是推动产业化转型升级的主要动力之一，而职业技能培训可以保障技能人才的技术不落伍。职业技能培训直接与经济生产挂钩，它是为了培养各个层次、各种岗位的劳动者的能力，通过提高他们的职业技能来提升他们的工作效率和工作效益，使其更能适应现代化产业转型升级的需求，更好地为社会经济发展服务。

作为经济支撑点的制造业中的技术技能人才是支撑产业发展的主体力量，而劳动者职业技能培训则能为产业等实体经济发展持续培养和输送技术性人才，保证经济的可持续发展。新技术、新产业、新业态等变革所带来的工作内容和工作方式的变化，要求劳动者要具备适应这些变化的素质和能力，这使得劳动者不断地学习成为工作内容之一。终身职业技能培训可以确保劳动者持续性地或周期性地得到职业能力提升，从而不断获得职业岗位所需的职业素养、职业知识和职业技能，进而使劳动者的职业素质能够与工作岗位的素质能力要求保持一致。

2. 职业岗位转换能力的需求

进入 21 世纪以来，随着新兴产业和新技术的快速发展，新职业岗位和知识密集型岗位不断产生，传统劳动密集型岗位持续减少，全社会的职业转换速度不断加快，由此所带来的结构性失业日益加剧，借助职业技能培训减少结构性失业风险成为一种必然选择。在产业化动态变化的过程中，不断有新产业诞生旧产业衰退，产业的更换带来职业岗位的推陈出新，而岗位上的劳动者在此状态下需要加强职业技能培训才能适应产业快速发展的要求。很多实用创新大都来自最基础最前线的劳动者，一线工人作为生产流水线的第一任经手者对产品性能和作用有着最深刻的见解，加大他们的职业技能培训能更有效保持传统产业的新鲜活力，职业技能培训则是实现职业转换能力的主要渠道之一。

现代化产业主要依托科技化网络管理，表现为大规模机械化作业、一体化流水线制造和大宗贸易商品线上交易等新型产业模式，企业在用工方面已由最初的劳动者体力需求逐步转向对智力和能力的需求，特别是对新业态跨界复合型人才产生了新的需求，这就要求劳动者必须具备职业转换能力，并为职业转换储备更多的知识和技能。职业技能培训对劳动者的具体能力进行再提升，对他们的工作进行优化配置，充分利用"人才红利"将拥有丰富工作经验高效工作效率的劳动者置于企业发展的重要岗位，保证人力资源的梯队建设和人才的不断档，为产业转型升级提供源源不断的新思路、新动力，提升基础创新的可行性、持续性。

（三）城市集聚发展对人才需求变化

城市作为区域的政治与经济中心，担负着推动国民经济发展的重任。人口向优势区域集中，呈现出以城市群为主要流入地且空间分布不均衡的典型特征，形成以城市群为主要形态的增长动力源，进而带动经济总体效率提升。城市群是在特定的区域范围内云集相当数量的不同性质、类型和等级规模的城市，以一个或两个特大城市为中心，依托一定的自然环境和交通条件，城市之间的内在联系不断加强，共同构成一个相对完整的城市/集合体①。同一行业的集聚有利于形成共享的劳动力市场，劳动力在同一产业内的交流和互动，促进了市场上信息、技术、思想的传播和扩散，最终形成人力资本的积累。还有一种城市多样化集聚又称跨行业或行

---

① 余吉祥，段玉彬．集聚经济与中国城市体系优化：跨省迁移视角的研究［J］．统计与信息论坛，2013，28（4）．

业间集聚，指的是不同行业的企业在空间上的集聚。

在两种城市集聚类型中，基于同一行业的人力资本积累，其人力资本主要适用于这个行业内，专用性较高，到了其他行业中可能就不再发挥作用。在多样化的城市中，不同行业间的企业集聚，当某个产业受到外部冲击，其释放出来的失业工人能够很快转移到其他产业中，可以缓解某一行业的劳动力需求波动，从整体上降低失业的风险。在这两种类型的城市集聚中，都需要通过职业技能培训，帮助劳动者实现较快的行业转换，不仅促进同一行业内劳动者之间的知识流动，而且促进不同行业间劳动者之间的知识交流沟通，获得跨行业的互补性知识。通过职业技能培训，加速跨行业的知识流动，加快了人们相互学习、获得新的想法和创新的速度，不同地方的知识、信息等集中起来形成丰富的知识池，促进了劳动力对知识和技术的吸收、分享与创新，最终促进劳动者的人力资本积累。劳动者通过跨行业的知识交流和沟通，使人力资本积累呈现多元化的特征，从而满足城市集聚化发展对人才的需求。

（四）新技术发展对职业技能培训提出挑战

科学技术是推动人类社会发展的重要力量，当今社会正在经历着前所未有的更广范围和更深层次的科技革命和产业革命，第四次工业革命浪潮冲击下，人工智能技术发展正在带来一场深刻的系统性变革，新兴技术群不仅在改变我们所做的事情和做事的方式，而且正在改变人类自身。人工智能技术的发展和运用促进了以信息技术和智能制造为表征的新经济的快速发展，创新成为驱动经济高质量发展的新动力。特别是随着物联网、人工智能、大数据、区块链技术、5G 技术、机器人等新技术的应用，传统产业正面临着重大的冲击。人工智能内在地具备技术的特质，与人工智能相关的就业问题可以被归为技术性失业范畴。人工智能可能引发的失业问题在速度、规模和深度上都远远超于一般性的技术性失业。人工智能的深度应用将意味着人类可能"在本质意义上被取代"。[①]

加强技术赋能和技能培训提升劳动者的就业能力，并积极引导人类在技术社会中的技术提升。社会成员日益需要为新经济以及随之而来的新职业岗位的挑战储备更多的知识和技能，建立可持续、高质量的职业培训体系。对个人而言，职业技能培训将成为获取职业技能和适应时代发展的重要途径。在这种背景下，职业技能培训所呈现的终身性、持续性、变革性特点将日益明显，大力发展终身职业技能培训，将从本质上成为服务经济高质量发展的内在要求。

（五）技能人才供给结构性矛盾长期存在

我国正处于从人口大国迈向人力资源强国的重要时期，人才资源结构性矛盾仍然较为明显。初级技能人才相对充裕，而高素质高技能人才相对缺乏，这无疑会对人才强国、制造强国等国家战略的深入实施产生深刻影响。众所周知，高技能人才对于产业创新和技术创新发挥着重要关键作用。实践证明，高技能人才特别是创新型高技能人才养成离不开师傅带徒过程中的观察模仿、生产过程中的反复训练等长期实践过程，因而推进终身职业技能培训对于建设高技能人才队伍具有重要意义。

首先，终身职业技能培训有利于促进高技能人才总量增长。世界经验表明，技术逻辑演进的路线中需要有足够数量的技术技能型人才特别是高技能人才作为重要支撑。新时期我国技能型人才短缺，结构性矛盾突出体现为高技能人才短缺问题。国务院颁布的《职业技能提升行动方案（2019—2021年）》提出，2021年底，我国高技能人才数量占技能劳动者总量的比重要达到30%以上。也就是说，与世界发达国家相比，我国高技能人才占比还有一定的差距。例如，德国高技能人才占比早已达到50%以上，日本也超过了40%。[②] 从一定意义上讲，提升以高技能人才为代表的

① 张正清，张成岗. 第四次革命：现代性的终结抑或重构：信息伦理对人工智能伦理的启示[J].武汉大学学报（哲学社会科学版），2018，71（3）.
② 孙琳. 高技能人才培养，我们仍然在路上［N］.人民政协报，2019-06-19.

技术技能人才总量是我国科技和产业发展的内在要求。

其次，我国人才资源结构性矛盾决定着高技能人才行业分布结构性失衡。在高新技术产业、先进制造业、现代服务业、新技术新材料等战略性新兴产业领域，高技能人才短缺现象更为突出。需要在这些高技能人才供需矛盾突出的产业和行业中积极推行终身职业技能培训。高技能人才还存在地区分布失衡现象。在发达地区、大城市、优势产业领域，通过出台优惠政策等方式吸引高技能人才向经济条件较好的地区或产业流动，高技能人才相对聚集，但这加剧了该类人才地区分布和行业分布的不均衡性。积极发展具有普惠性的终身职业技能培训，将能够较为有效地解决这种不均衡现象。

二、城市职业技能培训的现状与问题

（一）政策法规体系逐步完善

我国社会对职业技能培训重要性的认识不断深入，国家陆续出台和实施一系列法律、法规和政策措施，为终身职业技能培训制度建设提供保障。积极推进终身职业技能培训相关立法，出台从国家到地方的终身职业技能培训配套政策，使终身职业技能培训工作有法可依。形成了覆盖各类行业、各级机构和各个地区的、相互衔接的终身职业技能培训政策体系，确保这些政策能够发挥系统性作用。

我国《中华人民共和国劳动法》、《职业教育法》、《民办教育促进法》、《就业促进法》等法律均对职业培训作了规定。1994 年颁布的《中华人民共和国劳动法》第六十六条规定："国家通过各种途径，采取各种措施，发展职业培训事业，开发劳动者的职业技能，提高劳动者素质，增强劳动者的就业能力和工作能力。"2022 年新颁布的《职业教育法》第十六条规定："职业培训包括就业前培训、在职培训、再就业培训及其他职业性培训，可以根据实际情况分级分类实施。职业培训可以由相应的职业培训机构、职业学校实施。其他学校或者教育机构以及企业、社会组织可以根据办学能力、社会需求，依法开展面向社会的、多种形式的职业培训。2007 年的《就业促进法》对各级人民政府在开展职业培训、促进就业和劳动者职业能力提升的责任作了明确规定；同时，对职业培训机构和企业合作开展职业培训、企业计提职工教育经费等方面也作了明确规定。

在政策措施方面，党中央、国务院出台了多个重要文件，从培训载体、培训对象和培训模式、培训激励机制、培训基础能力（教材、标准）、培训师资、培训监督评价等多个方面推动职业培训工作。例如，《国务院关于加强职业培训促进就业的意见》、《高技能人才队伍建设中长期规划（2010—2020 年）》、《国务院关于推行终身职业技能培训制度的意见》、《职业技能提升行动方案（2019—2021 年）》、《关于 2021 年组织开展职业技能提升行动质量年活动的通知》等，这些文件的相继出台，初步构建了涵盖职业培训各方面的政策法规体系，推动了职业培训事业进入新的发展阶段。总体来看，与职业培训相关的法规政策体系已初步形成。

（二）职业培训机构发展快速

终身职业技能培训体系日渐完善，构建了由国家公共职业技能培训、企业职工技能培训、学校职业技能培训和社会职业技能培训为主体的、相互衔接的完善体系，使其形成一个有机的整体。我国开展职业技能培训的主要载体有技工院校等职业院校、就业训练中心、民办职业培训机构、中外合作职业培训机构以及企业等。另外，近年来，逐步建设发展的公共实训基地、高技能人才培训基地、职业技能实训基地等也成为开展职业培训的重要载体。截止到 2018 年末，全国共有技工学校 2379 所，在校学生341.6 万人，全年技工学校面向社会开展培训 420.6 万人次；就业训练中心 2298 所；民办培训机构 21565 所。[①]

---

① 陈玉杰. 职业技能培训这些年［J］. 中国人力资源社会保障，2020（4）.

但是，总体上看，职业技能培训基础能力还相对薄弱，不能完全适应经济产业转型升级、高质量发展和科技创新步伐加快等对职业技能培训所提出的相关要求。在实训基础平台、教学资源、师资队伍、就业服务平台、数字化培训体系等培训基础能力方面存在诸多短板，在职业技能培训质量监控与评价、职业技能培训标准化体系建设等诸多方面仍需要逐步完善。政府、行业企业、高等院校、公共培训机构、社会培训机构等主体间的合作协调、资源共享、信息交流、人员交流等有待进一步提升。企业等重点机构在职业技能培训基础能力建设中的主体作用没有得到充分发挥，普通高等院校和职业院校参与职业技能培训的积极性没有被充分激发，企业的优质实训资源与学校、培训机构的优质教学资源之间的优势互补效应没有得到充分发挥。

（三）职业培训规模和质量提升

2012 年以来，我国共开展政府补贴的职业培训 13056 万人次。其中，2018 年全年共组织各类职业培训 1651 万人次。从培训类型看，就业技能培训 853 万人次，岗位技能提升培训 552 万人次，创业培训 201 万人次，其他培训 45 万人次。尽管由于 2015 年后受职业资格改革的影响，参加鉴定的人数和取得职业资格证书的人数有所下降，但总体上呈增长趋势。劳动者素质逐渐提升，每年新增高技能人才人数，即取得高级工、技师和高级技师职业资格证书的人数从 1996 年的 32.49 万人增加到 2017 年的 323.82 万人。高级工及以上取证人数占全部取证人数的比例从 15.13%增加到 27.01%。[1]

进一步提高全社会对终身职业技能培训重要性的科学认识，营造有利于全民参与职业技能培训的社会氛围，激发社会成员参与职业技能培训的积极性和主动性。在积极发展普惠性终身职业技能培训，扩大接受职业技能培训群体覆盖范围的基础上，着力加强对重点群体的职业技能培训，实

---

[1] 陈玉杰. 职业技能培训这些年［J］. 中国人力资源社会保障，2020（4）.

施了一系列重点项目，包括高技能人才振兴计划、公共实训基地建设、农民工职业技能提升计划——春潮行动、化解过剩产能企业职工特别职业培训计划、返乡农民工创业培训行动计划、百城技能振兴专项活动、企业新型学徒制、职业技能提升行动等。

一是国家层面的培训主要体现公益性特点，重点关注基础性职业技能培训、社会公益性职业技能培训、弱势群体职业技能培训、失业群体职业技能培训、职业转换人员技能培训等。二是加大对技能短缺人群的培训力度。加强长期从事传统行业和非优势行业领域人群的培训，解决该类人群在新产业环境下所面临的技能短缺现象。三是加强职业技能提升培训。加强高技能人才职业技能培训，提升其技术技能创新能力；加强创新创业人才培训，提升其创业能力；加强转岗人员培训，提升其转岗技能。通过对重点群体开展有针对性的职业技能培训，使接受培训者不仅能够满足当前工作岗位技能的需要，还能为未来储备必要的职业技能，以更好地适应学习型社会的基本需要。

（四）多元培训资金投入机制建立

推行终身职业技能培训制度，必须有强大的、可持续的资金投入作为保障。从发达国家的经验看，发达国家普遍建立起了政府直接拨款、企业缴纳培训税及培训退税制度，建立了培训发展基金和个人自费培训的多元培训投入机制；部分国家积极推行各种形式的免费培训政策，甚至对受训者给予相应的培训补助[①]。相比之下，我国的职业技能培训投入体制需要进一步完善，当前对技能培训的经费投入不能完全满足庞大的职业培训市场的需求。

围绕终身职业技能培训基础能力提升，在现有投入政策的基础上，逐步加大职业技能培训经费投入力度，逐步形成职业技能培训投入随经济社会发展水平动态增长的机制，稳步提升受训人员的人均培训经费水平。拓

---

① 俞会新，张志勇，李宁. 主要发达国家职业培训政策和措施综述及启示［J］. 中国人力资源开发，2006（2）.

宽资金投入渠道，完善多元化终身职业技能培训投入机制，强化培训经费的落实。在国家投入层面，除现有的财政专项投入、就业补助资金、失业保险基金等外，还可以采取对承担职业技能培训的机构给予资金扶持，对培训效率突出的机构给予奖励，对参与培训的人员给予专项补贴等多种投入形式。在企业投入层面，在确保企业法定职工教育经费落实的基础上，激发企业加大职工技能培训的投入力度，鼓励有条件的企业开展多种形式的对外培训服务，或通过购买培训服务的方式开展职工技能培训。此外，强化社会公益机构对终身职业技能培训的捐赠和赞助，鼓励社会成员积极进行自我学习投资，并使之成为重要的培训经费补充渠道。

（五）职业培训多元管理

城市的经济发展对劳动者提出了更高的要求，劳动者只有不断地学习新知识、新技能才能更好地适应工作岗位。但社会、企业和劳动者对职业培训的重要性认识不足，职业培训缺乏针对性和有效性，职业培训的基础资源不足，职业培训过程中监管不到位等，这些问题严重阻碍了我国职业培训质量的提升。在此背景下，如何让国家、企业及劳动者个人充分认识加强职业培训的重要性和紧迫性，承担起各自的责任；在职业培训过程中，怎样加强培训监管主体的责任，以保障职业培训工作的进行；如何根据培训对象情况的不同而有针对性地设计职业培训的内容；在职业培训结束后，如何建立有效的评估系统对培训结果进行评估，以确保培训取得预期效果。

同时，政府要积极宣传职业技能培训项目，引导构建融洽的学习氛围，面对劳动力市场需求不断变化的客观要求，通过宏观调控建立良好的社会氛围，重点在于转变职业培训在社会公众心目中的地位，建立全员学习、终身学习的现代教育观念，来增强社会各层次劳动者积极学习的主动性。通过建立健全证书考核激励机制，有组织、有目的地选拔、培养和使用技能性人才，确保持证上岗就业，并将职业技术能力与职称评定挂钩，强调技能提高的重要性和长效性，确保劳动者能力与权利相匹配。依法对培训机构进行监督与监管，降低培训风险，提高培训的实效性，保证培训工作执行到位，营造公平公正的竞争环境，防范产业垄断，为劳动者技能培训提供法律保障，确保职业技能培训质量。

三、城市职业技能培训的应对策略

（一）复合技能与数字素养培训

1. 复合型技能提升培训

科技的创新、突破与发展越来越依赖于多领域的交叉、融合，这就对复合型人才的培养提出了更高的要求。2020 年，《中共中央关于制定国民经济和社会发展第十四个五年规划和二〇三五年远景目标的建议》中特别强调要加强创新型、技能型、应用型人才培养。面临当前国内外的诸多科技难题，应当广开门路，积极培训提升学习者复合型技能。培训培养出高质量的复合型创新人才是当今科技形势发展的需要。要完善复合型人才培训，构建多载体交叉培训复合型人才的路径，立足产业发展对复合型人才的需求特点，加大培训离地，同时为复合型人才的培训创造良好环境等。

相较于传统的人才，复合型人才除在技能掌握方面需要对本专业的知识技能有着熟练的掌握，还需要具备创新能力、质疑精神等品质，能够应对多变的工作环境做出迅速的反应，并不断提升自己，使个人能力得到多元发展。职业培训从单一操作技能到复合技能，能使劳动者掌握职业知识及职业技能，培养个人的创新精神、工匠精神等，有益于劳动者的职业发展。现在，社会上的广大劳动者特别是青年人希望通过走技能成才的道路来实现技能报国的热情空前高涨，通过职业技能培训，提升劳动者的复合型技能，是一种快速、有针对性地帮助劳动者获取职业知识与技能，实现自我价值的有效途径。

2. 数字素养提升培训

随着信息化、自动化的发展，技术进步正在也必将进一步改变劳动力市场的格局，需要重新审视技能人才培养内容。中央网络安全和信息化委员会印发《提升全民数字素养与技能行动纲要》对提升全民数字素养与技能作出安排部署。提升全民数字素养与技能，是顺应数字时代要求、提升国民素质、促进人的全面发展的战略任务，是实现从网络大国迈向网络强国的必由之路，是顺应数字时代要求、提升国民素质、促进人的全面发展的战略任务，也是弥合数字鸿沟、促进共同富裕的关键举措。数字素养与技能是数字社会公民学习工作生活应具备的数字获取、制作、使用、评价、交互、分享、创新、安全保障、伦理道德等一系列素质与能力的集合。[①] 当前，全球经济数字化转型不断加速，全民数字素养与技能日益成为国际竞争力和软实力的关键指标。《中华人民共和国国民经济和社会发展第十四个五年规划和 2035 年远景目标纲要》强调，加强全民数字技能教育与培训，普及提升公民数字素养。

积极推进数字化终身职业技能培训体系建设，注重建设数字化教育教学平台、开发数字化教学资源、建立数字化终身职业技能培训标准，数字时代的技能人才培养应更重视数字素养能力提升。通过加强全民数字素养与技能培训，开展面向国民的数字技能培训，提升广大人民群众数字化适应力、胜任力、创造力，着力提升人力资本水平，促进人的全面发展能力。家庭、社区、出行、购物等是人民群众接触的高频生活场景，也是数字技术和服务的高频应用场景。针对智能家居、智慧社区、电子商务、移动支付、智慧出行等新业态，提升居民使用数字资源、数字工具的意愿和能力，促进人民畅享美好数字生活。针对不同年龄段、不同学历体系的数字教育培训场景，通过打造优质精品数字教材、加强学科专业建设、完善职业等级标准等，推动数字能力培育在学历教育和职业教育中双向发

---

① 刘彤. 提升全民数字素养共享数字红利［N］. 人民邮电, 2021-11-16（008）.

力，积极构建终身数字学习体系。需要关注重点人群，老年人、残疾人、农民等群体的数字社会融入问题受到公众广泛关注，其面临的数字技能鸿沟问题亟待解决，需坚持问题导向和需求导向，推动补齐短板、打通堵点、消除痛点。

（二）职业技能培训贯穿个体终身

随着经济发展方式转变、产业结构调整、城镇化进程的加快和技术革新，劳动者技能水平与岗位需求还不匹配，要将培训贯穿到劳动者终身的学习工作中。

1. 职前职后一体化

职业培训根据市场需求调整培训课程将职业培训与职前教育相融合，调整职业培训的内容与目标定位，使职业培训更具有针对性和有效性，建立针对产业转型升级的专业劳动人才技能学习和培训课程，在保证课程的时代性、灵活性的同时也要注意与职前教育之间的关联性，循序渐进开展培训。根据产业转型升级需求培训对口技术人才，达到职前和职后一体化，将培训知识融入社会实践，突出职业技能素养的培训。引导个体将个人的自我实现与能力提升相结合，在实现自身理想、抱负时也将个人能力扩展到最大化。

根据自我需求，接受职业技能培训，合理规划整个职业生涯，时刻保持学习的状态和心态，积极参与工作单位组织的技能培训，自觉参与社会性技能提升培训机构组织的培训和学习。根据市场需求，发挥市场机制作用，聚集多元化培训资源，建立企业内部自培自用的技能培训工作，确保在岗劳动者技能的不断更新与进步。在培训方式上企业可改变传统的师傅带徒弟式技能传授方法，企业依照市场的需求开展职工技能培训工作，建立新型的系统化的培训制度，将行业和产业结构升级与技能培训相结合，定时定期地进行技能培训，把技能的培训融入日常生活。

2. 促进就业创业

就业是民生之本，就业问题关系到我国社会的稳定，促进就业对我国整个社会的生产和发展都有重要的意义。2019 年，全国城镇登记失业率为 3.6%，全国城镇调查失业率高达 5.2%。[①] 2020 年，由于新冠肺炎疫情的影响，人们的就业受到更大的冲击，失业人数增加。2019 年，《国务院办公厅关于印发职业技能提升行动方案（2019—2021 年）的通知》提出，要把职业技能培训作为保持就业稳定、缓解结构性就业矛盾的关键举措[②]。政府要积极创造一个尊重技能人才、崇尚技能人才且适宜他们发展的氛围和环境，并逐步提高生产一线技能人才，特别是高技能人才的社会地位和经济收入。在职在岗人员随技术等级的提升要及时享受相应的工资、社保等待遇，对优秀技能人才，特别是对做出突出贡献的高技能人才要实行特殊的奖励政策和奖励办法。

近年来，国家对人们的就业问题越发重视，通过职业培训，培养技术工人、管理人员以及其他专业人才，这在一定程度上解决了我国劳动者的就业问题，缓解了人们的就业压力。职业培训能够缓解一定的就业压力，对于求职者来说，无论是首次就业还是失业人员再就业，都可以通过参加职业培训而获得一定的工作技能来提高他们的就业能力。因此，职业培训可以帮助他们在较短的时间内找到工作，减轻他们的就业压力。对于在职员工来说，开展技能提升培训和转岗转业培训，通过职业培训可以让他们学习更高级的技术技能，这可以提高他们对岗位变化的适应能力，稳定其就业。

3. 完善培训长效机制

各级财政应完善经费稳定投入机制，持续加大对职业技能培训的资金支持力度，建立国家、省、市、县级财政预算支持职业技能培训的长效机制。落实国务院《关于加快发展现代职业教育的决定》：地方教育附加费用于职业教育的比例不低于 30% 的政策。政府可提供政策性培训方面的资

---

① 国家统计局．中华人民共和国 2019 年国民经济和社会发展统计公报［EB/OL］．（2020-02-28）［2021-09-06］．www.stats.gov.cn/tjsj/zxfb/202002/t20200228_1728913.html.

② 中华人民共和国中央人民政府．国务院办公厅关于印发职业技能提升行动方案（2019—2021 年）的通知（国办发〔2019〕24 号）［EB/OL］．（2019-05-24）［2021-07-07］．www.gov.cn/zhengce/content/2019-05/24/con-tent_5394415.htm.

金保障，逐步提高职业培训资金在教育经费中的投入比例，特别是应加大对农村和贫困地区职业教育支持力度，从而全面推进产业化的进程和产业升级。为方便培训数据筛选和审核，应建立一个科学的培训补贴数据系统；在职业培训补贴标准上，需要结合多方面的因素，更加合理地确定补贴标准，通过培训激励政策来激发各类培训主体及劳动者参加职业培训的积极性。

彰显职业技能培训的终身性特性，完善终身职业技能培训体系，进一步提升职业技能基础培训能力。一方面，对于参与推进终身职业技能培训工作的主体，在参与职业技能培训基础能力建设过程中的合作与交流程度还需要进一步提升。另一方面，部分领域的职业技能培训基础能力还有待加强。特别是面向新技术、新业态、新兴产业领域技能人才以及面向知识型高技能人才的职业技能培训基础能力也有待强化。根据实际需求的变化实施多元化职业培训计划，及时调整资金投放方向，全面支持劳动者参与职业技能培训。特别是要针对农民工建立一套覆盖城乡、优惠利民的培训机制，保证社会各层次的劳动者都能依法享有接受知识教育和技能培训的权利，确保培训的长效性。

（二）职业技能培训创新方式方法

1. 培训方法多样化

职业技能培训要创新方式方法、提升管理服务水平。推动职业培训信息化，开展政府补贴培训实名制信息管理工作。不仅要将培训机构培训信息（涉及培训项目、培训课程、培训效果、培训价格、培训时间、培训师资、培训机构信誉等信息）及时汇总公布给培训需求者/企业，而且要掌握培训需求者，即劳动者和企业的培训需求，实现培训需求者与培训机构之间的有效对接，以便为劳动者、培训机构和用人单位各方提供必要的信息服务和指导。提升职业院校、高校、行业企业等参与培训的积极性，增强不同培训主体之间的交流学习，建立融合型的培训师资队伍，按照劳动者的培训需求，理论知识、实践能力和动手能力等分类培训，实现劳动者培训与企业用工之间的无缝对接。

探索数字化技能培训新模式。促进互联网技术与职业技能培训深度融合，大力推行线上线下相结合的培训方式，发挥龙头企业和培训机构作用，推动实施"互联网+企业+职业技能培训"模式。发挥线上职业技能培训平台优势，加大数字技能线上培训资源供给，开发线上线下相结合的数字技能培训资源，加大对就业重点群体的数字技能培训，帮助中小微企业开展职工数字技能培训。围绕数字技能相关职业编制国家基本职业培训课程包，发布培训标准和课程方案，加大数字技能相关职业培训教材开发力度，规范数字技能相关职业培训过程管理。规范线上职业技能培训，健全和完善"互联网+企业+职业技能培训"平台及资源运营服务规范管理，实现学习过程可查询、可追溯、可监管。组织开发面向全体劳动者的数字技能通用素质培训教材，作为职业技能培训通用性教材。

2. 推进"1+X"职业技能培训

完善职业培训学习成果在认定、积累和转换方面的制度建设，积极推进职业教育"学分银行"和"1+X证书制度"建设，逐步实现学历职业教育与职业培训的有机衔接。"1"和"X"的有机衔接是"1+X证书制度"成功推广实施的关键，通过"1"与"X"之间的衔接能有效打通产教、校企、工学、理实、双元等要素，实现培训目标，培养满足社会用人单位需求的高素质应用型、创新型、复合型技术技能人才。随着"1+X"证书种类和专业覆盖范围不断扩大，需要进行专门的职业培训来弥补专业课程教学的不足。依照经济社会需求开展职工技能培训工作，建立新型的系统化的培训制度，将行业和产业结构升级与技能培训相结合，定时定期地进行技能培训与考查，实现劳动者技能的不断更新与进步。

结合"1+X证书制度"相关政策解读，职业培训内涵可以概括为以下三个方面：第一，职业培训是职业院校的法定职责，是实现"完善现代职业教育和培训体系"目标任务的关键。"1+X证书制度"的实施实现了学历教育与职业培训之间的加速融合，不同类型的"X"证书要求开展专门的职业培训，有利于落实职业培训的法定职责。第二，职业培训是专业人才培养的有益补充。随着"1+X"证书的实施，考证需求逐渐增加。目前，"X"证书与专业人才培养的融入不深入，有些证书的职业技能等级标准未能及时与专业人才培养方案对接，专业课程和相关实训未能涵盖证书内容，需要通过专门的职业培训以弥补课程所学内容的不足，让职业培训成为专业人才培养的有益补充。第三，职业培训是实现校内外两种资源的有效途径。一方面，职业院校开展职业培训既可以面向本校学生，也可以为社会成员提供职业培训服务。另一方面，职业院校是"1+X证书制度"的实施主体，职业教育培训评价组织是其建设主体，针对"X"证书的相关职业培训既可由相关职业院校组织实施，也可由职业教育培训评价组织开展实施，形成校内和校外两种职业培训形式，实现职业教育与行业企业需求的有效对接，有效整合校内外培训资源，形成共同推进职业培训的工作合力。

3. 增强培训实效性

加强实训基础平台建设，推进以行业企业、职业院校、公共职业技能培训机构为主体的职业技能培训基地建设，通过企业自建、校企共建等多种方式建设实训基地，鼓励有条件的企业创办企业大学。紧跟国内外行业技术技能发展前沿，加强职业技能培训课程体系建设，完善相关行业职业技能培训课程标准，开发灵活多样的培训课程包，最大限度满足多层次、多类型的技能培训需求。强化培训师资队伍建设，特别是"双师型"教师队伍建设。积极鼓励高校教师、技能大师、企业优秀技术人才、优秀管理人才、优秀农业实用技术人才等骨干人才投身于职业技能培训，注重发挥开放大学等机构参与数字化培训资源建设的天然优势。

积极研发服务终身职业技能培训的教育技术，探索有效的职业技能网络培训模式、探索有效的校企合作实践教学模式、探索多种办学主体共同参与的职业教育集团培训模式，等等。加强终身职业技能培训质量评价管理，加强职业培训与就业服务之间的联系，将数字技能内容融入到职业技能标准和评价规范中。完善终身职业技能培训评价指标体系，积极推行第三方评价模式，以评促建，提升职业技能培训的质量和水平。

四、城市职业技能培训案例分析

（一）"新生代"农民工职业技能培训

"新生代"农民工，即 20 世纪 80 年代以后出生，户籍在农村，初次外出务工时间发生在 90 年代以后的在城市打工的新一代农民工。由于受教育程度、生活环境、文化等因素的影响，"新生代"农民工与老一代农民工在诸多方面都存在着明显的区别，"新生代"农民工大多受过初中以上的教育，思想观念开放，缺乏务农经历，职业期望值高，城市认同感强，普遍表现出追求较好的物质生活和娱乐享受、节俭意识淡薄的特征。

1. "新生代"农民工培训现状问题

（1）较少的职业技能培训机会。近年来，"新生代"农民工培训由多个部门共同组织和开展。这样的多部门的组织机制，易导致各部门之间协调出现问题，会出现不够优化的问题。这种缺乏协调机制和监督机制的管理模式导致农民工的培训机会较少，很难使其获得相应岗位需要的文化知识和专业技能。这不利于他们向技能型人才的转变。同时，在市场上，可以提供的非商业化的职业技能培训的教育机构不多，且他们的培训内容较为单一，多是一些适用于社区服务或自主创业的技能，而与现代化大工业相关的技能培训少之又少，这便很难使农民工的文化知识和专业技能得以提升。

（2）职业培训内容不能满足实际的需要。在制定相关培训工作时培训方案脱离了用人单位的实际需要，且与"新生代"农民工的特质不符。因此，缺乏实用性的职业培训课程并不能使他们将学到的知识、技能转化成实际生产力，这制约了他们的就业、择业的范围。

（3）职业培训方式较为单一。相关方面的职业培训方式多数是"填鸭式"的教学，实地培训较少，课堂讲授较多。而"新生代"农民工大部分对单纯的知识讲授不感兴趣，反而实践性、操作性较强的内容能吸引其注意力。并且，现在大多数的培训单位并不能充分发挥多媒体、网络教学的优势，再加上培训单位没有充分考虑到农民工的时间，导致大部分农民工无法按时参加职业培训。

2."新生代"农民工培训推进策略

（1）制定相应的培训制度。"新生代"农民工培训是在了解他们的气质特点、学习兴趣的前提下运用一定的培训方法，从而达到预期的效果。这是解决"新生代"农民工培训问题之一，也是构建有效的培训机制的前提。同时，要以将"新生代"农民工转化为实际生产力并促进经济的发展和转变，以解决"三农"问题并使其尽快融入城市生活等为战略基点，来建立新生代农民工培训制度。社会各界开始逐渐关注"新生代"农民工培训的问题，各界人士已经认识到城乡二元结构是阻碍其培训的关键因素之一。因此，要以"新生代"农民工城市化为目标，在明确培训目标、培训任务以及各种保障机制落实的前提下，将"新生代"农民工培训正式纳入发展规划中。另外，各地区职能部门应落实相应的培训政策，并尽可能地根据本区域的实际将其细化，从而建立起"新生代"农民工培训的长效机制和管理监督机制，在制度上保证其培训工作顺利且持续有效地进行。

（2）明确不同主体在培训中所承担的责任。由于在当下社会雇佣关系具有不稳定性，且由于社会的需要，越来越多的人既想获得职业技能的培训，又想要得到较高的学历。因此，国家在提倡终身教育的同时，应该制定相应的法律法规，从而确保终身教育，尤其是"新生代"农民工培训和教育的有序进行。同时，政府职能部门要通过法律法规助推相应的企业成为其培训的实施主体，但也要和企业明确分工。首先，各级政府职能部门要明确定位，扮演好"宏观调控者"的角色。一方面，政府要根据本地区的实际情况和农民工的特点、工作的性质等制定符合"新生代"农民工群体性质的，且能激发其学习积极性的具有长效性的培训规划和培训标准；

另一方面，充分利用资源，发挥市场在资源配置中的决定性作用，对其进行以市场为主导的公益性或半公益性培训。另外，各级政府部门在明确职责的同时，要配套出台相应的资金投入机制，并制定、落实"新生代"农民工培训的奖励和补贴政策，激发其参加职业技能培训的积极性。其次，用人单位要找准自己的位置，运用其有利的一面，保障培训长期有效地运行。一方面，农民工培训是以用人单位为主体的，因此，各企业应针对"新生代"农民工的实际需要，制定配合其发展特点和有利于其专业成长的培训方案，从而保证"新生代"农民工培训长期而有效地开展，并取得应有的效果；另一方面，"新生代"农民工在单位处于一线实操的岗位，他们所需要的技能实践性较强，可以采用学分制的方法，在做中学，使其边学习边工作。这样将理论与实践相结合的培训方式可以增加培训的实效性，并突破理论与实践相脱节的窘境。①

（3）构建有效的社会支持体系。"新生代"农民工培训需要社会各界的广泛关注和支持，因此政府、培训单位和企业应构建其长效的社会支持体系，并建立一个由多方共同组织、开展的"新生代"农民工培训的联动机制。其一，建立相应的公共服务体制，使他们实现自我、体验成功。农民工输入地不应根据户口对其区别对待，就业服务机构也应向他们开放，为其提供与城镇人口相同的待遇和服务，同时，也应该针对劳动力市场的需要，为其培训提供财政补贴，减少其参加培训的经济压力。其二，构建长期而有效的多部门共同管理的联动机制。应对城乡的职业院校、培训机构和校企联合体等机构进行统筹规划，使其形成有效的合力，并采用集团办学模式，实现各校的教育资源共享，从而形成一个覆盖面较广的农民工培训集团网络。②

（4）探索具有长效性的培训机制。探索具有长效性的培训机制是保证"新生代"农民工培训质量的关键。因此，培训单位应该根据他们的实际

① 王华轲. 政府与企业在新生代农民工培训中的角色定位研究［J］. 成人教育，2016（11）.
② 马欣悦，陈春霞，吕航. 新型城镇化视域下新生代农民工市民化的职业教育培训策略［J］. 中国职业技术教育，2015（24）.

情况及特点，以市场需求为导向设计有效的培训课程，同时，在实际过程中不断更改培训课程方案，并促使其培训的实效性持续提升。首先，应优化培训内容体系。职业技能培训包括就业技能、劳动预备、在岗技能提升及创业等培训内容，它是提升"新生代"农民工就业竞争力的重要途径之一，因此，培训单位应将实用性、技能性和实效性相结合，探索培训方案。其次，应突破传统的培训方式。培训单位应根据"新生代"农民工的性格差异和工作性质设计灵活多样的培训方式，如将高职教育和企业教育相结合的培训班、巩固技能的长期培训班、技能速成班、远程自学班等。同时，培训单位应对"新生代"农民工的职业特点，设计一些针对其实操能力提升的培训。①

（二）退役军人职业技能培训

党的十九大报告提出，让军人成为全社会尊崇的职业。退役军人事务部自成立以来，坚决贯彻落实习近平总书记关于退役军人工作重要论述，统筹推进组织管理体系、工作运行体系、政策保障体系建设。两年来，共组建3200多个县级以上退役军人事务行政机构，建成国家到村（社区）六级服务中心（站）63万多个，4000多家事业单位转隶为退役军人培训中心、退役军人信息中心和烈士纪念设施保护中心，为退役军人提供优先就业岗位约20.5万个。据统计，新中国成立以来，我国退役军人达到5700万。始于2016年的军改裁减军队现役员额30万。② 如何用好、安置好这些退役军人，让他们回归社会之后，顺利实现职业转换？如何创新职业教育和技能培训模式，完善教育培训体系实现更高质量更充分就业？

1. 退役军人培训现状问题

（1）退役军人退役前后的教育培训课程衔接不畅。现役军人的教育培训内容主要集中于政治学习，继续教育数量与质量不足。退役后，面对就

---

① 董贺．"新生代"农民工培训的现状、原因及改进建议［J］．中国成人教育，2021（16）．
② 王士恒．新时代退役军人教育培训的模式创新与体系构建［J］．中国培训，2021（4）．

业安置部门提供的教育培训时，缺乏对形势的客观分析，也没有对自身条件的充分了解，使得培训目标不清晰。这主要是退役前后的教育培训课程衔接不畅所致。对于一些军民通用专业，军人在服役期接受的教育培训及资历认证，也存在再次考核认定的问题。

（2）退役军人职业规划与就业指导课程开设不足。由于采用统一采购、教育资源配置渠道单一，导致对退役军人群体的关注、研究不够。对经济社会发展趋势，产业政策的研判与解读，就业创业形势的分析更显不足。职业规划、就业指导、创业培训、通用职业素养的关注不高。

（3）退役军人学历提升与技能培训课程融合不紧。选择自主就业的退役军人，大多数既没有较高的学历也没有专业技能，他们渴望学历提升与技能培训能够同步进行，但现役军人的继续教育存在重学历轻技能，退役军人的教育培训又存在重技能轻教育的现象。职业院校相对成熟的"学历证书+资质证书"的双证融通教育培训制度，学历教育与技能培训并重的课程体系还没有充分整合、融入对退役军人的教育培训体系中来。

（4）退役军人教育培训服务供给与个性需求匹配不够。需求分析是教育培训工作的首要环节，目前的退役军人教育培训多是通过政府采购服务，相关教育机构承担委托培养的方式进行的。培训学校受教育资源配置的局限，很难进行较为全面、系统的前期调研，提供的课程理论性偏强、实用性不足，通识性较多，个性化不足，导致培训质量参差不齐，学员满意度有待提高。

2. 退役军人培训推进策略

自主就业退役军人回到地方实现稳定就业，是他们服务贡献社会、实现个人价值、分享改革发展成果的主要方式。新时代退役军人教育培训要坚持以习近平新时代中国特色社会主义思想为指导，坚持政府推动、政策优先，市场导向、需求牵引，自愿选择、自主作为，社会支持、多方参与。将退役军人教育培训纳入国家学历教育体系、职业教育体系。退役军人的教育培训应当以提高就业质量为导向，紧密围绕社会需求，为退役军人提供有特色、精细化、针对性强的培训服务应该依托高校、职业院校等建立跨平台的"学分银行"，促进现役军人与退役军人教育相互衔接、学历教育与技能培训相互补充、线上学习与线下培训相互结合、职业规划与就业创业相互贯通的育人体系。

（1）建立现役军人与退役军人衔接性课程。了解退役军人就业创业需求是提供精准教育培训服务的前提，建立政府主导、多元参与的资源协调、就业创业培训安排、就业单位对接的服务机构是终身职业教育培训得以实施的关键。把现役军人与退役军人的教育培训整体规划，在大数据需求分析基础上进行系统化课程设计，整合并开发培训教育资源，进行适应性心理辅导、职业规划辅导、就业形势与政策辅导，实现退役前后的角色转换、课程衔接。

（2）建立退役军人职业规划与核心素养通用性课程。对现役军人开展职业规划辅导及相关技能储备培训，对退役军人开展心理适应及就业创业技能培训。融合人工智能对新时代教育培训的支持作用，多方联动，实现现役与退役培训不断线、线上与线下培训相交互的良性发展态势。适应从"战场"到"市场"的积极转变，促进退役军人转战地方发展一线的需要，开发以职业规划为导向的通用职业素质课程，提升核心竞争力。这方面的工作已经由现代职业教育研究院组织专家团队完成了《通用职业素质纲要》，可以作为退役军人课程开发的重要依据。

（3）建立退役军人学历教育与技能培训融通性课程。在适应性衔接课程、素质性通用课程的基础上，根据退役军人的职业选择，采用职业院校"1+X证书制度"模式，进行精准化的学历教育与技能培训融通性课程安排，为高质量就业提供可持续支持。建立退役军人线上学习与线下实训相结合的混合学习模式。借鉴学校教育及企业培训中采用的现代教育培训模式，结合成人学习原理，吸收混合学习、移动学习方式的优势，提升培训的实效性。

（4）新时代退役军人教育培训的模式创新。建立退役军人教育培训常态化供给与个性化选择的学习制度。充分考虑到现役军人与退役军人的现实需要，搭建在线教育资源平台，军地院校联合教育机构开发通识性课程、适应性课程、指导性课程、技能性课程，让退役前后军人教育不断线，课程相衔接，认证能对接。系统而有序地开发培训及职业认证的标准、教材，精准对接退役军人、用工单位需求。建立退役军人教育培训模块化课程与弹性学习的学分银行。在整体化设计教育培训资源基础上，对接学历教育与技能培训，建立军地互认、校企通用的"学分银行"系统。新时代退役军人教育培训要面向现役、预备役及退役军人，通过建立现役军人与退役军人衔接性课程，退役军人职业规划与核心素养通用性课程，学历教育与技能培训融通性课程，实现从"心理适应到职业规划"、"教育培训到就业创业"无缝对接的新时代退役军人教育培训体系，助力退役军人顺利完成职业转换，实现更高质量更为充分的就业。

第七章

老年教育

一、发展老年教育的重要性

（一）发展老年教育的理论意义

终身学习的理念昭示老年教育具有非常深远的理论意义。终身学习的意涵丰富，涵盖全部形式的学校和非学校的教育。老年教育构成终身学习的重要组成部分。终身学习倡导学习应贯穿始于摇篮、终于坟墓的一生全部过程，包括作为开端的学前教育、作为中端的学校教育（初等、中等和高等教育）、职业教育、成人教育和作为终端、最后环节的老年教育等。倘若缺乏老年教育这一重要环节，终身学习的实现就无从谈起。老年教育是终身学习的题中应有之义。《大辞海》将老年教育（Aging Education）定义为：为使离退休人员老有所学，老有所为，老有所乐，而针对老年人生理、心理特点开展的教育活动。教育内容有文化科学技术和生活保健知识等。实施教育形式有读书会、讲座、老干部活动站、老年之家、老年学校、老年大学等。①

    著名教育家保罗·朗格朗（Paul Lengrand）是终身学习的首倡者。1965 年，担任联合国教科文组织（UNESCO）成人教育局局长的朗格朗提出终身教育（l'education Permanente）的概念。1972 年，埃德加·富尔（Edgar Faure）推出报告《学会生存：教育世界的今天和明天》。在 20 世纪 70 年代，终身教育成为世界教育改革的核心概念。90 年代，终身学习理念受到认可，成为比终身教育更受欢迎的概念。1990 年，彼得·圣吉（Peter Senge）出版《第五项修炼：学习型组织的艺术与实务》一书，引发建设学习型组织的全球热潮。1994 年，联合国教科文组织将"全民终身学习"作为指导纲领。1996 年，经济合作组织促请成员国实现全民终身学习。1996 年成为欧洲的终身学习年。② 1996 年，雅克·德洛尔（Jacques Delors）推出报告《学习：财富蕴藏其中》（Learning：the Treasure within）重申终身学习的理念，提出著名的四个支柱：学会存在、学会做事、学会共处和学会认知。上述两份报告均是在联合国教科文组织的推动下产生，主持者均为法国人。在联合国的倡导下，终身学习由此成为全球性的学习理念。2003 年，联合国教科文组织在终身学习四大支柱的基础上，再加上学会改变作为第五大支柱。2004 年，欧盟出台《终身学习核心素养——欧洲参考框架》。该框架，提出了终身学习的八种核心素养。

    要实现老年教育，既需要政府由上而下的推动，也需要扎根于基层社区。社区教育是老年教育的重要实现形式。社区教育（Community Education）的理念与实践均起源于西方，最早可追溯至 1844 年创办于丹麦的民众业余学校。20 世纪以后，在欧美国家渐次推广，取得较好的成效。80 年代中后期，社区教育在我国开始出现；随后的 90 年代，社区教育在我国开始稳步发展。全国的省、地级市、部分县至今已基本建立了不同级别

---

① 夏征农. 大辞海·教育卷 ［M］. 上海：上海辞书出版社，2015.
② 郝克明. 让学习伴随终身：上海国际终身学习论坛文集 ［M］. 北京：高等教育出版社，2017：119.

和规模的社区教育机构，如各类社区大学和社区学院。

　　社区老年教育是社区教育与老年教育相互融合的产物。社区老年教育的定位是扎根于社区、服务于社区，密切围绕社区老年人的实际需求，通过各种培训和教育方式，提高老年人的综合素质，并增进社区的总体发展。

　　从理念角度，社区教育的目标是通过教育，建设形成学习型的社会，其终极目的是提高社会成员的综合素质，实现人生的价值。从实践和操作的角度，社区教育可定义为：各种主体在一定区域范围内，有组织地开展的非学历、非认证（职业资格认证等）、非营利的教育活动和过程。①

　　从终身学习的视角，有学者说明终身学习理念的推广对社区教育的推动作用，在此基础上，提出了我国社区学院的定位②。有学者从我国社区教育国家层面的立法空缺的现状，提出应从国家层面制定社区教育促进法。③ 从社会治理的视角，有学者认为应将社区教育整合于基层的社会治理中，社区教育是社区文化治理的重要组成部分，社区教育是满足居民精神和文化需求的重要方式④。有学者探讨了社区教育和社区治理之间的关系，认为社区教育是社区治理的手段与途径，社区治理为社会教育的发展提供了平台，社区教育给社会治理提出了新要求，社区教育能够有效地促进社区治理整体水平的提升与社区整体的发展和进步⑤。有学者提出，应将社区教育融入基层社会治理，通过不同形式打造有归属感的社区，使居

　　① 官华. 社区教育定义新探 ［J］. 成人教育，2018（3）：34-37.
　　② 刘春朝，李建春. 终身学习视角下我国社区学院定位研究 ［J］. 职业技术教育，2014，35（7）：74-78.
　　③ 焦后海，韩露. 我国社区教育立法初探 ［J］. 成人教育，2018（6）：41-44.
　　④ 黄健. 社区教育：在基层社区治理中拓展新功能 ［J］. 高等教育学报，2015（5）：1-4；庞庆举. 社会治理视野中的社区教育力及其提升研究 ［J］. 成人教育学刊，2016（11）：23-30；杨淑珺. 路径如何选择：社区教育融入社区治理的发展分析 ［J］. 职教论坛，2017（1）：53-59.
　　⑤ 邹益，李纲耀. 现代社会管理视野下的社区教育与社会治理关系分析 ［J］. 澳门理工学报，2017（1）.

民积极主动地参与进来，进而促进社区治理和发展①。有学者认为，社区老年教育为老年群体提供了便利的交流展示平台、社区治理参与平台，促进社区老年人自我管理自我服务的社区治理体系、治理能力的优化②。有学者从多中心治理（Polycentric Governance）③的视角，认为发展社区教育应构建政府、市场和社会的三维框架④。

综上，老年教育的主要研究视角可总结为终身学习视角、社区治理视角和多中心治理视角。这些研究视角均有优缺点。终身学习视角将研究重点放在学习者个体的学习方式上，较少关注社区资源的投入，忽略了社区的维度；社区治理视角重视社区的推动作用，但对发展社区教育的具体机制缺乏总结和提炼；多中心治理视角意识到发展老年教育需要引入社会力量，但忽略了中国国情，忽视政府在教育体制中的主导作用，也较少关注社区治理中的群众参与和群众路线。本章希望能对老年教育的社区治理视角进行发展。

（二）发展老年教育的现实意义

我国政府已经日益重视老年教育的问题。我国在1996制定了《老年人权益保障法》，第一次以"法"的形式提出了要保障老年人的合法权益，随后在2012年、2015年、2018年三次修订逐步扩大了老年教育的内涵。⑤在老年教育发展规划纲要中更将老年教育上升到了国家层面、政府议事日程和终身教育理念教育系统中，强调办好现有老年教育，要以基层

---

① 杨淑珺. 路径如何选择：社区教育融入社区治理的发展分析——基于杭州多案例研究 ［J］. 职教论坛，2017（33）：53-59.

② 宋志浩，吕萌雅，宋原. 炳烛新光：社区治理视角下的老年教育研究——基于山东省的调研［J］. 中国集体经济，2020（3）：163-164.

③ Ostrom, E. Beyond Markets and States: Polycentric Governance of Complex Economic Systems ［J］. American Economic Review，2010（100）：641-672.

④ 陈龙根，胡央波. 多中心治理：我国社区教育发展的路径选择［J］. 中国成人教育，2012（13）：15-17.

⑤ 第七章"参与社会发展"第七十一条规定：老年人有继续受教育的权利。国家发展老年教育，把老年教育纳入终身教育体系，鼓励社会办好各类老年学校。各级人民政府对老年教育应当加强领导，统一规划，加大投入。

需求为导向，合理布局城市老年教育，将重点放在基层，实现老年教育的均衡发展，消除老年教育矛盾。

2005年，福建省出台了《福建省终身教育促进条例》，这是我国第一部关于终身教育的地方性法规，标志着福建省终身教育的制度建设走在了全国前列。2016年10月，国务院办公厅发布《老年教育发展规划（2016—2020年）》，专门针对老年教育的发展进行了详细部署，提出从五大方面推进老年教育发展，到2020年要基本形成老年教育新格局。规划中提到，要正确使用互联网等信息技术对老年教育进行创新，使互联网科技与老年教育相融合。2016年，教育部等九部门印发了《关于进一步推进社区教育发展的意见》。2019年，国务院办公厅印发了《关于推进养老服务发展的意见》，提出要大力发展老年教育。意见中提到，要优先发展社区老年教育，建立全国老年教育公共服务平台，鼓励各类教育机构通过多种形式举办或参与老年教育。这代表着国家越发重视社区教育的老年教育板块、教育信息化和技术利用，其学术价值和现实意义也相应提高。

自从1996年我国第一次以"法"的形式明确规定老年人有继续受教育的权利后，老年教育概念在我国逐渐明确，国家同样颁布了多条政策用来保障老年人继续接受教育的权利，但老年教育的发展相对于基础性教育来说仍然处于劣势地位。以往的老年研究大多是对养老问题和老年社会保障的研究，对养老的关注也主要集中在养老服务、健康、医疗和养生保健等方面，对社区老年教育问题关注相对不多。2021年，我国65岁及以上人口在全国人口占比超过14%，表明我国已进入深度老龄化社会。除基本的物质需求和情感需求外，对老年教育的需求与日俱增，社会亟须满足老年人的精神需求。老年社区教育是满足这一社会需求的重要途径。本章关注的是如何更好地发展老年教育，不局限于现有的老年大学体系，也希望挖掘和总结出推进社区老年教育发展的社会机制，因此具有较强的实际意义。

二、我国老年教育的发展现状与存在的问题

（一）我国老年教育的发展现状

老年教育脱胎于社区成人教育。早在 20 世纪 50 年代，美国佛罗里达州就开设了首个针对老年人的课程。中国的起步并未迟于美国，在 20 世纪 50 年代，中国的企业工会成立退休职工管理服务组织。起步虽不晚，但后来并未有长足推进。我国老年教育的推进源于改革开放以及 1983 年干部终身制度的废除。1983 年，山东省成立了中国的第一所老年大学①，即山东省红十字会老年人大学，后来改名为山东老年大学。1988 年 9 月，在中央领导和多所地方性老年大学的倡导和组织，成立中国老年大学协会。此后，老年大学在全国各省份得以稳步推进，并快速发展。老年大学成为适合中国的最主要的老年教育模式，主要是在社区教育的总体框架下发展的。但老年大学的服务范围更广，先是扎根于社区，而后超越了社区范围。尽管我国老年教育发展较为迅速，全国老年大学已超过 7 万所，但在教育质量和认可程度上仍落后于发达国家。

我国台湾地区通过《成人教育发展五年计划》（1992）、《迈向学习社会白皮书》（1998）、《迈向高龄社会老人教育白皮书》（2006）、《终身学习行动计划》、《高龄教育中程发展计划》（2017）等政策，积极推进了台湾地区的终身学习。在具体举措上，迄今已开设公办民营的 100 余所社区大学，主要招收 40~60 岁的学员。在各个乡镇区设立一所不收学费的乐龄学习中

---

① 张永总. 社区教育内涵发展论［M］. 上海：上海教育出版社，2018.

心，已建有 360 余所。100 余所台湾大学已在大学内开办乐龄大学①。

除传统的公立老年大学、社区老年学校、远程教育平台外，老年教育出现了两种新的发展业态：一是行业平台型的老年教育，将线上教学和线下体验结合；二是依托养老地产的社区老年教育，通过老年教育和老年大学的引入，实现房地产项目的增值。第一种业态的代表为 2016 年成立的美好盛年和 2018 年成立的樊登年轮学堂。第二种业态的代表为 2011 年成立的绿城颐乐学院和银城东方学院、乌镇雅园、北京太阳城等。《中国老年文娱产业发展报告（2020）》将我国的老年教育发展形态进行了如下概括：①老年大学：仍是政府主导的老年教育的主要形式和重要场地。新的发展形势是"老年大学+社会教育机构"，组建老年教育联盟（集团）。②街道/社区：这是未来老年教育的重要抓手和重点内容，构建县（市、区）—乡镇（街道）—村（居委会）三级社区老年教育网络，方便老年人就近学习。③养老服务机构：老年养护院、社会福利院、敬老院等养老服务机构作为固定场所，仍是老年教育的学习场所。④社会教育机构：其他机构兴办的老年教育机构正在发展壮大，市场主体具有敏锐的嗅觉和潜力挖掘优势，利于培育老年教育市场。⑤高校：结合学校特色开发老年教育课程，为社区、老年教育机构及养老服务机构等积极提供支持服务，共享课程与教学资源。⑥社区居家养老场所：社区老年人日间照料中心、托老所、社区养老服务驿站等各类社区居家养老场所将是未来老年教育的活动场所②。老年教育形态日益多样化，形成"高端有市场、中端有支持、低端有保障"的发展局面。

（二）当前老年教育存在的问题

1. 老年教育发展定位不清晰

社区老年教育管理机制的权利和责任难以划分清楚。中国当前不存在

---

①　黄富顺．台湾终身教育的政策与实务运作［M］//北京教育科学研究院组编．学习方式的变革．北京：北京师范大学出版社，2018．

②　中国建银投资有限责任公司投资研究院等．中国老年文娱产业发展报告（2020）［M］．北京：社会科学文献出版社，2020．

专门的老年教育的管理机构，大多是多个相关责任部门联合管理，这种混乱的管理模式无法整合教育资源，因而问题随之而来。一些地方政府尝试健全管理模式。福州市统筹开展全市老年教育工作，单个教育部门负责主要管理，多部门协调配合，实现"一方主动、多方协作、分工负责"的管理机制。例如，福州市老年大学便是依照党委领导、政府主导，搭建福州市老年教育工作领导小组共同管理。从整体发展趋势来看，社区老年教育依旧缺少相应的法律法规来维护保障老年群体的合法权利，社区老年教育仍旧以公益性、福利性发展为方向。

在老年教育管理权责的划分上，目前有三种情况：一是把老年教育归口于老龄工作，由老龄委、民政部门管理；二是把老年教育归口于老干部工作，由党委老干部部门管理；三是把老年教育归口于教育部门，由地方教育部门管理[①]。由于教育发展不均衡，各地因地制宜探索形成自身的管理模式，但在将来老年教育到底该由哪个部门主导，仍缺乏顶层设计。管理权责不一致，严重制约着老年教育的发展。

2. 老年教育资源供给不匹配

（1）老年群体的发展需要不能被满足。老年群体日趋多元的发展需要不能被满足，优质学校的入学名额供不应求。一方面，随着经济收入增加和生活质量的提高，入学老年人口的文化素质等得到相对提高，对教学内容的多元化、时代化要求随之提高，老年人愈加重视终身学习的理念，入学意愿大大增加。通过整理资料研究发现，福州市部分社区老年教育活动以宣扬社区为主，形式主要为讲座、开会，内容主要是养生健康、企业宣传等，以小奖品吸引，形式僵硬刻板，无法激发他们的主动性。另一方面是对社区老年教育的存在错误认知。现今很多老年人已经不满足于单纯的休闲娱乐，而是希望进入老年大学进一步拓展自己的知识面，开发自己的兴趣技能。

受我国传统体制机制及人们观念的影响，社区老年教育在发展的过程

---

① 陈丽等. 中国教育改革开放 40 年：终身教育卷［M］. 北京：北京师范大学出版社，2019：143.

中，无论是政策支持，还是资金投入；无论是供给者的认知，还是教育受众——老年人的认知，都没有对社区老年教育给予足够的重视，这直接造成了社区老年教育基础薄弱的现状：无论是硬件投入，如空间场地的提供、信息化体系建设，还是软件投入，如专业师资培养及职业晋升体系的构建，都呈现严重不足的状况。而这形成了我国社区老年教育发展动力不足、资源供给有限等问题，无力满足老年群体回归社区之后对晚年生活的多层次追求，造成了需求与供给之间的结构性失衡①。这也使得教育资源丰富的一些老年大学成为老年群体首要选择和追捧的对象，因此入学名额供不应求。

（2）社区老年教育资源缺乏整合。社区老年教育缺少资金来源，教学资源稀缺。相对职业教育等其他教育，社区老年教育偏向公益属性，政府在这方面关注不多。老年大学不具有营利性，社会的资金投入自然也不多，因此不能完全根据老年群体的兴趣爱好增设对资金需求较高的一些课程。福州市老年大学的经费主要是福州市财政的全额拨款，政府部门没有制定相关政策鼓励其他社会、民间的资本投入，也就造成教育经费只有单一来源。因为资金问题，社区老年教育供需失衡，没有固定的师资队伍，教学资源也无法得到相应保证。

社区老年大学的硬件设施较落后。在我国，国家、社会乃至个人对老年大学了解相对较少，在认知上，老年大学还属于新兴事物，这也就导致社区老年教育的基础设施有所欠缺。福州市老年大学创办于1986年春，直至2008年才建设独立校舍，2014年福州市委通过增加新校区决定，2019年新校区仍在实施建设并未投入使用。通过资料可知，老年大学的教学区大多为闲置的其他功能区，硬件设施较少为教学用途，加之近些年网络信息技术日新月异，即使是专门的教学楼区，部分硬件设施也还停留在前一发展阶段的使用水平，也就不能提供老年人对精神生活进一步要求的相应物资。

---

① 李红武. 社区老年教育发展的困境分析及策略应对［M］//谭日辉. 中国社区发展报告（2019-2020）（北京蓝皮书）. 北京：社会科学文献出版社，2020.

2018 年,《关于福州市加快老年教育发展的实施意见》中提到,福州市各级政府的财政预算中必须要加上老年教育经费。提倡各行各业的各类公司、社会组织、公民踊跃投身老年教育;增设老年教育机构办学条件提高等项目。但上类条款才刚开始实施,还未见明显成效,福州市老年大学经费目前仍旧只来源于市财政的全额拨款。

三、发展城市老年教育的对策建议

(一) 优化资金配置

政府作为老年教育扶持和指导中心,在老年教育中起主导作用。农村地区要办好老年教育,就要拥有充足的办学经费。除政府基层党组织、基层自治组织乡镇、村根据当地老龄人口数量和需求,划拨一定的经费外,要重视鼓励各企业、事业团体等组织对老年教育服务出钱出力,另外可以在城市地区募集资金向社会各界寻求帮助,确保基层老年教育办学有稳定的经费来源。

老年教育的资金投入和配置需要优化。发达城市中的市、区两级老年大学起步较早,发展较为规范,作为事业单位,在资金及师资等方面较有保障。市、区两级老年大学长期运作,大多由党委老干部局主管,政治资源较为丰富,有一定自主运作的基础。但是,承担社区老年教育主要任务的老年大学大多依托社区场所、设备和资源。基层老年教育投入并未列入各级政府预算。社区老年教育的经费来自街道或社区拨款,少部分通过收取学费的方式来弥补。基层老年教育的资金保障程度不如市、区级老年大学。由于基层老年教育的服务对象更为广泛,政府财政投入应该向街道和社区老年教育倾斜,在编定政府预算时,应明确基层老年教育财政投入的占比，并适当提高①。

（二）利用网络资源服务老年教育

1. 变革教学方式，发展网络教育

在互联网时代，变革教学方式，发展网络教育是大势所趋，老年教育无法与网络信息技术分离。借助现代远程教育技术，通过不同的远程技术设备以及微博、微信、MOOC 等多个平台开展不同形式的社区教育，这不仅拓宽了老年学员的学习时间和空间，让海量的学习资源被高效使用，更是以互联网为媒介，利用信息化教学资源，实现自由的碎片化、个性化、多元方式学习。网络教育既能使社区教育的优势得到进一步施展，也能推动社区教育产生改变。

整合课程资源。在原有课程资源的基础上，探索通过 MOOCs、"互联网+"等方式整合社区教育资源的具体机制。社区教育在推动老年大学发展时应积极发挥互联网的优势，使用互联网技术进行远程教育。在课程资源上，可以充分利用网络课程教学，课件、教学示范视频等教学资源均可公开。此外，给老年学员提供微信群等线上社交的方式，使老年人在学习时有讨论的平台。互联网的发展为解决社区老年教育问题发现了新思路，如何合理使用新技术，是我们下一阶段可以深入研究的问题。

2. 信息平台建设，政府治理保障

自"互联网+"行动战略提出后，政府就致力于研究与信息网络平台相结合的老年教育新模式。线上平台建设以及信息资源共享，能使教育资源供需矛盾得到有效缓解，同时减少老年群体与社会脱轨的可能，体现了老年终身学习的理念。由于单中心治理无法实现社区教育的长远发展，奥斯特罗姆提出管理主体的多中心，即社区教育的主体可以多元化，开始随着社会发展逐渐应用于实践。政府部门在多中心治理的政府、市场、社会三个治理主体中应承担"掌舵者"的角色，保证发展方向没有偏差，提供

---

① 陈振明. 公共生活的世界：哲学与公共事务研究（上册）[M]. 北京：中国社会科学出版社，2020.

政策、财力支持，为社区教育提供友好的发展环境。政府力量的支持，有利于让老年群体更加积极主动地参与社区教育，政府的权威也有助于社区老年教育所产生的各种问题的解决，同时政府可以统筹管理、综合利用社区老年教育所需要的人、财、物等各项资源，使"互联网+社区教育"落实到实际行动中。

"互联网+"时代多媒体网络发挥着越来越重要的作用，它让终身学习、全民学习成为触手可及的现实。"互联网+社区教育"也为政府、市场与社会更好地融入社区教育提供新的途径，社区治理可以与社区教育进一步结合，让二者互惠互利、共同发展。如何合理创新信息技术，使用好网络学习平台，提高老年人信息知识水平，让他们的学习需求被满足，寻找到更多适合老年群体学习的信息化资源，让远程老年教育得以规范、持续发展，这是今后社区老年教育发展可以进一步研究的重要方向。

3. 利用社区优势，整合多样资源

发展社区老年教育需要整合社区资源。社区教育辐射的范围广、涵盖不同阶段的居民，社区是各种资源的聚集地，发展老年教育不能轻易忽视社区的种种资源优势。探索社区教育机构、社区综合服务中心和社区文化中心等机构的统筹安排和资源共享的机制。在"互联网+"时代，可用多媒体网络为媒介，利用老年群体都易操作的新媒体技术，整顿社区环境，充分开发与使用社区的物料资源、人文资源、人力资源等，使用社区多种资源发展老年教育。

社区老年教育要想更好的发展，就不能忽视社区资源的各种优势，要合理使用社区所有资源。社区内的物质资源可以用来升级社区老年教育的硬件设施，紧跟时代脚步，淘汰不符时代的教学设备；社区内的人文、人力资源能够缓解社区老年教育师资不足、教学队伍不稳定、教学质量无法得到保证的情况，开发新的教学资源，开拓新的教学内容。另外，社区教育一定不能轻视媒体信息资源的使用。社区教育的宣传力度不足是民众参与度低的重要原因，互联网时代的到来，各种类型的媒体层出不穷。因此，可以借助微博、微信等不同媒体形态，用通俗易懂又简单直观的形式普及社区教育，提高老年人投身社区教育的积极性，形成老年群体踊跃学习的气氛。

4. "互联网+"与老年教育融合的启示

"互联网+"与老年教育的融合给我们提供了大量启示。首先，在学习形式上，要创新"线上学习研究、线下实践交流"的教学形式，充分利用互联网资源，实现脱离时空限制的"碎片化"学习，丰富老年群体的学习生活，激发老年群体的学习热情。其次，在选择教学内容上，应该从老年群体的实际需求出发，开设实用新颖的课程，如手机应用、互联网网站的登录使用、智能移动设备的讲解运用等，让老年人主动参与学习。最后，要增加教学内容使老年人可以通过现代知识课程，了解互联网及其带来的生活变化，享受网络带给他们的便利。

在具体举措上，可以采取如下方式：

（1）扩大教育覆盖面，缓解师资力量不足。相对于面对面线下授课的时空限制来说，"互联网+"时代的社区老年教育实现从被动接受安排好的课程到主动选择自己感兴趣的课程，"碎片化时间"的高效率学习更能被老年群体接受。教师不仅可以通过网络直播现场教学来展示绘画、书法、摄影等技能，而且可以辅之 MOOC、网络视频等方式，进一步延伸学习的知识面。远程教育如微信推送、空中课堂等灵活多样的形式，不仅节省人力、财力，而且方便教师与社区志愿者的参与、准备。

（2）补充教学内容，创新教学形式。互联网的普遍使用让教学方式创新不再困难，充分利用更能事半功倍。教师授课可以创新形式，根据学员的有区别的教学进度，采取差异化的教学方式进行教学，让每个学员都得到符合自己学习进度的指导。此前，传统老年教育受教学地点和设备限制，但互联网的出现让"因需施教"成为可能。老年教育的教学内容日趋新颖，适当增添一些实用有趣的新内容，如使用手机拍摄剪辑小视频、利用美图秀秀简易编辑图片、用全民 K 歌进行演唱分享、制作带有音乐并且图文并茂的微信 HTML5 页面等。这些既适应时代的实用技能，又能够引起老年群体的学习兴趣，增加学习的主动性。

183

四、城市老年教育的案例研究

（一）福州市老年大学的案例

截至 2020 年 5 月，福州市建成各级各类老年大学（学校）2351 所，学员数 31.5 万人次，老年人老年教育参与率 27.3%。老年学校建校数量、建校率（见图 7-1 和图 7-2）。其中，以行政单位为级别划分，各老年大学办学效果不尽相同，街道、乡镇与县级以上老年大学办学较为规范，制度体系相对完善；村居、社区老年大学与二者相比办学效果较差。总体来说，福州市"市—县（市）区—乡镇（街道）—村居（社区）"教学网络已具雏形，老年群体社区学习已经不再困难。

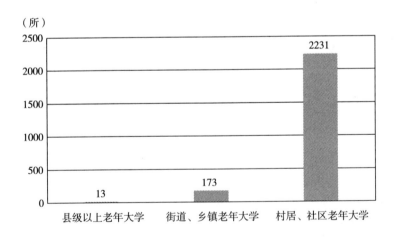

图 7-1　福州市不同行政级别老年大学建校情况

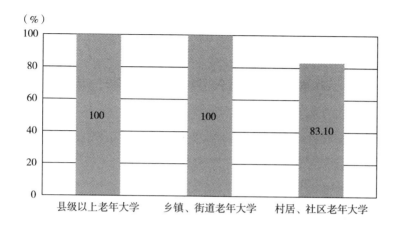

（%）

图 7-2 福州市不同行政级别老年大学建校率

　　福州市老年大学于 1986 年成立，2014 年 7 月建独立校区，现有校园占地约 16.5 亩。学校办学经费由市财政全额拨款。至 2019 年 3 月，福州市老年大学共有 11 个系，开设超过 90 门课程，315 个班级，3 所分校，老年学员总数近 2 万人次。学校还有艺术团等 12 个，超过 2000 人参与。

　　2014 年秋季，福州市老年大学金山分校开办，具有便捷的交通和配套先进设施，至今有 2 个教学点，22 个专业，56 个班。2017 年春季，福州市老年大学五一中路分校正式开班。学校设有 45 个教学班，13 个标准教室、多功能室、远程教育室等，专业教师 20 余人。其主要依靠福州市退休干部管理服务中心设立。福州市老年大学新店分校于 2017 年 9 月开学，福州市妇女联合会为其主要依托。新店分校位于海峡妇女儿童活动中心大楼，主管教学活动的单位是福州市妇女儿童活动中心，分校设立 4 个系 11 个专业。所有教学设施都较为完善，能满足学校教学的专业化、时代化要求。

　　在建设方面，福州市老年大学坚持完善基本办学条件，为网络互动教学提供硬件设施支持。为满足不断扩大的招生需求，福州市老年大学接连增办三所分校；在招生办法上，除传统的线下取号报名，也于 2017 年开通微信公众号线上报名，利用信息技术提供更便捷的入学方式，仅 2017 年就有 83% 的学院以微信报名方式报名成功。

在基础设施建设方面，投入大量资金，加快新教学楼筹建工作，维修旧教学楼，装修多媒体教室、线上教学教室以及其他功能化教室，如书画室等；更新电脑、投影仪等现代教学设备；新增教学设施，如大型高清 LED 屏，利用寒暑假升级数字化校园系统，积极创造条件推进社区"互联网+"老年学校的基本建设，为教师学员提供符合时代的、有技术含量的教学硬件支持。

在教学内容上，纯娱乐的轻松课程已被淘汰，福州市老年大学不落后时代，在课程安排上推陈出新。福州市老年大学新增拼音输入法速成、摄影后期处理等课程，广受学员喜爱。福州市老年大学新店分校结合妇联工作，增加绿色家庭 DIY 等课程。

（二）"互联网+" 与社区教育融合的案例

2020 年 3 月，中国老年大学协会发布《关于免费向全国老年大学开放空中课堂的通知》，指出由中国老年大学协会官网（金龄科技）提供技术支持和运营服务，为全国各老年大学免费开放在线学习平台，为全国中老年朋友免费提供在线直播课堂服务——《网上老年大学》。

《网上老年大学》定位于老年大学的移动知识学习平台、老年大学的专属社交平台。《网上老年大学》是一个集合了 MOOC（慕课）、短视频、游戏、兴趣圈等多功能的老年人学习、娱乐平台。《网上老年大学》在部分课程中推出了直播的课程形式。《网上老年大学》的课程覆盖了舞蹈、书画、音乐、摄影、美食、手机、养生、运动、历史、旅游、教育等内容。目前已有 10 万集（节）免费课程。课程来源有公立老年大学、金龄科技和中国老年大学协会主办的重阳乐学平台三方面。

同样，福州市老年大学近年来主动进行了多项尝试，让社区老年教育活动的"线上线下结合"，凸显社区教育"面授课堂"和"网络学堂"相结合的教学作用，推动全市社区教育机构发展，让老年教育与社区教育在实践中有机融合，获得成效。

福州市老年大学在开展社区教育活动时，充分发挥示范引领作用，注重基层老年教育工作的改善。在"互联网+"时代的社区教育基层办学工作中，福州市老年大学使用以下几种方式来创新带动老年大学的发展：

其一，使用新媒体，举办老年大学示范课活动，以互联网为媒介，讲解网络新时代新媒体知识应用，鼓励师生使用多种媒体形式创建多种类型的示范课程。组织进行"送教下基层"活动，推动基层学校提质增效，仅2018年便开展14场，其他社区如长乐区组织讲师团到基层送教36场，受益老年人达3000余人。

其二，组织教学观摩活动，结合自身教学优势，发挥示范带动作用，主动结合新时代的多媒体技术，实现"互联网+老年教学"的真实案例示范，为其他学校主动提供参考，供其学习观摩。例如，与福州市电视台合作开办的《闽都金秋》栏目，利用新时代多媒体信息技术，拍摄课程视频77集，吸引中老年群体观看。福州市老年大学凭借福建老年学习网、中国老年大学协会远程教育网的"网上老年大学"、微信公众号上的"同步课堂"与"教学辅导"栏目，满足老年群体学习需要，推进远程教育与社区教育结合发展。网络平台资源内容丰富，基本上可以满足中老年群体在此学习的需要，以福建老年学习网为例，它包括20个大类，2000多个视频资源，同时与"福建终身教育在线"2万多视频资源互通。为了让信息技术更好地融入老年学习的整个进程，有效利用网络资源，完善"互联网+老年教育"，福州市老年大学依靠现代远程教育空间、福州电视台都市生活频道"闽都金秋"栏目、福建老年学习网、福建终身学习在线等学习平台，打造线上远程教育基地，分享给有需要的老年群体。直至2020年，线上老年教育网点已完成"市—县—乡—村"四级基本覆盖。

福州市老年大学还升级网站，成为"中国福州"门户网站上的专题栏目。并且顺应微信使用潮流，搭建微信公众号，目前发布相关推送超过300篇。福州市老年大学注重与平台的合作，建立远程老年教育学习网点，开展线上活动，鼓励老年群体主动使用网络平台、学习网络课程，提高互联网老年用户的使用频率，例如，福建老年学习网开展的"网上学习万人行"、"远程老年学习之星"。

福州市老年大学在注重线上教育的同时，线下不断跟进。线上学习与线下活动相结合是福州市老年大学持续发展的重点。这让网络老年用户的线上虚拟积极性能够延续到线下真实碰面的互动联络中。线上活动没有了时间、空间的束缚，满足老年群体学习、社交兼顾家庭、不出门的要求。另外，线下活动提高现场情感度，增加人与人之间的交流。福州市老年大学积极组织线下活动，以学校为依托，将线下的真实性、参与性、互动性较好地融合起来，如完全依托学员的学习成果，拍摄校园纪录片；筹备优秀文艺作品进行义演、慰问演出，参加各类艺术会演；收集摄影、书画等优秀学员作品举办大型展览等，让社区老年教育能够保持旺盛的生命力。

实践证明，只有线下持续跟进，才能不让线上学习的知识技能变为虚影。而许多致力于单数字化为主流的线上老年大学，只一味地研究线上学习成效，忽视了线下的跟进交流，故而逐渐成为信息孤岛，最终被放弃淘汰。

（三）社区学院的案例

北京市的石景山社区学院成立于 2000 年，主要承担着石景山区业余大学、北京开放大学石景山分校、石景山老年大学以及石景山区市民学校总校等办学功能。石景山老年大学稍早成立于 1998 年，是石景山区业余大学举办的一所区级老年大学。学校现有 3 个老年大学学历教育专业，236 门非学历老年教育课程，每年在老年大学总校学习的老年学员 1500人，在街道分校学习的有 7000 余人。建校以来，老年大学总校累计开设832 个班级，培训学员 1.6 万余人。

在服务范围覆盖上，在石景山全区 9 个街道建立了老年大学街道分校，在145 个社区居委会建立了老年大学学习驿站，以满足老年学员就近、便捷的学习需求。发挥学校在老年教育中的示范、辐射和带动作用，形成了区、街道、社区三级教学网络，实现了老年教育在区域的全覆盖。

在课程安排上，开展"教师送教进社区"活动，鼓励高校教师深入社区授课，同时联合社区教育志愿者协会共同做好教学及管理工作。同时开展参与式、互动式、亲情式教学，使老年学员能够在生活化、体验式教学实践中学习。

在课程设置上，学校建设了摄影、茶艺、厨艺、中医等 20 多个实训教室，为开展体验式学习创造了条件。开设越来越多的"实学实用"课程，已形成了涵盖琴棋书画、文化素养、品质生活、表演艺术、运动保健、智能科技 6 个一级模块、30 个二级模块、132 个三级模块、236 门课程的老年教育课程群①。

---

① 杨霞. 社区学院与终身学习——石景山的探索与实践［M］//北京教育科学研究院组编. 学习方式的变革. 北京师范大学出版社，2018.

第八章

家庭教育

　　家庭教育是国民教育的组成部分之一，是学校教育与社会教育的基础，也是最具广泛性和基础性的教育，对人一生的成长有着至关重要的影响。家庭是人生最初的教育场所，因而家庭教育在一个人成长过程中可以起到某种先入为主的定式作用。在2018年9月的全国教育大会上，习近平同志指出，家庭是人生的第一所学校，家长是孩子的第一任老师，要给孩子讲好"人生第一课"，帮助扣好人生第一粒扣子。

　　家庭也是一个特殊的社会心理群体，家庭凝结了血缘关系、情感关系，以经济关系为辅助，结成了紧密的休戚与共的特殊群体，这使得家庭教育具有其他教育无法比拟的强大的影响和作用，同时，家庭教育和家庭生活交织在一起，使得家庭教育具有连续性和潜移默化的特征。

　　根据2020年第七次人口普查资料，我国全国人口共141178万，有家庭户49416万户，0~19岁人口为32654万，占总人口的23.13%，这意味着有3亿未成年子女的家庭，都担负着抚养教育孩子的责任。

　　2021年10月23日，第十三届全国人民代表大会常务委员会第三十一次会议通过了《中华人民共和国家庭教育促进法》，以立法形式彰显了家庭教育的重要性、紧迫性。

　　在当今全球化、信息化时代，家庭如何有效发挥教育功能，家庭教育如何与学校教育、社会教育紧密结合，培养出适应未来发展的时代新人，具有重要的研究价值和意义。

一、家庭教育的概念与社会意义

（一）家庭的概念与功能

1. 家庭的概念

家庭是最基本的单位与社会体系，也是每个人出生后接触的第一个社会环境。每个人一生中，多数时间生活在家庭中，家庭是个体安身立命的基本场所。

关于家庭的概念，国内众多学者都作过不同的定义。比如费孝通从家庭最基本成员社会角色的角度认为："父母子女形成的团体，我们称作家庭。"① 王兆先等认为，家庭即以婚姻关系为基础，以及由血缘或收养关系组成共同生活的社会细胞（即社会组织单位)②，彭立荣认为"家庭是以姻缘和血缘（包括拟血缘关系）为纽带，以这些人共同生活为特征的社会生活共同体"③。杨宝忠认为，"家庭是人类社会发展到一定历史阶段的产物，它是指人们以一定的婚姻关系、血缘关系或收养关系组合起来的社会生活组织形式，是关系密切、共同生活的小型群体，是社会的基本单位与细胞"④。赵忠心认为，家庭是以婚姻为基础，以血缘为纽带而形成的社会生活的基本单位，是社会最微小的细胞⑤。还有的学者对家庭概念界定得更为宏观。陈桂生认为家庭是以一定的婚姻关系、血缘关系或收养关系组合的初级社会群体，就社会群体的发生来说，家庭是人类社会最原始的社

---

① 费孝通. 生育制度［M］. 北京联合出版公司，2018：126.
② 王兆先等. 家庭教育辞典［M］. 南京大学出版社，1992：1.
③ 彭立荣. 家庭教育学［M］. 江苏教育出版社，1993：27.
④ 杨宝忠. 家庭教育学［M］. 山西高校联合出版社，1995：60.
⑤ 赵忠心. 家庭教育学［M］. 人民教育出版社，2001：2.

会结合形式。在复杂的社会有机体中，它又算是社会的缩影。就人类个体的生长来说，它是个人最初加入的群体、是个人与社会联系的桥梁。①

本质上，家庭是由两个以上有血缘、婚姻或收养关系的人组成的社会单位，是个人联系社会的媒介。家庭成员生活在一起，有共同的承诺与约定，对家庭有所认同，家庭成员间共享情感与经济生活，同时也可能生养、教育子女，成员之间相互扶持、休戚与共。家庭是人类社会组织中最为普遍的体制，是人类最亲密的团体，也是最能满足个人身心需求的团体。

2. 家庭的功能

家庭既凝结了婚姻关系，也凝结了血缘关系，家庭是社会的细胞，是儿童与社会联系的桥梁和纽带，也是每个人特别是未成年人精神和物质生活的寄托。

《中国大百科全书·社会学》从七个方面概括了家庭的主要功能：①经济功能。包括家庭中的生产、分配、交换、消费。它是家庭功能其他方面的物质基础。②生育功能。从人类进入个体婚制以来，家庭一直是一个生育单位，是种族延续的保障。③性生活功能。性生活是家庭中婚姻关系的生物学基础。性生活和生育等行为密切相关，社会通过一定的法律与道德使之规范化，使家庭成为满足两性生活需求的基本单位。④教育功能。包括父母教育子女和家庭成员之间相互教育两个方面，其中父母教育子女在家庭教育中占有重要地位。⑤抚养与赡养功能。具体表现为家庭代际关系中双向义务与责任。抚养是上一代对下一代的抚育培养，赡养是下一代对上一代的供养帮助，这种功能是实现社会继替必不可少的保障。⑥感情交流的功能。它是家庭精神生活的组成部分，是家庭生活幸福的基础。感情交流的密切程度是家庭生活幸福与否的标志。⑦休息与娱乐功能。休息与娱乐是家庭闲暇时间的表现，随着人们生活条件的改善，人们的休息和娱乐逐渐从单一型向多向型发展，日渐丰富多彩，家庭在这方面

---

① 陈桂生. 教育原理 [M]. 华东师范大学出版社，1993：273.

的功能也日益增强。

教育功能是家庭内在的固有的基本功能之一，也是最重要的功能之一。家庭教育功能关系着家庭成员是否能够而且愿意善尽其身为家庭一分子的职责，致力于使家庭各种功能均得以充分发挥。①

从心理学的观点来看，儿童诞生于家庭，成长于家庭，家庭是儿童生活中最重要的文化生态环境之一。父母乃是儿童与社会间的媒介，肩负着儿童行为社会化与促进子女健康发展的责任。家庭的气氛、父母的言行与教养方式、亲子关系、手足关系、婚姻关系等家庭因素，对于儿童的认知、社会性、情绪及人格的发展，都有极为重要的影响。

家庭是个体社会化的第一个主要单位，家庭的社会化功能同时也是学校和同辈群体所无法替代的。家庭不仅要完成人口的自然再生产，而且要承担人口的社会再生产。即不仅要为社会提供一个"生物人"，重要的是它还必须为社会培育一个"社会人"。在实现个体由"生物人"发展为"社会人"的过程中，家庭必须，也必然要对新生一代进行教育。

（二）家庭教育的概念与特征

1. 家庭教育的概念

关于家庭教育的概念界定，通常从两个不同的方面来解释。一是家庭教育对象的狭义和广义之分；二是家庭教育内容到外延的狭义和广义之分。

过去的认识里，家庭教育通常认为是在家庭生活中，由家长（其中首先是父母）对其子女实施的教育，即家长有意识地通过自己的言传身教和家庭生活实践，对子女施以一定教育影响的社会活动。

赵忠心在《家庭教育学》一书中指出，按照传统的说法，家庭教育是指在家庭生活中，由家长，即由家庭里的长者（其中主要是父母）对其子女及其他年幼者实施的教育和影响。邓佐君主编的《家庭教育学》认

---

① 高淑贵. 家庭社会学［M］. 台北黎明文化事业公司，1991：25.

为，家庭教育是在家庭生活中发生的，以亲子关系为中心，以培养社会需要的人为目标的教育活动，是在人的社会化过程中，家庭（主要指父母）对个体（一般指儿童青少年）产生的影响作用。①

杨宝忠认为，家庭教育实际上是一个内涵丰富、外延广泛的概念，它是指在人类社会家庭生活中，家庭构成人员之间的终身持续不断的一种教育和影响活动……其重点是对未成年人实施的教育和影响活动。

这是狭义的家庭教育。广义的家庭教育包括生活中家庭成员（包括父母和子女等）之间相互的影响和教育。在家庭里，无论是父母对子女、子女对父母，还是长者对幼者、幼者对长者，一切有目的、有意识施加的影响，都是家庭教育。

《中国大百科全书·教育卷》中把"家庭教育"定义为"父母或其他年长者在家庭内自觉地、有层次地对子女进行的教育"。然而，从更宏观的角度看，家庭教育的概念在其内涵和外延上不断扩大。家庭教育是伴随家庭生活展开的，它既指在家庭中进行的教育，又指家庭环境因素在教育功能上的作用。

综上两点，概括而言，家庭教育是家庭中发生的以亲子互动为中心的教育活动，是成年人按照期望的目标在家庭生活的各个方面、持续不断地教育和影响儿童的过程，也是家庭成员相互学习和相互影响的过程。本书中的家庭教育，是从狭义的教育对象的角度和广义的教育内容角度来看，即父母对子女施加教育和影响以及家庭环境对子女的影响的过程。

2. 家庭教育的特征

家庭教育由于发生在家庭中，与学校教育和社会教育相比较，具有以下特征：

（1）家庭教育早期性。家庭是儿童生命的摇篮，是人出生后接受教育的第一个场所，即人生的第一个课堂；家长是儿童的第一任教师，即启蒙之师。所以家长对儿童所施的教育最具有早期性。

---

① 邓佐君. 家庭教育学 ［M］. 福建教育出版社，1995：7.

美国心理学家布鲁姆根据近千个从幼儿期一直跟踪到少年期的研究提出：1~4岁是智力发展最迅速的时期。如果把17岁达到的智力水平作为100%，那么从0~4岁发展了50%，4~8岁又发展了30%，8~17岁再发展20%。换句话说，在人生最初4年中，智力的发展等于随后13年的发展。布鲁姆据此提出的掌握学习理论，在美国盛行一时，在我国也有很大的影响。一般来说，孩子出生后经过3年的发育，进入幼儿时期，3~6岁是学龄前期，也就是人们常说的早期教育阶段，这是人的身心发展的重要时期。可见幼儿在5岁以前是智力发展最迅速的时期，也是进行早期智力开发的最佳时期，如果家长在这个时期所实施的家庭教育良好，将是孩子早期智力发展的关键。我国古谚有："染于苍则苍，染于黄则黄。"幼儿期是人生熏陶渐染化的开始，人的许多基本能力是在这个年龄阶段形成的，如语言表达、基本动作以及某些生活习惯等，性格也在逐步形成。

（2）家庭教育互动性。前文对家庭教育概念进行界定时，就强调了广义的教育对象，也就是说，家庭教育具有明显的互动性特征。既要考虑未成年人在人生的初始阶段接受父母教育和影响的重要性，将在家庭中父母对子女的教育作用作为家庭教育的重点，同时要特别重视子女在接受父母教育中对父母的影响以及对父母教育的反馈过程。也就是说，家庭教育是家庭中主要以亲子互动为中心的教育活动，在父母作为教育的主体按照一定的期望和目标，以一定的方式教育和影响孩子的同时，作为受教育者的客体从孩子的言语行为中获得影响和教育。

现代社会是两代人共同成长的社会。在现代社会，社会变迁速度非常快，网络化、信息化日益普及，不仅儿童面临着发展问题，成年人也面临着完善自我、迎接社会选择的新挑战，面临着学习新的知识技能与接受继续教育的问题。因此可以说，现代家庭教育不再是成年人对未成年人独有的一种权力，它是两代人之间的一种相互影响。有学者把这种传统的受教育者对施教者反过来施加影响，向他们传授社会变化知识、价值观念和行为规范的社会化过程，称为"反向社会化"。

（3）家庭教育连续性。家庭教育第三个特点是连续性。孩子出生后，从小到大，无时无刻不在接受着家长的教育和影响。不管是父母有意识、有目的进行的教育还是父母的待人接物、言谈举止、行为习惯、家庭氛围等家庭环境施加的影响，尤其是后者，都会不间断地影响子女的言行习惯和心理。其潜移默化的作用相当大，伴随着人的一生，可以说是活到老学到老，所以有些教育家又把家长称为终身教师。

家庭教育的连续性，不仅指不间断的教育过程，也包含着家庭教育过程的长期性这一显著特点。家庭教育是一种终身教育，人们在一生中始终都是在直接或间接地接受着家长，特别是父母的教育和影响，这是一个相当长的过程。学校教育虽然也是一个连续的过程，但同家庭教育过程相比，学校教育的这种连续过程还是短暂的，连续教育的时间是相对有限的，这在人们一生成长的过程中仅仅是一个阶段，而家庭教育却是一直连续进行几十年。这种长期连续进行的家庭教育，对子女各方面的影响是极为深刻持久的。

家庭教育具有连续性，还表现为从一代人传到下一代人身上，体现继承性。家庭是一个由具有血缘关系的一代代人组成的，并不断延续下去的社会组织形式。人们在家庭里接受了父祖辈对自己的教育和影响，在自己长大成人成家立业以后，也用同样的教育内容和教育方式方法去教育自己的后代，用从父祖辈那里接受影响和教育所形成的思想观点、行为习惯，继续去影响教育自己的后代。人类社会的家庭教育就是这样一代一代地延续、继承下来的。这就是家庭教育固有的继承性。家庭教育的这种继承性，突出地表现在两个方面：一是家风；二是家业，或者叫家传①。家风的好坏往往要延续几代人，而且这种家风往往与家庭成员从事的职业有关，如杏林世家、梨园之家、教育世家等。

（4）家庭教育权威性。家庭教育的权威性是指父母长辈在孩子身上所体现的权力和威力。家庭的存在确定了父母子女间的血缘关系、抚养关

---

① 赵忠心. 家庭教育学［M］. 人民教育出版社，2001：122.

系、情感关系，子女在伦理道德和物质生活的需求方面对父母长辈有很大的依赖性，家庭成员的根本利益的一致性都决定了父母对子女有较大的制约作用。

鉴于父母在家庭教育中的权威性，父母作为孩子的第一任老师，应该成为孩子的榜样、表率，言传身教、身体力行，要用自己正确的世界观、人生观、价值观，给孩子讲好人生第一堂课，帮助他们扣好人生第一粒扣子。

（5）家庭教育感染性。家庭教育是在家庭范围内、在家长和子女之间进行的。家庭成员之间一般都具有血缘关系，家庭是成员之间关系最亲密的社会团体，父母子女之间的关系尤为亲密。父母与孩子之间的血缘关系和亲缘关系的天然性和密切性，使父母的喜怒哀乐对孩子有强烈的感染作用。这区别于学校的教育者和受教育者之间的关系。人与人之间的感情越亲密，相互之间情感的感染性越强，感化作用越大，反之，则感染性越弱，感化作用越小；如果人与人之间从感情上就对立，不可协调，那么，相互之间感染性就发生相反的作用；人与人之间没有感情，就没有什么感化作用。由于父母和子女之间的天然感情是无可比拟的。在家庭教育过程中，情感的感染性发挥着非常重要的作用。孩子对父母的言行举止往往能心领神会，以情通情。在处理发生在周围身边的人与事的关系和问题时，孩子对家长所持的态度很容易引起共鸣。在家长高兴时，孩子也会参与欢乐，在家长表现出烦躁不安和闷闷不乐时，孩子的情绪也容易受影响，即使幼儿也是如此。如果父母亲缺乏理智而感情用事，脾气暴躁，都会使孩子盲目地吸收其弱点。家长在处理一些突发事件时，表现出惊恐不安、措手不及，对子女的影响也不好；如果家长处变不惊、沉稳坚定，也会使子女遇事沉着冷静，这样对孩子心理品质的培养起到积极的作用。

家庭教育中父母情感的感染性，无论是对子女进行正确的积极的教育，还是反面的消极影响，都有巨大的作用。所以在家庭教育的过程中，要最大限度保持和发扬这种优势，父母和子女保持密切的联系，营造健康积极的情感氛围，有利于子女良好品德和价值观的形成。

（6）家庭教育全面性。家庭教育既包含家长有目的、有意识地对子女的教育，也包含家庭环境、家风文化、父母言传身教等因素施加在子女身上的间接的影响，所以它包含内容非常全面。家庭教育主要指父母或其他监护人对子女实施的道德品质、身体素质、生活技能、文化修养、行为习惯等方面的培育、引导和影响。教导基本的生活技能；教导社会规范，培养道德情操；指导生活目标，形成个人理想，培养志趣；培养社会角色；形成个性。正是在这些意义上，我们说家庭在人的社会化过程中的作用是其他社会群体所无法替代的。此外，家庭教育功能的全面性还体现在家庭是以一种"缩影"的形式几乎包含了学校及其他社会机构的教育内容和功能。这表现为：第一，家庭形成了受教育者的早期经验和最初的品质特征，奠定了受教育者以后接受教育的基础；第二，家庭始终是受教育者接受教育的主要参照群体。家庭是人生最初的教育场所，因而家庭教育在一个人成长过程中可以起到某种先入为主的定式作用。同时，家庭教育总是伴随家庭生活进行，具有全面性特点。

（三）新时代家庭教育的社会意义

1. 家庭教育是家庭履行社会职能的载体

从社会学视角来看，家庭作为具有"面对面"交往特点的首属群体，对人施加的影响是最初的，也是最为广泛而有效的。一般来说，人都是通过家庭认识社会走向社会的。一个人在家庭中获得的知识、技能、行为习惯等，是其适应社会的基础，家庭在人的社会化过程中的作用是其他群体、其他途径所不能替代的。家庭是个体社会化的第一个主要单位。概言之，家庭的社会化功能表现为两点：首先，儿童在家庭中获得知识、态度、习惯及其他人格特质，以便利日后的社会适应；其次，家庭将社会整体文化或次级文化灌输给儿童，并发展儿童的人格。家庭的这些社会化功能是学校和同辈群体所无法替代的。

2. 家庭教育是一切教育的起点和基础

苏联教育学家苏霍姆林斯基认为，对儿童和青少年施加教育影响的有六个因素，首要因素就是家庭教育，这是一切教育的起点和基础，这也是为什么说"家庭是人生的第一所学校，家长是孩子的第一任老师"的主要原因。家庭生活中父母对儿童的教育和影响，对其良好行为习惯、思想品德、价值观的形成，健全人格培养等都具有基础性作用。家庭教育常常伴随家庭生活进行，交织在一起，伴随家庭成员的一生，这种潜移默化和连续性特点使得家庭教育被认识成一种终身教育。人的一生还会受到学校教育、社会教育，在教育体系中，家庭教育和学校教育、社会教育是一个有机联系的整体，家庭教育是学校教育的基础，社会教育又是家庭教育的延伸。

3. 家庭教育是传递社会文明的重要途径

家庭是社会文化的载体，通过家庭文化传递社会文化是家庭教育的本质特征的体现。在中华文明史中，家庭教育占有举足轻重的地位，促进了民族文化的发展。家庭教育不仅在人的认知层面和观念层面具有教育、影响作用，更注重在此基础上对人的日常行为的教化，将社会文化中蕴含的伦理亲情、道德观念、生活制度、风俗习惯等内化为下一代人的价值观念和行为习惯。家庭教育的这一特点，使融于日常生活中的积极的文化渗透比学校教育和社会教育作用更大、效果更明显。例如，《颜氏家训》等一批家训家规，其许多内容已融入中华民族的精神世文化。历史和现实一再告诉人们，良好的家庭教育、良好的家风，能在潜移默化中影响人们的价值观，生发并激荡成时代新风尚和历史大潮流，不断推动社会向前发展。当前，以家风家教弘扬社会主义核心价值观，是开展社会主义精神文明建设的重要途径，可以为实现中华民族伟大复兴的中国梦提供重要精神力量。

4. 家庭教育是社会主义核心价值观内化的路径选择

我们常说少年强则国强，青少年是家庭的未来和希望，更是国家的未来和希望，国家的前途命运同家庭教育紧密相关。家长培养的不仅是家庭的下一代，也是中华民族的下一代，每个家长肩负着培养社会主义接班人的神圣职责。家庭教育的首要任务就是要把爱家和爱国统一，把实现家庭梦融入中国梦之中，让 4 亿多家庭的智慧汇聚成实现中华民族伟大复兴中国梦的磅礴力量，这是实现国家发展、民族复兴的强大动力，也是必然归宿。习近平同志指出，我们要重视家庭建设，注重家庭、注重家风、注重家教，紧密结合培育和弘扬社会主义核心价值观，发扬光大中华民族传统家庭美德，促进家庭和睦，促进亲人相亲相爱，促进下一代健康成长，使千千万万个家庭成为国家发展、民族进步、社会和谐的重要基点。教育孩子树立正确的世界观、人生观和价值观，引导孩子服务他人、奉献社会。

2021 年 10 月 23 日通过的《中华人民共和国家庭教育促进法》第三条明确指出："家庭教育以立德树人为根本任务，培育和践行社会主义核心价值观，弘扬中华民族优秀传统文化、革命文化、社会主义先进文化，促进未成年人健康成长。"

二、我国家庭教育的发展现状

中华民族历来就有重视家庭教育的传统，从先秦儒家、法家的教育思想到魏晋时期《颜氏家训》中的家庭教育思想，再到元明清时期家庭教育思想的兴盛，在数千年的历史中，先辈积累了丰富多彩的家庭教育实践经验和日趋成熟的家庭教育理论，构成了家庭教育的宝贵文化遗产。

（一）我国家庭教育取得的进步

党的十八大召开以后，中国家庭教育进入快速发展阶段，最具代表性的就是国家领导人在讲话中反复强调家庭教育的重要性，重视加强家庭、家教、家风建设。在 2015 年春节团拜会上，习近平同志阐述了"家庭是人生的第一所学校"，三个"注重"（注重家庭、注重家教、注重家风）成为推进家庭教育非常重要的指导思想。2016 年，习近平同志在第一届全国文明家庭表彰大会上，明确指出，家庭是社会的细胞，家庭和睦则社会安定、家庭幸福则社会祥和、家庭文明则社会文明，家庭是人生的第一个课堂，父母是孩子的第一任老师。2018 年，在全国教育大会上，习近平同志再次强调家庭是人生的第一所学校，家长是孩子的第一任老师，要给孩子讲好人生第一课，帮助扣好人生第一粒扣子，指出学校、家庭、政府和社会在教育这个问题上应各负其责、责任到位，教育不再是学校单方面的事情，还提出妇联及教育相关部门要统筹社会资源，为家庭教育的发展提供支持与服务。

进入新时代，中国家庭教育进入前所未有的黄金发展期，形成了一系列指导性文件，如《教育部关于加强家庭教育工作的指导意见》、《关于指导推进家庭教育的五年规划（2016—2020 年）》，《中共中央关于坚持和完善中国特色社会主义制度　推进国家治理体系和治理能力现代化若干重大问题的决定》（2019 年 10 月 31 日）首次提出了"构建覆盖城乡的家庭教育指导服务体系"，其重要意义在于：家庭教育指导服务体系是基本公共服务体系的一分子，而后者又是国家治理体系中的重要组成部分。许多国家层面的家庭教育政策法规得以颁布，各级各类专门的家庭教育研究机构逐步建立。

我国家庭教育法律法规得到进一步完善，家庭教育的规模和影响力逐渐扩大，家教知识得到普及，家长重视程度有了较大提高，家教内容和教育手段也逐渐丰富。截至 2021 年 1 月，已经有重庆市、贵州省、山西省、江西省、江苏省、浙江省、福建省、安徽省、湖南省、湖北省 10 个省市制定出台了《家庭教育促进条例》。2021 年 10 月 23 日第十三届全国人民代表大会常务委员会第三十一次会议通过了《中华人民共和国家庭教育促进法》。法律和条例的颁布，旨在以立法的形式推动家庭教育发展，通过对家庭、政府、学校、社会等相关主体权责的划分，实现法律对于家庭教育的支持、规范和引导。

近 20 年来，国家教育部门始终以指导家庭教育为中心任务之一。2010 年建立了 120 个市、县（区）家长学校教育实验区，实验区工作以课题实验为抓手，探讨建设学习型家庭，研究改进单亲家庭、留守儿童家庭、城乡接合部家庭等各种类型的家庭教育。各地教育系统关心下一代工作委员会，在组织和指导家庭教育中发挥了显著作用。

此外，许多地方，如北京、广东、上海、江西、西安、深圳等地开展了多种形式的家庭教育研究和对家长学校的指导。中国教育学会家庭教育专业委员会等群众性学术团体坚持家庭教育科研、培训，开展国际交流，做了卓有成效的工作。举办家长学校提高家长素质，是改革开放以来教育改革中具有中国特色的重大创举。家长学校的普遍建立和家长教育的开展，收到了良好效果。事实证明，哪个地方家长学校工作开展得好，哪个地方义务教育入学率、合格率和巩固率就高，辍学率和未成年人犯罪率就低。

同时，有关家庭教育学术活动越来越活跃，家长的教育水平和观念得到了较大的改善。2015 年教育部印发了《教育部关于加强家庭教育工作的指导意见》，就加强家庭教育工作提出了指导意见。2017 年 10 月在杭州举办了"2017 年家庭教育国际论坛"，诸如此类的学术会议无不有利于推动我国家庭教育事业向更为科学、健康方向发展。家长教育观念、教育理论、教育实践的越来越理性化，促进和影响着更多家长家庭教育水平的改进，从而有利于我国家庭教育的迅速发展。

（二）我国家庭教育普遍存在的一些问题

1. 教育目标单一，教育观念唯成绩论

具体有如下几个表现：

（1）忽视了德育建设。重智育轻德育，在现实教育中，受功利主义思想的影响，德育逐渐让位于智育，考分决定一切，存在重智育、轻德育现象。今天我国的家庭教育往往存在着这种显而易见的偏向。似乎家庭教育的唯一功能便是协助学校教育，以促使学生增进知识，提高智能。我国绝大多数家庭所进行的早期教育，也主要是从开发智力这一角度着眼的。其实，家庭最重要的教育功能是它的社会化功能。家庭教育最重要的目标应是以德树人。习近平同志指出，家庭教育涉及很多方面，但最重要的是品德教育，是如何做人的教育。作为父母和家长，应该把美好的道德观念从小就传递给孩子，引导他们有做人的气节和骨气，帮助他们形成美好心灵，促使他们健康成长，长大后成为对国家和人民有用的人。① 国无德不兴、人无德不立，品德教育是一个人成长成才最基本也是最重要的教育。家庭自产生之日起，就担负着为社会培养未来公民的重要使命，这不仅是家庭亘古不变的功能，也正是家庭之所以存在的理由之一。

《2018 年全国家庭教育状况调查报告》显示，四年级、八年级学生都认为家长最关注的是孩子的学习情况，达到 79.8% 和 79.9%，而对道德品质的关注是 25.3% 和 30.7%。

对孩子的智力发展、学习成绩、专业技能的过多关注以及对学校升学率的高要求使父母忽视了对孩子德性、品格的培育，成为"应试教育"强有力的支持者，家庭教育成了学校教育的延伸，家长成为老师的"助教"，获取高分数成为家庭教育的主要目标和家长最主要的关心点，产生了家庭教育功能本末倒置的尴尬，"以德为先"的优良传统被遗弃了，家庭教育迷失了自身的正当追求，失去了自身的平衡。

（2）忽视了心理健康教育。当父母过于关注孩子、过于关注孩子学习成绩时，这种焦虑情绪会转化到孩子身上。孩子感受到来自父母的高期望、高压力，一旦现实没实现，引发反叛、离家出走等外在的行为问题，或带来孩子的抑郁、焦虑等内在的心理问题。现在还有一个普遍问题，儿童青少年的网络游戏成瘾问题。从心理学上理解，其实是儿童青少年内心没有得到满足的体现。当孩子在学校和学习上没有成就感时，当孩子在现实世界里没有相互支持的朋友时，当孩子一味接受着老师和家长的安排时，网络游戏给了他们一个出口，一个可以让他们自己做主、交到朋友、体验胜利快感的世界，可以让他们消解现实世界很大部分的苦恼和消极情绪。《2018 年全国家庭教育状况调查报告》显示，四年级、八年级学

---

① 习近平 . 在会见第一届全国文明家庭代表时的讲话［N］. 人民日报，2016-12-16（02）.

生都认为家长对其心理状况的关注只占 6.5% 和 11.1%。九成左右的四年级、八年级班主任认为家长最关注孩子的"考试成绩",达到 88.3% 和 90.1%,明显高于对学生"心理状况"(14.2%、26.7%)的关注。

《2021 年世界儿童状况》报告显示,全球每年有近 4.6 万名青少年死于自杀,它成为 10~19 岁青少年死亡的五大原因之一。据估算,在 10~19 岁的青少年中,有超过 13% 的人患有世界卫生组织定义的精神疾病。确诊精神疾病,包括多动症、焦虑症、自闭症、双相障碍、行为障碍、抑郁症、饮食障碍、智力障碍和精神分裂症,将严重影响儿童青少年的健康、教育、生活和未来的收入水平。联合国儿童基金会驻华代表芮心月曾在 2021 年 10 月由国家心理健康和精神卫生防治中心与联合国儿童基金会驻华办事处共同主办的"不愧是你——青少年心理健康公益倡导"活动上表示,"每个儿童青少年都享有心理健康的权利。尽管人们越来越认识到心理健康问题的影响,对这一问题的污名化却阻碍着儿童青少年寻求治疗,限制着他们成长、学习和发展。每个人都应该做出努力,帮助儿童青少年打破沉默,消除心理健康污名化。父母、照料者、教师和公众人物应共同营造一个安全的氛围,让儿童青少年能放心地谈论心理健康话题"。

(3)对子女兴趣爱好关注不足。教育内容片面,在生命教育、性教育、人格教育、审美教育、劳动教育等方面存在明显缺失。《2018 年全国家庭教育状况调查报告》显示,学生最希望家长关注的三个方面是兴趣爱好或特长、心理状况、身体健康,人数比例分别为 60.3%、39.9%、38.4%,其中选择"兴趣爱好或特长"的人数比例明显高于其他选项。而学生认为家长最主要关注的方面是学习情况达 79.9%,兴趣爱好或特长只占 7.1%。这显示学生希望得到的,和家长实际最关注孩子的方面存在较大偏差。

家庭教育是一个全面的教育,绝不仅是以成绩来看待孩子,不科学的家庭教育理念可能会影响子女健康人格的形成,造成与新时代家庭教育的目标背道而驰。培养德智体美劳全面发展的时代新人是实现中华民族伟大复兴的科学举措。《中华人民共和国家庭教育促进法》第十六条指出,未成年人的父母或者其他监护人应当帮助未成年人树立正确的成才观，引导其培养广泛兴趣爱好、健康审美追求和良好学习习惯，增强科学探索精神、创新意识和能力；保证未成年人营养均衡、科学运动、睡眠充足、身心愉悦，引导其养成良好生活习惯和行为习惯，促进其身心健康发展；教导其珍爱生命，对其进行交通出行、健康上网和防欺凌、防溺水、防诈骗、防拐卖、防性侵等方面的安全知识教育，帮助其掌握安全知识和技能，增强其自我保护的意识和能力；帮助未成年人树立正确的劳动观念，参加力所能及的劳动，提高生活自理能力和独立生活能力，养成吃苦耐劳的优秀品格和热爱劳动的良好习惯。

2. 教育方式不当，忽略家庭环境感染性，有效的亲子沟通少

（1）体现为过度溺爱与过多干涉并存。过分宠爱是现在很多家庭的通病，孩子有任何要求，无论精神上的还是物质上的，都无条件满足。孩子总能得到满足，慢慢地，他的抗挫折能力就无法得到锻炼，容易形成孤僻、自傲、任性、自私等性格缺点。

同时，相当多的家长自以为是对孩子好，过多干涉孩子的发展，使孩子的心智发展和个性发展受到束缚，往往成年后出现选择困难，缺乏主见，缺乏人生的动力和追求。有些家长一切事情都包办代替，按照自己的想法为孩子设计未来，主要表现在学习上对学习成绩极其关注，每天陪孩子一起学习，帮孩子检查作业等。还表现为教育方式专制粗暴，动则打骂的情况时常发生在很多家庭中，非常不利于培养孩子独立自主的精神和创新创造思维的开拓发展，而当孩子长大后，在培养自己的下一代时也会带有专制不民主的色彩。

（2）忽视了亲子沟通、忽略了亲情陪伴、家庭环境不够和谐。当前随着我国社会生产力发展水平的不断提高，人们的生活水平普遍得到改善，但是这些并不能抵消有些家庭内部环境仍然存在的不和谐的因素。例如，夫妻之间缺乏理性的沟通和交流。一些夫妻将争吵当作表述观点的方式，而且总是将子女教育过程中出现的问题归咎于对方，夫妻之间缺乏尊重及理性的交流与沟通。近些年非常高的离婚率也证实了这点。

　　家庭本是一个情感交流的聚合，家庭所代表的是家庭成员之间的内心关切和情感关怀。《2018年全国家庭教育状况调查报告》显示，父母参与抚养的家庭在亲子互动方面表现好于非父母参与抚养家庭。具体表现为：在亲子沟通方面，父母参与抚养家庭的家长和孩子沟通频率好于非父母参与抚养家庭；在家庭日常交流方面，父母参与抚养家庭的家长在与孩子沟通做人的道理、法律常识、安全知识等方面的频率高于非父母参与抚养家庭；在亲子阅读方面，父母参与抚养家庭的家长与孩子进行亲子阅读的情况好于非父母参与抚养家庭。

　　在父母参与抚养的家庭中，家长在与孩子的沟通、学业卷入、示范作用方面都比父母不参与抚养家庭更好。父母对孩子的成长具有不可替代的作用。以往研究发现，亲子间的良好互动有利于促进儿童社会化的正常发展，促进良好同伴关系的建立，抑制问题行为的形成；而且家长参与子女的学习还有助于促进孩子学业成绩的提高、认知能力发展和情感适应等。尤其进入青春期，孩子面临更多的挑战和问题，更加需要家长的支持、陪伴和指导。

　　（3）家长自身存在的问题。家长教育理念不够科学有时与家长的个人素养密切相关。家庭教育与学校教育、社会教育相比，最大的优势就是潜移默化，父母的言传身教与个人素养对子女价值观和良好行为规范的形成发挥着十分重要的作用。"家长的世界观和思想品德与家庭教育关系极大。它首先决定家庭教育的指导思想、方向，要按什么形象去塑造子女，要把子女培养成什么样的人；其次，还决定家长给子女树立一个什么样的榜样，并以自己为榜样引导子女坚持什么样的生活道路，朝什么方向发展。"①

　　《2018年全国家庭教育状况调查报告》发现家长不良行为很少的八年级学生中选择"父母"作为人生最崇敬榜样的比例最高，为32.8%；家长不良行为很多的八年级学生中选择"影视、文学作品、游戏等中的虚构人

---

① 赵忠心. 家庭教育学［M］. 人民教育出版社，2001：136.

物"为最崇敬榜样的学生比例最高，为22.9%，而选择"父母"作为人生最崇敬榜样的学生比例较低，仅为6.3%。这说明，家长在孩子面前的表现会影响孩子对父母的看法和态度。一个好学生，一个走上社会后品格高尚、有成就的人，大都与他从小受到的良好的家庭熏陶和家长影响有直接的关系，而学校的问题以及学生走上社会后暴露的种种问题，大都可以在家庭环境和家庭教育中找到根源。优秀家长营造优秀家庭，问题家长促成问题孩子。一个问题学生的背后，一定站着一个有问题的家长。

中国青少年犯罪研究会统计资料表明，近年青少年犯罪总数已经占到了全国暴力犯罪总数的70%以上，其中14~18岁未成年人犯罪案件又占到了青少年犯罪案件总数的70%以上。专家对135名违法犯罪青少年调查，他们中父母和家庭成员中有劣迹行为的占76%、父母离异的占34%、父母教育不当的占91%，其中溺爱型的占48%、放任型的占34%、粗暴型的占13%。①

当下，一些家长所能接触到的家庭教育资源十分有限，这是导致其自身教育能力较低、教育子女方式落后等问题的重要原因。因此，新时代家长个人素质的提高也是一个全社会必须面对并亟须解决的重要课题。

三、新时代家庭教育面临新的发展机遇与挑战

近年来，随着我国社会主义市场经济的快速发展，社会生产力的迅速提高，人民收入得到了大幅提升，家庭结构变得越来越小型化，人口老龄化趋势日益明显，网络新媒体得到快速推动与发展，人们的工作内容、物质条件、生活方式、文化观念都发生了重大变化，这对家庭教育来说，从

---

① 教育部关心下一代工作委员会《新时期家庭教育的特点、理念、方法研究》课题组. 我国家庭教育的现状、问题和政策建议［J］. 人民教育，2012（1）.

教育内容到教育观念，从家长到孩子，无疑都是一场新的机遇，也是新的挑战。

（一）经济状况明显改善，物质收入稳步提高

改革开放对中国带来最为显著的变化就是物质条件越来越丰富，人民经济收入大幅提高。根据《中国统计年鉴（2021）》，2020年我国国内生产总值达到 101.5986 亿元，人均国民总收入为 71489 元，城镇人均可支配收入为 43834 元。全国非私营单位就业人员平均工资 2020 年为 97379 元（北京已达到 178178 元，福建为 88149 元，全国排名第 14）。物质条件的改善和收入的提高，给社会生活方方面面带来显而易见的变化，从国家角度来看，国家财政性教育经费显著增加。2000 年，全国教育经费 3849 万元，2019 年达到 50178 万元。从居民个体角度来看，收入的不断提高，必然使得家庭有基础有条件不断增加教育投入，尤其是现在全国非常多核心家庭的家长都是 1979 年"一对夫妇只生一个孩子"的优生优育政策倡导下出生的，父母有更多的精力用来照顾孩子、抚育孩子。武汉大学发布的武汉市居民家庭教育开支调查报告显示：教育开支已占到被调查家庭可支配收入的 1/3 左右。

而且伴随着经济的发展，社会结构越来越多元，家庭的养育观念和目标也变得多样化。例如，过去家长多以孩子考上好大学为第一追求，现在成长成才的路子拓宽，家长的选择空间客观上更大。

但是，伴随着经济生活节奏加快，教育内卷现象越来越严重，"虎妈"、"猫爸"、"鸡娃"成了很多家长和学生的代名词。家长不断给孩子安排学习和活动以及课外班、兴趣班，想要孩子"赢在起跑线"、"三岁关键期"、"右脑开发"、"早教越早越好"，这使得一方面家庭教育开支不断增大，许多年轻父母深感经济压力和照顾孩子压力，称自己为"孩奴"。另一方面，因为教育开支过大，对孩子期望值就越高，家长害怕自己对孩子的付出不能如愿以偿，常常处于烦恼和焦虑中，这种焦虑紧张的情绪又通过家庭生活传导给孩子，无疑会给亲子沟通、家庭和谐带来不小的障碍。

（二）家庭结构的变化

1. 家庭小型化、核心化趋势

1953 年、1964 年、1982 年人口普查结果显示，平均每个家庭户的人口均在 4 人以上，分别为 4.33、4.43、4.41。而 1990 年第四次人口普查开始，每个家庭户降至 4 人以下，且人数稳定在 3 人左右。家庭结构以独生子女为主，父母和孩子组成的核心家庭占了多数。2020 年第七次人口普查数据中，平均每个家庭户的人口从第六次人口普查的 3.10 人下降到 2.62 人，家庭户数则从 4 亿户，上升至 4.9 亿户。

可见，今天的家庭结构已经发生了很大变化。过去大家庭居多，三世同堂甚至四世同堂，一个家庭的家长无论在经济、生活还是思想上都具有很高的地位，有很强的威严感。而当今社会以核心家庭居多，这样的小家庭不需要那么严格的秩序感，家庭氛围更为轻松。同时，生活在家庭中的个体也发生了很大改变。尤其是作为网络时代原住民的年轻人，追求平等、独立思考的意识更加强烈。

核心家庭的特点是人口数量少，成员层次（即辈份数）少，家庭成员之间的关系密切，家庭的内聚力较大。这种家庭里成员之间的关系较为容易协调，有矛盾也好处理；父母接触子女的机会多，直接交往多，教育者和受教育者的关系更为亲近。教育者的思想容易统一，步调容易达到一致；家庭规模小，成员组成简单，父母对子女实施教育也比较顺利，一般不受外界的干扰；子女和父母关系密切，根本利益一致，利害攸关子女的身心发展状况，前途命运直接关系到父母的切身利益。因此，父母对子女身心发展的状况特别关心，教育工作抓得紧，能做到全力以赴，肯下功夫，肯进行智力投资，有教育的自觉性和迫切感。

同时，家庭人数少，抚育孩子、照顾孩子就需要家长付出更多的时间和精力，这使双职工家庭面对不断加快的工作节奏和竞争压力常感到力不从心，工作、家庭难两全。孩子少，家长更容易对孩子期望值过高。这种焦虑、压力传导给孩子，造成孩子心理问题的现象越来越多。

新时代城市终身教育研究

2. 单亲家庭、流动人口家庭、留守家庭数量增多

我国离婚率连续多年递增，单亲家庭子女比例越来越高，据报道，有的地方一个班级孩子中单亲子女占到 1/3。他们在父母矛盾和闹离婚的冲突中受到不同程度的伤害。单亲家庭和重组家庭的子女教育问题令人忧虑。

近年来，我国流动人口规模不断增多，人户分离人口为 49276 万，与 2010 年相比，人户分离人口增长 88.52%，其中，市辖区内人户分离人口为 11694 万，流动人口为 37582 万，市辖区内人户分离人口增长 192.66%，流动人口增长 69.73%。我国经济社会持续发展，为人口的迁移流动创造了条件，人口流动趋势更加明显，流动人口规模进一步扩大。人户分离人口比 2010 年增长 88.52%，户籍制度亟待改革。根据国家卫健委发布的《中国流动人口发展报告（2018）》，中国流动人口 2.44 亿，全国儿童中有 12.8% 为流动儿童。根据国家统计局、联合国儿童基金会与联合国人口基金会所发布的报告，2015 年我国留守儿童的数量是 6877 万[①]（不同部门的统计口径相差较大）。

国家卫健委《中国流动人口发展报告（2018）》认为，留守儿童健康问题值得关注。与农村非留守儿童相比，心理行为健康问题是当前留守儿童面临的突出健康问题，并且随着年龄的增长问题更加凸显。在 3 周岁以下和 3~6 周岁阶段，留守儿童与非留守儿童心理行为几乎没有差异。在小学四年级和初中一年级阶段，相对非留守儿童，留守儿童在情绪控制、注意力、社会适应能力、自伤行为风险等方面表现出更多问题。

现阶段，单亲家庭、流动儿童家庭、留守儿童家庭在家庭教育上呈现出相比城市双亲家庭更多的问题，普遍存在家庭经济状况不可观、经济收入不稳定，父母或隔代监护人身份边缘化且文化水平较低、从事工作工时长，家庭教育投入少，教育资源缺乏，家庭教养能力不足等问题，使得单亲、流动、留守儿童在接受家庭教育方面处于劣势。单亲、留守儿童家庭

[①] 韩嘉玲. 流动儿童蓝皮书：中国流动儿童教育发展报告（2019~2020）［M］. 社会科学文献出版社，2020：6.

210

更多呈现隔代教养问题。这些都亟须国家相关部门的政策支持与资源提供。

（三）人口老龄化、少子化的趋势明显

2010～2020 年，60 岁及以上人口占比上升 5.44 个百分点，65 岁及以上老龄人口占比 13.5%。根据《中国统计年鉴（2021）》，2020 年中国人口达 14.1 亿，出生人口较 2019 年下降 260 万，65 岁及以上人口占比达 13.5%。老年抚养比从 2000 年的 9.9% 上升到 2020 年的 19.7%，随着我国老年化的加重，这一数据还会逐年上升。老龄化加速到来，速度和规模前所未有。相比美欧日，我们有计划生育政策因素，人口政策经历过从鼓励到计划的大幅转向。2022 年将进入占比超过 14% 的深度老龄化社会，2033 年左右进入占比超过 20% 的超级老龄化社会，之后持续快速上升至 2060 年的约 35%。我们正从人口红利期转入人口负担期。

同时，少儿抚养比从 2000 年的 32.6% 下降到 2020 年的 26.2%，少子化趋势日益明显。2020 年出生人口 1200 万，比 2019 年下降 265 万，降幅为 18%，不少城市披露出生人口较 2019 年下降 10%～30%，未来将继续下降。2010～2020 年，0～14 岁人口占比略微上升 1.35 个百分点，与 2016 年全面放开二胎有关。1949 年以来，出现三轮婴儿潮，分别为 1950～1958 年的年均 2100 万，1962～1975 年的年均 2628 万，1981～1994 年的 2246 万，之后逐渐下滑至 2003～2012 年的约 1600 万，其中 2012 年为 1635 万。

（四）社会生活日益多元，呼吁两代人共同成长

当前，我国正处于现代化进程中，新旧体制的交替、东西方文化的撞击、道德取向多元化、信息传播渠道多样化……这些是父辈小时候未曾经历的，由此而产生的生活方式的变革、思想观念的更新等，在很大程度上改变了儿童社会化的环境，呈现出与父辈儿时生活环境的明显不同。尽管父母与孩子居住在相同的空间，对相同事物的认识不尽相同。在这种情况下，父母依然用传统的单向度社会教化方式和内容已经难以适应急剧变化

的社会现实。

随着社会的变迁，年青一代视野的拓宽，尤其是以计算机网络为主体的信息社会的来临，亲子之间发生了革命性的变化，子辈不再是单纯的被教化者了，他们在越来越多的领域、在越来越大的程度上影响着父辈。现在的孩子尤其是中小学生，虽然阅历不深，缺少实际生活经验，但开放的社会使他们接受各种社会因素教化的成分加大，他们通过各种途径，尤其是快速发展的电子媒介接受了许多并非来自父母的新知识、新观念。他们见识广，开化早，少有陈腐观念束缚，接受新事物快，在观念和行为上的某些优势往往是父母所不具备的。在孩子心目中，父母已经不再是绝对的权威，他们因循祖辈的遗训去影响和教育当今的孩子遇到了前所未有的困难。事实证明，孩子有能力影响成人世界。

年青一代不仅被社会化，也在社会化着他人。他们既是被社会化者，又是上一代人社会化的因素，在家庭中父辈的权威地位受到严峻挑战。在人的社会化研究中，有学者把这种传统的受教育者对施教者反过来施加影响，向他们传授社会变化知识、价值观念和行为规范的社会化过程，称为"反向社会化"。

这种"反向社会化"理念的强化对父辈的意义有以下几个方面：一是更新传统的社会价值观和行为准则的有力杠杆。亲子关系从权威与服从走向平等与民主。二是弥合代际隔阂的有效途径。孩子是独立的人，有不同于父辈的自身特点和对社会、对家庭各种事物的看法，甚至存在与父辈在生活态度、价值观念、情感倾向、行为方式等方面的对立和冲突。父辈在对子辈教化的同时，通过各种渠道的沟通交流，了解子辈的所思所想，接纳其中合理的成分，便能缩小两代人之间的差异，形成亲子互动的良性循环，促进家庭和谐。三是有利于增强孩子的自信和责任感。在亲子互动中，父辈对孩子的正确思想、行为的接纳和认同，向孩子学习自己不懂的知识、技能，会让孩子由衷地感到自己对父母的价值和作用，从而激发其在家中的自信和责任感，更乐于为父母付出，并从中得到更多的快乐。四是促进父辈提高自身素质。父母主动从孩子身上吸收有益的养分，并通过广泛的社会学习弥补自身的缺陷，创造亲子共同面对困境的氛围，有利于促进两代人共同成长。

综上所述，尽管在儿童社会化过程中父辈依然对子辈扮演着施化者的角色，孩子依然要向父母学习如何做人，但两代人之间的影响绝不是单向的，双向影响的趋向越来越明显。即成年人要向孩子学习，孩子将自己的兴趣、爱好、知识、经验、观念等"反哺"给成年人，这是历史的必然。实现双向社会化，两代人共同成长，这是现代社会家庭教育应当强化的新理念。

四、促进家庭教育的路径
——解读《中华人民共和国家庭教育促进法》

以色列有一句名言：一个好母亲胜过100所学校。欲造伟大之国民，必自家庭教育始。要改变中国教育，也必须着力改变家庭教育。先打好家长教育这个"地基"，建好家庭教育第一层"楼房"，才能建设好学校教育的"高楼大厦"。

目前，我国家庭教育促进与发展存在的主要问题是，作为现代教育三大支柱之一的家庭教育与学校教育相比，发展很不平衡。国家和教育行政部门对学校教育的领导、规划、投资、管理、督导等非常重视；社会教育虽然存在种种问题，却在发展中从无序走向规范，不断有进步；显著缺失和薄弱的是家庭教育。

主要表现在：一些地方领导，包括教育行政部门，只是管学校，不重视家庭教育，致使中小学（幼儿园）办的家长学校管理无序，名义上妇联、共青团、工会、教育行政部门都管，实际上管理都不到位。许多中小学（幼儿园）办的家长学校有名无实，上级无要求，教学无教师，活动无经费，办学无标准，随意性很强。同时，许多社会举办的家庭教育机构存在明显的商业化倾向，以营利为目的，缺乏监督和管理。从业人员整体素质低，早期教育理论被极端化，非科学、非理性、模式化等家庭教育方法，给家长以误导的家教产品等充斥市场。①

针对我国家庭教育存在的种种问题和家庭教育指导现状，以及家长、社会对家庭教育资源的迫切需求，2021 年 10 月 23 日，第十三届全国人民代表大会常务委员会第三十一次会议通过了《中华人民共和国家庭教育促进法》（以下简称《促进法》），并于 2022 年 1 月 1 日起正式实施。所以，不妨从解读该法的视角去探寻促进家庭教育的路径，具体从以下三个方面来分析：

（一）国家支持推动

1. 顶层设计，从国家战略高度认识家庭教育

当前，中国正处于"百年未有之大变局"。在新时代格局下，不仅要在新的发展环境中重新定位家庭教育，而且要从国家战略和社会进步的高度来重新认识家庭和家庭教育。Kamerman 和 Kahn 认为，任何在家庭以外建立的制度都不能取代家庭的功能；福柯总结国家治理在本质上是"一种公共化的家政"，其治理方法（公共教育、社会福利等）和机构（幼儿园、养老院等）都是家庭功能（家庭教育、家庭养老等）的外化。在 2015 年春节团拜会上，习近平同志提出不论时代发生多大变化，不论生活格局发生多大变化，我们都要重视家庭建设，明确了国家发展与家庭建设的辩证关系，将家庭建设提升到一个新的高度；2018 年，他又在全国教育大会上指出，家庭是人生的第一所学校，家长是孩子的第一任老师，强调了家庭和家庭教育的重要机能和独特价值。

在这样的背景下，家庭教育作为家庭的固有功能和教育的自然起点，不能将其简单视为学校教育的延伸或附属，也不应仅聚焦于儿童青少

---

① 教育部关心下一代工作委员会《新时期家庭教育的特点、理念、方法研究》课题组. 我国家庭教育的现状、问题和政策建议［J］. 人民教育，2012（1）.

年的健康成长和全面发展，而要以"国家发展、民族进步、社会和谐"的视角重新审视新时代的中国家庭和家庭教育发展。

2. 国家为家庭教育提供指导、支持和服务

《促进法》第六条规定：各级人民政府指导家庭教育工作，建立健全家庭学校社会协同育人机制。县级以上人民政府负责妇女儿童工作的机构，组织、协调、指导、督促有关部门做好家庭教育工作。教育行政部门、妇女联合会统筹协调社会资源，协同推进覆盖城乡的家庭教育指导服务体系建设，并按照职责分工承担家庭教育工作的日常事务。

（1）国务院应当及时制定、修订全国家庭教育指导大纲。当前，家庭教育指导存在内容欠缺规范、部门机构分工不清、难以协调、缺乏评估指导相关建设、家庭教育研究不深入、理论化体系化不足、各地各方家庭教育指导程度标准不等、节奏进度不一致等问题，都需要国家最高行政部门制定全国性的家庭教育指导大纲予以规范明确。

省级人民政府或者有条件的设区的市级人民政府应当组织有关部门编写或者采用适合当地实际的家庭教育指导读本，制定相应的家庭教育指导服务工作规范和评估规范。省级以上人民政府应当组织有关部门统筹建设家庭教育信息化共享服务平台，开设公益性网上家长学校和网络课程，开通服务热线，提供线上家庭教育指导服务，并做好监督管理。

（2）各地政府应当制定家庭教育工作专项规划。将家庭教育指导服务纳入城乡公共服务体系和政府购买服务目录，将相关经费列入财政预算，鼓励和支持以政府购买服务的方式提供家庭教育指导。将家庭教育指导服务纳入"全国社区公共服务目录和标准体系"，进一步丰富完善政府主导、社会参与的公共服务供给。

在当前背景下，鉴于家庭教育服务发展面临的主要问题是市场供给不足，有必要在培育家庭教育服务的市场主体上做更多的工作。具体而言，可以在税收、资金、场地、人才等方面采取优惠措施，支持社会教育机构与组织的发展。在税收方面，可以采取税收减免等优惠政策，鼓励社会组织和人员参与提供家庭教育服务；在经费方面，可以提供必要的财政

支持和项目经费，引进更多的资金推动家庭教育发展；在人才方面，可以加大对家庭教育专门人才引进的力度，吸引更多的人才投身家庭教育服务事业。

（3）设立家庭教育指导机构，培育家庭教育服务机构。《促进法》第一款规定，县级以上地方人民政府可以结合当地实际情况和需要，通过多种途径和方式确定家庭教育指导机构。建立家庭教育指导服务专业队伍，加强对专业人员的培养。包含婚姻登记机构和收养登记机构应当通过现场咨询辅导、播放宣传教育片等形式，向办理婚姻登记、收养登记的当事人宣传家庭教育知识，提供家庭教育指导；儿童福利机构、未成年人救助保护机构应当对本机构安排的寄养家庭、接受救助保护的未成年人的父母或者其他监护人提供家庭教育指导；人民法院在审理离婚案件时，应当对有未成年子女的夫妻双方提供家庭教育指导。

县级以上地方人民政府及有关部门可以采取政府补贴、奖励激励、购买服务等扶持措施，培育家庭教育服务机构。教育、民政、卫生健康、市场监督管理等有关部门应当在各自职责范围内，依法对家庭教育服务机构及从业人员进行指导和监督。

（4）加强教育部门的家庭教育职能与职责。《促进法》规定，县级以上地方人民政府可以结合当地实际情况和需要，在教育系统的工作计划、督导评估、评比表彰中增加家庭教育工作的内容。及时总结推广各地办好家长学校的经验，调研解决家长学校办学中出现的困难和问题。建立经费保障机制，把家庭教育经费列入各级教育行政部门和中小学（幼儿园）经费预算。家长参加家长学校学习适当交费，并鼓励社会赞助家庭教育事业。

各级人民政府指导家庭教育工作，建立健全家庭学校社会协同育人机制。县级以上人民政府负责妇女儿童工作的机构，组织、协调、指导、督促有关部门做好家庭教育工作。教育行政部门、妇女联合会统筹协调社会资源，协同推进覆盖城乡的家庭教育指导服务体系建设，并按照职责分工承担家庭教育工作的日常事务。

（5）发挥民政部门、教育部门、妇联对特殊困难家庭的帮扶。民政部门、教育部门、妇女联合会对留守未成年人和困境未成年人的父母或者其他监护人实施有针对性的家庭教育帮扶和服务。中国有数千万留守儿童、1000多万残疾儿童、1000多万贫困儿童等的教育状况乃至生存状况仍不容乐观，如果不能尽快改变这一状况，将直接影响我国社会主义现代化强国目标的实现。对于流动儿童，"新生代"农民工家庭出于对生活质量和下一代教育资源的考量而采取的"离城不回乡"或"回流不返乡"策略亦亟须关注，应给予有学龄子女的父母必要的政策制约与福利安排以减少留守儿童现象。这一方面需要我们将家庭做整体性考量，投入更多的资源并引入新型技术支持其家庭教育发展。

3. 家庭教育促进法律法规不断完善

《促进法》首次以国家意志明确家庭教育的属性地位，推动家庭教育各责任主体的明晰和落实，为我国家庭教育事业健康发展提供强有力的法律保障。近年来，家庭教育立法逐渐从学术议题转化到实践层面。2016年，重庆市率先出台了《重庆市家庭教育促进条例》。截至2021年1月，已经有重庆市、贵州省、山西省、江西省、江苏省、浙江省、福建省、安徽省、湖南省、湖北省10个省市制定出台了《家庭教育促进条例》。各省市条例的颁布，旨在以立法的形式推动家庭教育发展，通过对家庭、政府、学校、社会等相关主体权责的划分，实现法律对家庭教育的支持、规范和引导。

（二）家长担起责任

家庭教育的主体责任人是家长（主要是父母）。然而，假如把父母或家长视为一种职业的话，这却是一种几乎不太需要资质认定和评估的职业，而且缺乏有效的退出机制，给家庭教育带来了若干不稳定性。

1. 明确家长的责任意识

《促进法》明确父母或者其他监护人应当树立家庭是第一个课堂、家长是第一任老师的责任意识，承担对未成年人实施家庭教育的主体责任，用正确思想、方法和行为教育未成年人养成良好的思想、品行和习惯。

2. 尊重儿童权利

尊重和保护孩子的权利是家庭教育的根本，《促进法》规定，家庭教育应当尊重未成年人身心发展规律和个体差异；尊重未成年人人格尊严，保护未成年人隐私权和个人信息，保障未成年人合法权益。

尊重和保护儿童权利是家庭本质功能的体现。人口的繁衍和抚育是家庭的本质功能，儿童作为家庭抚养教育的对象，有生存、发展、参与社会生活的各种需要，享有社会赋予他们的特有的权利。当前，造成很多家庭教育失败的原因其实是漠视了儿童权利，没有坚持"以儿童为本"，而是"以家长为本"的教育理念，造成教育方式方法简单粗暴，或是冷漠专制，在儿童成长过程中起到了不良示范的作用，也引发了儿童内在心理问题和外在不良行为的产生。

3. 提升家长家庭教育能力

家庭教育能力是指父母或者其他监护人在掌握一定的家庭教育知识后运用恰当的教养方式在日常教养实践中能够顺利实现儿童社会化的心理特质。

（1）树立正确的家庭教育理念。遵循家庭教育特点，自觉学习家庭教育知识，掌握科学的家庭教育理念。坚持"以儿童为本"的教育理念，应当与中小学校、幼儿园、婴幼儿照护服务机构、社区密切配合，积极参加其提供的公益性家庭教育指导和实践活动，提高家庭教育的能力，以促进未成年人健康成长。

改变教育观念唯成绩论；增强德育建设；及时关注子女心理健康；弥补对子女兴趣爱好关注不足的缺失；加强生命教育、性教育、人格教育、审美教育、劳动教育等。

（2）掌握科学的教育方式方法。《促进法》规定了未成年人的父母或者其他监护人实施家庭教育，应当关注未成年人的生理、心理、智力发展状况，尊重其参与相关家庭事务和发表意见的权利，合理运用。具体做到：①亲自养育，加强亲子陪伴；②共同参与，发挥父母双方的作用；③相机而教，寓教于日常生活之中；④潜移默化，言传与身教相结合；⑤严慈相济，关心爱护与严格要求并重；⑥尊重差异，根据年龄和个性特点进行科学引导；⑦平等交流，予以尊重、理解和鼓励；⑧相互促进，父母与子女共同成长；⑨其他有益于未成年人全面发展、健康成长的方式方法。

（3）注重家庭建设。培育积极健康的家庭文化，树立和传承优良家风，弘扬中华民族家庭美德，共同构建文明、和睦的家庭关系，为未成年人健康成长营造良好的家庭环境。

在少子化和老龄化加剧的压力下，当代父母群体面临抚幼和养老之间的博弈。同时，由于工作生活的现实压力，祖父母（或外祖父母）参与隔代养育教育的比例居高不下，随着生育政策的进一步宽松化，这一现象将很难在短期内扭转。在这样的背景下，家庭教育已不只涉及父母或家长的终身学习和言传身教，更成为不同代际的家庭成员协同参与的长期活动。

（三）社会协同促进

1. 多方参与配合家庭教育指导机构，提供家庭教育指导服务

《促进法》规定，居民委员会、村民委员会可以依托城乡社区公共服务设施，设立社区家长学校等家庭教育指导服务站点，配合家庭教育指导机构组织面向居民、村民的家庭教育知识宣传，为未成年人的父母或者其他监护人提供家庭教育指导服务。中小学校、幼儿园应当将家庭教育指导服务纳入工作计划，作为教师业务培训的内容。中小学校、幼儿园可以采取建立家长学校等方式，针对不同年龄段未成年人的特点，定期组织公益性家庭教育指导服务和实践活动，并及时联系、督促未成年人的父母或者其他监护人参加。

婴幼儿照护服务机构、早期教育服务机构、医疗保健机构、图书馆、博物馆、文化馆、纪念馆、美术馆、科技馆、体育场馆、青少年宫、儿童

活动中心等公共文化服务机构和爱国主义教育基地等部门协同指导机构提供家庭教育指导服务。

工会、共产主义青年团、残疾人联合会、科学技术协会、关心下一代工作委员会以及居民委员会、村民委员会等应当结合自身工作,积极配合开展家庭教育工作,为家庭教育指导提供服务。

根据全国妇联调查统计,到 2020 年,全国已建立城乡社区(村)家长学校或家庭教育指导服务站点 34.9 万个,以多种形式帮助了千万家长就近就便得到家庭教育支持。但目前全国社区(村)家长学校建设率仅为 54%,覆盖率低。同时已建成的家长学校存在经费匮乏、资源有限、缺少专业指导和服务或尚未实际运行等难题。接下来如何解决这些问题,各地如何将社区家长学校场所建设或家庭教育指导服务站点建设纳入社区发展规划尚需落实。

2. 鼓励高校培育家庭教育专业人才

国家鼓励开展家庭教育研究,鼓励高等学校开设家庭教育专业课程,支持师范院校和有条件的高等学校加强家庭教育学科建设,培养家庭教育服务专业人才,开展家庭教育服务人员培训。把家庭教育学列为教育的二级学科,有条件的院校招收家庭教育学研究生。拓宽师范院校毕业生就业门路,为各级各类学校和社会提供从事家庭教育的指导人才。

3. 鼓励专业社工介入

《促进法》明确鼓励社会工作者、志愿者参与家庭教育指导服务工作。支持培育家庭社工和相关专业化社会组织,为社区家庭提供科学多元的家庭教育指导服务。

社工专业的发展已有 100 多年的历史,家庭教育指导一直以来都是社会工作的重要方面,社工力量是一种不可忽视的社会力量,能够为家庭教育的现代化发展提供专业的支持。由于社工在沟通技巧、心理辅助、行为矫正等方面受过了专业训练,与学校教师相比,在开展家庭教育指导服务时具有一定的优势。社会工作本质上是一种专业化、职业化的助人活动,其特征是向有需要的人特别是困难群体提供科学有效的服务。社会工作以受助人的需要为中心，并以科学的助人技巧为手段，以达到助人的目的。相信随着社会的发展，会有更多的专业机构和组织介入家庭教育指导服务，并与学校的家庭教育指导形成合力，共同推动现代化的家庭建设和家庭教育的现代化发展。

4. 规范私营家庭教育服务机构

《促进法》明确自然人、法人和非法人组织可以依法设立非营利性家庭教育服务机构。县级以上地方人民政府及有关部门可以采取政府补贴、奖励激励、购买服务等扶持措施，培育家庭教育服务机构。

社会上很多社会服务机构存在明显的商业化倾向，以营利为目的，缺乏监督和管理。从业人员整体素质低，早期教育理论被极端化，非科学、非理性、模式化等家庭教育方法，给家长以误导的家教产品等充斥市场。针对此种现象，家庭教育服务机构应当加强自律管理，制定家庭教育服务规范，组织从业人员培训，提高从业人员的业务素质和能力。

5. 加强媒体宣传与影响

广播、电视、报刊、互联网等新闻媒体应当宣传正确的家庭教育知识，传播科学的家庭教育理念和方法，营造重视家庭教育的良好社会氛围。同时，充分利用互联网、手机等新媒体丰富家庭教育模式，提升家庭教育效果，还可以转换家庭教育思想，提高家庭教育水平，拓宽信息获取渠道，完善社会支持网络，比如建立在手机媒体基础上的家校沟通合作平台等。

第九章

城市继续教育

一、城市继续教育高质量发展

（一）高质量教育体系的重要作用及核心要求

1. 深刻认识"十四五"时期建设高质量教育体系的重要意义

习近平同志在十九大报告中指出，我国经济已由高速增长阶段转向高质量发展阶段，正处在转变发展方式、优化经济结构、转换增长动力的攻关期。党的十九届五中全会通过的《中共中央关于制定国民经济和社会发展第十四个五年规划和二〇三五年远景目标的建议》明确了"建设高质量教育体系"的政策导向和目标任务。建设高质量教育体系，是"十四五"时期推动高质量发展的内在要求，强调"发挥在线教育优势，完善终身学习体系，建设学习型社会"，充分体现了建设学习型社会的顶层设计意图，构建方式更加灵活、资源更加丰富、学习更加便捷的终身学习体系。赋予了全社会"办好继续教育"的新使命，对新时期高等学历继续教育的办学格局和发展方向提出了更新更高的要求，终身学习与教育体系要求实现各级各类教育的协调发展。

教育部陈宝生部长在《建设高质量教育体系》一文中指出，要深刻认识"十四五"时期建设高质量教育体系的重要意义，建设高质量教育体系是坚持以人民为中心的必然要求，是构建新发展格局的基础环节，是锚定2035远景目标的关键举措。多渠道扩大继续教育资源，更好满足不同群体多元化学习需求，高等学历继续教育进入"满足人民对更好教育期盼"的高质量发展时期①。

2. 高质量发展必须把握的核心要义

终身学习与教育体系要求实现各级各类教育的协调发展。《中国教育现代化2035》提出构建服务全民的终身学习体系，一是要构建更加开放畅通的人才成长通道，完善招生入学、弹性学习及继续教育制度，畅通转换渠道。二是建立全民终身学习的制度环境，建立国家资历框架，建立跨部门、跨行业的工作机制和专业化支持体系。建立健全国家学分银行制度和学习成果认证制度。三是强化职业学校和高等学校的继续教育与社会培训服务功能，开展多类型、多形式的职工继续教育，扩大社区教育资源供给，加快发展城乡社区老年教育，推动各类学习型组织建设。同时，终身学习与教育体系还要求各级各类教育实现有机整合、有效衔接与相互沟通。

关于高质量教育体系的核心要义，中国成人教育协会高文兵②、吴斌和范太华③等均强调要在体制机制、结构类型、内在活力、保障措施、评价方式等方面把握新阶段、新理念、新格局。黄健④在《高质量发展高等继续教育的思考和建议》一文中将其归纳为基本遵循"创新、协调、绿色、开放、共享"五大新发展理念，坚持以人民为中心、坚持立德树人、

① 陈宝生. 建设高质量教育体系 [N]. 光明日报，2020-11-10.
② 高文兵. 以新发展理念引领构建成人继续教育高质量发展新格局 [J]. 中国成人教育，2021（1）.
③ 吴斌，范太华. 基于高质量发展的高校继续教育新发展格局的构建 [J]. 中国成人教育，2021（14）.
④ 黄健. 高质量发展高等教育继续教育的思考和建议 [J]. 终身教育研究，2021（2）.

全社会形成合力、推进信息技术与教育教学的深度融合以及教育治理体系和治理能力的现代化六个方面。

结合新发展观，从其涵盖的基本内容看，建设高质量教育体系大致包括三个层面的内容：

首先，必须坚持正确的方向不动摇。建设高质量教育体系，要明确建设高质量教育体系的基本理论、基本路线。教育是国之大计，党之大计，无论是学校基础教育、全日制学历教育，还是成人继续教育，任务都是为党育人、为国育才，全面贯彻党的教育方针。要把继续教育工作和学习型社会建设与党委、政府的中心工作结合，主动对接构建服务全民终身学习的教育体系，建设学习型社会，加强继续教育供给侧改革，创新继续教育的形式、内容和质量，将继续教育发展融入建设学习型社会、建设社会主义强国的过程中。

其次，在高质量内涵式发展上下功夫。建设高质量教育体系，要明确工作方针、工作机制、工作宗旨。习近平同志在教育文化卫生领域专家代表座谈会上强调，要完善全民终身学习推进机制，构建方式更灵活，资源更丰富，学习更加便捷的终身学习体系①。当今世界教育领域正发生革命性变化，教育与经济社会发展的结合更加紧密，以学习者为中心，加强价值引领、知识培养、思维训练和能力养成"四位一体"的全民学习、终身学习、个性化学习的理念正日益深入人心，从城市到乡村，从高学历学习者到普通群众，一个"人人皆学、处处能学、时时可学"的社会氛围基本形成。深化教育综合改革，加大教育领域"放管服"改革推进力度，加快现代学校制度建设，确保继续教育合法合规发展，完善治理结构，推进结构合理、布局优化的发展性综合性格局建设。着力深化教育评价制度改革，建立健全科学的教育评价制度和机制。

最后，不断完善服务体系。建设高质量教育体系，要明确其工作方向、工作任务、工作措施。什么样的质量观才是当今高等教育大众化阶段

---

① 习近平. 在教育文化卫生体育领域专家代表座谈会上的讲话［EB/OL］.［2020-09-22］. 新华网.

的应有之义呢？我国高等教育学的学科奠基人潘懋元①早在 2000 年就在《高等教育大众化的教育质量观》中提出高等教育从精英阶段到大众化阶段，不只是量的增长，而是质的变化，所谓质的变化，包括教育观念的改变，教育功能的扩大，培养目标和教育模式的多样化，课程设置、教学方式与方法，入学条件、管理方式以及高等教育与社会的关系一系列的变化。我们必须坚持深化改革、坚持教育创新，探究在建设学习型社会的背景下如何更好地服务于学习型城市建设，要把新发展观贯穿教育发展的各个方面和全过程，让创新成为教育发展的第一动力，建设城市终身学习综合体，融合"线上+线下"、"5G+人工智能"，现代信息技术和智能环境应用是继续教育加速赋能的新趋势，是高校继续教育供给侧改革，不断提升治理体系、治理能力现代化，实现高质量继续教育的必然选择，需不断探索新的路径，研究可行性方案及应对措施，坚持开放和共享，在推动城市居民终身学习能力的同时，推动学习型城市建设和可持续发展。

（二）新时代构建服务全民终身教育的新要求

1. 加快继续教育发展是推进终身学习建设教育强国的需要

全民终身学习已是世界主流的教育思想，对世界教育和人类社会的发展都产生了深远的影响。联合国教科文组织于 2015 年 11 月发布的《教育 2030 行动框架》，提出了一个世界未来 15 年教育发展议程，创新点就在于"确保全纳、公平的优质教育，使人人可以获得终身学习的机会"。我国自 20 世纪 80 年代引进终身教育理论开始，就对推进终身教育，建立终身教育体系非常关注，采取了一系列的政策和措施。《中国教育现代化 2035》规划所列出的 2035 年主要发展目标，其中"建成服务全民终身学习的现代教育体系"作为推进教育现代化的十大战略任务之一，排在首位。全民终身学习，从纵向上看，包括每个人从婴儿到老年各个不同发展阶段所受到的各级各类教育；从横向上看，包括每个人从学校、家庭、社会各个不

---

① 潘懋元. 高等教育大众化的教育质量观［J］. 清华大学教育研究，2000（1）.

同领域受到的教育，实现学校教育、家庭教育和社会教育三者有机结合。继续教育作为终身学习体系中的一部分，在推进终身学习与终身教育方面起着至关重要的作用。

董明传、毕诚、张世平①在《成人教育史》中写道："各类学校教育均称为职前教育，学历证书仅是从业择业或转业的一种资格凭证，而岗位资格证书则被提升成为与学历证书同等重要或更重要的就业证明；出校后的继续教育对于一个劳动者来说显得更为直接，更为重要；我国成人教育呈现了个人追求高层次提升、素质提高、学以致用、不断更新知识结构和提高知识创新能力的发展趋势。"资料显示，我国从 2005 年启动并连续在全国开展全民终身学习周，截至 2020 年 12 月 31 日，全国已有 23 个省及直辖市举办了省级开幕式，覆盖 1800 多个市、县、区，内容不断丰富，形式日趋多样，品质不断提升，居民参与日趋广泛，每年参与人次达4000 万以上。近年来，继续教育吸引了社会多方力量介入，更是迅猛发展，在很大程度上满足了社会成员对高等教育多形式多样化的需求。②

进入新时代，我国教育已经完成了从"有学上"到"上好学"的历史性转变，从"少年易老学难成"到"活到老学到老"的转变。继续教育已经成为我国培养高素质创新型和复合型人才极其重要的途径，为社会经济发展提供了各种有用之才，为提升国民素质和国家核心竞争力发挥着越来越重要的作用。

2. 加快继续教育发展对缩小城乡教育差距、促进教育公平具有重要意义

我们的人民热爱生活，期盼有更好的教育、更稳定的工作、更满意的收入、更可靠的社会保障、更高水平的医疗卫生服务、更舒适的居住条件、更优美的环境，期盼着孩子们能成长得更好、工作得更好、生活得更好。人民对美好生活的向往，就是我们的奋斗目标。这是习近平同志在十八届一中全会后中央政治局常委与中外记者见面会上的讲话。学习型社会

---

① 董明传，毕诚，张世平. 成人教育史［M］. 海口：海南出版社，2002：4-5.
② 钟秉林. 构建服务全民终身学习的教育体系［N］. 中国教育报，2020-05-15.

强调的是全民学习、终身学习，要求形成积极向上的学习氛围和一种更强烈、更全面、更持久的全民学习的状态。

《教育 2030 行动框架》指出，我国大约 7.58 亿的成年人中，约有 1.14 亿年龄在 15~24 岁的成人仍然不能读或写一个简单句。吕利丹和段成荣①指出，我国流动劳动力主要从中西部地区流向东部地区，流动儿童在城市群和经济带聚集。跨省流动儿童完成义务教育以后在流入地接受高中教育和参加高考面临较大困难。在较早的时期，由于高中教育的普及程度相对较低，许多农村儿童接受完义务教育以后就会终止学业，跟随流动人口进入异地劳动力市场，这是 2000 年和 2005 年大龄流动儿童跨省流动比例相对较高的主要原因。迄今为止，我国教育的发展仍然存在明显的城乡、沿海、西部、发达地区和欠发达地区的教育资源分配不均的问题。教育公平包括教育起点、教育过程及教育结果三个方面的公平，人人都享有受教育的义务和权利、人人都有平等的受教育的机会、教育成功的机会和教育结果均等，而不会因为地域、年龄、性别等产生差异。

党的十九大报告提出，坚决打赢脱贫攻坚战，让贫困人口和贫困地区同全国一道进入全面小康社会。我们要紧紧扭住教育这个脱贫致富的根本之策，扶贫先扶智，治贫先治愚。发展教育是深度贫困民族地区稳定脱贫奔小康的希望，是从根本上阻断贫困代际传递的关键。当前我国教育已经进入高质量发展、内涵发展的新阶段，由大到强就是我国教育发展的重要阶段性特征。在推进新时代教育公平上，在扩大教育机会的同时，要坚持以提标、提质促公平，进一步注重有质量的公平、高质量的公平，进一步注重内涵性教育公平、教育内部的公平，坚持以开放、融合促公平，促进教育系统向社会开放，学校回归社区，教育回归生活；促进教育系统内部开放，打通普通教育与职业教育、学历教育与非学历教育、正规教育与非正规教育、职前教育与职后教育、线上教育与线下教育、公办教育与民办教育之间的壁垒，形成统一开放的教育体系，要扩大继续教育资源供

---

① 吕利丹，段成荣．我国流动儿童规模和流动特征的变化趋势（2000—2015 年）［M］//韩嘉玲等．中国流动儿童教育发展报告（2019—2020）．社科文献出版社，2020.

给，加快发展城乡继续教育，推动各类学习型组织建设。

继续教育是国家教育事业和终身教育体系中的"半壁江山"，在各类教育中，继续教育培养人才具有自己独特的优势，对象不限地域、年龄、性别，只要愿意，都可以通过一定的学习渠道进行学习，如时间富余者可以脱产学习，时间不足者可以业余学习，可以满足不同学习者的需要。通过全社会共同参与，实现各级各类教育纵向衔接、横向沟通，学校教育与社会教育、家庭教育密切配合、良性互动，坚持以共建、共享促公平，集聚各类教育的扶贫功能，创新教育扶贫的各类模式，向边疆、老少边穷地区提供各类融合式教育服务，将教育作为贫困地区致富的"造血干细胞"，将一项项技术变成老百姓手中的"真金白银"，为促进教育公平、精准扶贫、共同富裕作出积极贡献。

（三）人才培养模式的优化和创新

继续教育规模的发展提升了人们对于量和质的诉求，解决问题的关键在于探索高效的人才培养模式，提高科学研究水平及社会服务品质。

聂琴[①]认为，作为以我国深刻的社会改革为内在动力的终身教育的核心部分，成人教育在当代有着前所未有的丰富内容和复杂问题，亟待得到成人教育学科认真的研究和深入的思考。专业人才的培养离不开对成人教育学学科自身的清晰认识，全面把握和理解成人教育学的丰富内涵及其对终身教育的基础性意义，对构建新时期的学科体系具有重要的理论价值和实践意义。

张伟远等[②]梳理了国际上 148 个国家和地区发展资历框架的历程，总结了资历框架发展的三个阶段，他强调，国家资历框架是互联网时代推进终身学习的制度体系。"十四五"期间要创新中国模式，完善"资历框架+学习成果认证制度+学分银行平台"的终身学习制度体系；成立跨部门

---

① 聂琴. 成人教育学研究生培养与学科发展的动力与障碍［J］. 中国成人教育，2018（6）.
② 张伟远，张璇，张伟远等. 推进终身学习和建立学分认证制度的最新发展［J］. 终身教育研究，2017（10）.

领导小组，设立资历框架专门管理部门；整合已有法律条文，为国家资历框架实施提供制度性保障；建立公开的监管机制，成立政府认可的学习成果认证机构。杨晨[①]指出，我国的"学分银行"探索走过了一条地方自主探索（从 20 世纪 80 年代~2009 年）、国家制度安排（2004 年以来）以及全国范围推进（2010 年以来）的历程，三个过程次第交叠。我国的"学分银行"建设要研究和解决"学分银行"实体的主管单位及功能定位问题；畅通和拓宽终身学习通道的着力点问题；科学地发挥学分银行的制度优势问题。福建省终身教育学习成果认证、积累和转换制度研究课题组则结合福建自身实际，提出可以基于区域（校际）协作或者互认联盟的形式，搭建终身学习公共服务平台，由教育行政部门主导推进全省终身学习成果认证、积累和转换制度建设，以"框架+标准"的技术路径形成以学习成果框架和标准体系为核心、以学习成果认证服务体系和信息平台为依托的运行载体，以政策法规、质量监控和经费为支撑保障的制度架构，并在学习成果框架研制、认证标准开发与应用、认证服务体系建设和信息平台建设等关键性环节开展验证性试点实践。

此外，福建省在继续教育方面还采取了"课程超市"、"订单班"等模式。所谓"课程超市"，是指学生可以随时随地自主地在网上选择课程，累计学分达标后就可以申请单科结业证书或网络教育学历文凭。在具体的实施过程中，福建省通过建立更加开放的终身教育学习方式，充分利用了全社会教育文化科技资源，支持和引导各级各类教育机构面向全社会，实行更加灵活多样的办学形式，重点抓好在职人员岗位培训、下岗失业人员再就业培训、进城务工人员培训工作。所谓"订单班"，如福建省财政厅加大发展终身教育的财政支持力度，2009 年拨出专款 1500 万元，专项用于村级农民技术员培训工作（除厦门市外）；科技厅大力抓"新型农民星火培训体系建设"和"泉州市新农村实用技术远程培训平台建设"等培训工作，多次邀请台湾农业专家来福建举办终身教育、终身学

---

① 杨晨.我国学分银行建设取向考量［J］.终身教育研究，2017（2）.

习报告，并开展农民技术员培训工作，特别是加强对返乡农民工的创业培训，实施农村劳动力转移就业培训、核心农户和创业农民培训工程。

（四）教育治理体系和治理能力的赋能手段

继续教育是国家教育体系的重要组成，是国家教育动态治理的基本单元，基于构建服务国家高质量发展的高校继续教育新发展格局，治理体系和治理能力现代化是继续教育高效供给的新基石。

高等继续教育经过改革开放以来40多年的治理变革，已经形成了比较健全的治理制度、治理体系和治理方式，党的十八大以来，办学主体明显增加，政府部门的行政管理权和审批权得到精减，继续教育自主办学权和内部治理权得到扩大，依法处理政府、学校、社会和市场等主体在继续教育实践中的多重关系的治理模式则成为国家管理继续教育的思维工具。[①]继续教育治理体制机制是指继续教育相关多元利益主体参与的制度设计，具体指向继续教育组织系统的权力配置、运行制衡、有效监督等一整套制度安排。现代化的继续教育治理体制机制是继续教育治理理念、治理目标、治理主体、治理结构和治理技术等诸要素从传统到现代的变化。但仍然存在诸多问题，与教育治理的理想期待还有一定的差距。[②]

1. 制度不完善，协调性不足

我国继续教育政策制定存在着缺乏整体和远景规划、进展缓慢、关键性政策笼统粗糙、缺乏配套制度等问题。教育行政部门对高等继续教育治理制度建设的重视力度不足，较少系统思考高等继续教育治理制度问题和顶层谋划，以及设计和统筹高等继续教育治理制度框架、方案和改革进程问题。新形势下有关高等继续教育利益主体的责权利问题、办学质量问题、教学事故问题、违规行为界定问题等的相关治理制度，研究少、制定

① 乐传永，李梦真．近20年我国高校继续教育治理研究的热点与发展［J］．现代远程教育研究，2019（2）．
② 梁斌．高等继续教育治理的内涵价值、现实困境与对策建议［J］．教育与职业，2020（12下）．

少、出台少。受治理制度欠缺等因素的制约，教育主体在治理高等继续教育过程中缺乏行动依据，致使行动迟缓乃至无所行动。治理制度的缺乏，人为主观治理难以准确把握治理的范畴范围、手段方式和宽严程度。

2. 共同体治理能力效能无法发挥

因利益诉求差异而难以组建协同的治理体系，相互支持、配合和协调的治理氛围难以形成。教育部将高等继续教育管理权限由高等教育司移交到职业教育与成人教育司，地方各级教育行政部门陆续进行了相应调整。但是，继续教育治理工作往往因管理人员视野和精力问题而容易被忽视和边缘化。普通高校因忙于大力发展高等职业教育和积极提升普通高等教育质量而容易忽视继续教育发展问题，未给予继续教育应有的关注和治理；校外教学站点忙于拓展招生市场规模和提升经济效益而容易忽视自主管理和自主治理问题，无暇思考教学站点存在的价值和长远使命；社会媒体和第三方评价机构忙于捕捉社会治理热点问题而容易忽视继续教育管理问题，继续教育治理问题得不到社会媒体和第三方评价机构必要的关注。关注侧重点的差异导致继续教育管理缺少合力，发展迟缓。

3. 治理能力不足

一些继续教育机构不按教育教学规律办学，不按国家教育方针政策育人，放松教育教学过程管理，教学条件简陋，人才培养方案缺乏标准和系统，压缩教学内容，减少教学时数，减少教学辅导，学位论文把关不严，毕业资格审核流于形式，致使学员教育与学习收获不大，学业证书含金量不高。

近年来，教育部对继续教育办学政策进行了密集调整，出台了《高等学历继续教育专业设置管理办法》，建立了高校继续教育年度发展报告制度，印发了《教育部办公厅关于服务全民终身学习促进现代远程教育试点高校网络教育高质量发展有关工作的通知》，并提出了建立健全自我评价机制、加强质量监测评估等具体要求。国家相继出台了加强继续教育招生考试工作、农民工学历与能力提升行动计划、规范高校继续教育专业设置、发布高校继续教育发展年度报告、自学考试条例修订、下放和取消网络学历教育审批权、办好开放大学、专业技术人员继续教育规定、社区教育发展、学习型城市建设等方面的政策、文件和通知，不断强化继续教育的规范运行和科学管理，为办好各级各类继续教育和学习型组织提供制度保障。

二、城市继续教育发展的现状与困境

虽然继续教育取得了不小成就及作出了一定贡献，但是，在各级各类教育中继续教育仍然是薄弱环节、突出短板。在全国教育工作会议上，陈宝生部长强调要破解继续教育发展难题，指出在我国各类教育中继续教育还属于薄弱环节，如期实现现代化的任务还很艰巨，需要适应新形势新变化，推动继续教育规范与创新，既要深度调整既有利益格局，做好"老城改造"，又要推动新的模式与路径建设，启动"新区建设"。这一"老"一"新"的表述表明，继续教育各板块需要破旧立新，继续教育改革举措需要推陈出新，继续教育战线的同志还需要不断进行理论创新、实践创新、制度创新，努力实现人人、时时、处处可学，让 14 亿人民享有更好更公平的教育。

（一）教育体系完整度不够

继续教育是一种特殊形式的教育，重在对专业技术人员的知识和技能进行更新、补充、拓展和提高，进一步完善其知识结构，提高其创造力和专业技术水平，同时也是人才资源开发的主要途径和基本手段。但长期以来，由于受传统教育思想的影响，继续教育社会地位被边缘化，机制缺乏活力，管理体制不够畅通。存在部门分割、资源分散、重复集合、发展不均衡的问题。与继续教育发展相关的部门缺乏有效的沟通协调机制，难以形成发展合力。普通高校、成人高校开放大学系统、自学考试系统等各类继续教育办学形式之间，在发展目标、办学定位、工作重点等方面存在重叠、交叉和错位、系统联动、开放共享不足。国家层面的继续教育政策、规划发布以后，各地虽然出台了相应的政策，但很少有具体落实到深化实践改革的实际行动上，继续教育的培训实体习惯于按指令行动，办学的自主性不强。激励专业技术人员学习的各项政策不配套，学习与个人利益尚未挂钩，学与不学区别不大。

（二）载体承载功能不足

循迹高等继续教育发展历程发现，长期追求教育资源显性扩张，一度呈现学生数量迅速膨胀、办学收入迅速增加等繁荣表象。随着时间的推移，潜藏问题不断凸显，办学质量备受指责。人才培养复制有余，创新不足。培养定位与普通高教趋同，课程体系单一，教学内容滞后，人才素质与社会需求错位。办学项目趋于雷同，特色不足。过度倚重学历教育，专业设置趋近，非学历教育份额偏低；特色化发展滞后，差异化、错位化发展不明显，难觅继续教育"校本品牌"。高等继续教育体系内部各构成要素融合不足。体系内，成教、远程、自考三教互不兼容、重复建设，资源耗散；体系外，与普通高教二元分立，兼容并通的大教育格局难以形成。师资建设偏离需求，拓展不足。专职师资数量短缺，学缘结构不尽合理，教师专业化建设缺位，兼职教师效能发挥不佳，"双师型"师资匮乏。

（三）保障体系不够健全

高等继续教育对资源获取存有巨大的刚性需求。最初兴办和提供高等继续教育所需资源的主要途径是高校，利用校内宽余资源面向社会举办的教育服务。我国高校资源主要依靠政府投资。随着高校数量激增，办学规模急遽扩大，政府难以保持连续高投入。在存量不足、增量有限条件下，很多高校遭遇资源危机。在投入有限的情形下，高等继续教育再想从高校内部获得支撑转型的更多资源非常困难。"资源协同"、"共建共享"

等创新意识淡薄；主动出击，建设资源共同体能力和策略均显欠缺。

（四）供给结构不均衡

多数研究者认为继续教育的供给结构失衡、供给质量不高，供给创新乏力，制约着继续教育的发展。有学者认为我国继续教育课程设置与教学内容难以满足社会真实需求，还有学者认为非学历继续教育脱离时长需求，社会服务意识不强，社会责任意识欠缺。继续教育学生工学矛盾突出，开展教育在时间上和空间上都存在一定困难。由于继续教育学生很多同时肩负着家庭和工作的多重责任，扮演多个社会角色，其自身的社会性也会表现得较为明显，学生流动性、分散性较强，在校时间短，投入学习的时间、精力有限，与教师之间难有充分的接触，这直接导致其在接受教育的时间和精力分配上往往不充分，传统教育的诸多措施和要求难以落到实处，现代教育的资源和技术又在继续教育中使用匮乏。

三、新时代城市继续教育发展模式构建

时代赋予了继续教育新的使命，继续教育要在规范办学的基础上，建设优质教学资源，创新人才培养机制和模式，以高质量、高水平的继续教育培养出更多优秀应用型人才，服务全民终身学习的需求和学习型社会的构建，实现"人人皆学、处处能学、时时可学"。

（一）贯彻立德树人、构建"学校、学院、站点"三级思政工作体系

将继续教育学生的思想政治教育全面纳入思政教育工作体系中，进一步完善继续教育思政课程体系，统一各学习站点思政课的教学目标、课程

设置、教材使用和教学管理等方面的要求，发挥思想政治理论课的主渠道作用。加强学习站点教师队伍建设，选聘政治强、情怀深、思维新、视野广、自律严和人格正的教师担任教学工作。加强学习站点管理人员培训，提升政治、业务素质和工作能力。继续教育学院协同各学习站点通过开学典礼、毕业典礼和社会实践等形式，利用信息技术开展高等学历继续教育学生的思想政治教育工作，构建"学校、学院、站点"三级思政工作体系，形成"全员育人、全程育人、全方位育人"的思政教育工作格局。

结合办学定位和专业人才培养目标，围绕课程思政建设核心内容，全面科学修订人才培养方案，坚持学生中心、产出导向、持续改进，构建以思政课程、公共基础课程和通识教育课程、专业教育课程和实践类课程等相互支撑的课程思政育人体系，明确各类课程建设重点，不断优化课程设置，注重全面覆盖，促进知识传授与价值引领同频共振，各类课程与思政课程同向同行，显性教育和隐性教育相统一，提升学生的课程学习体验、学习效果。要结合不同学科专业、不同类别课程的属性特点，系统挖掘和梳理各学科专业的课程思政参考元素和案例，编制学科专业课程思政教学指南，建立课程思政操作规范，明确不同学科专业课程的思政目标，使专业课教师能在课程思政建设中找准角色、做出特色。对照文学、历史学、哲学类，经济学、管理学、法学类，教育学类，理学、工学类，农学类，医学类和艺术学类等课程思政建设要求，开展"课程思政进大纲"专项工作，进一步细化课程目标。

促进"知识"与"现实"的密切联系，提高连接度。高等继续教育学生思想相对成熟，成长经历和社会角色多元，对社会发展和与自身学习目标相一致的内容高度关注。教学内容要从学生关心的现实问题入手，瞄准学生在现实中的价值认知、判断、选择等方面存在的困惑与偏差，帮助解决和回答他们在专业学习、现实生活中的诸多问题，强化知识与现实接轨，提升马克思主义理论的解释力、亲和力和"课堂思政"的吸引力，让他们通过实实在在的感知和体验来"亲其师，信其道"。结合继续教育课程以技能实训课为主的特点，在课程教学中注重融入职业道德、劳动精神、工匠精神，培养学生踏实严谨、耐心专注、吃苦耐劳、追求卓越的优秀品质，引导学生树立正确的劳动观，崇尚劳动、尊重劳动，培养品德高尚、敬业爱国、技能精湛、创新务实的高级专门人才。

充分发挥课堂教学"主渠道"作用，讲好用好"马工程"重点教材，推进思政元素进教学大纲、进教案课件、进考核评价。创新课堂教学模式，推广采用案例式、互动式、探究式教学，开展课程思政教法创优行动，推进现代信息技术在课程思政教学中的应用，统筹推进课堂教学、实践教学、网络教学建设。充分挖掘区域优质育人资源，利用各类红色基因场馆、创新创业基地等场所，引导学生自主参与、体验感悟，推动创新创业教育与思想政治教育相融合。在继续教育领域要持续推进继续教育思政课程和课程思政建设，推进课程思政示范课程建设，把思想政治教育贯穿教育教学全过程。

（二）整合综合体资源完善继续教育机制体制

1. 优化产教融合的继续教育体系

习近平同志在中央第七次西藏工作座谈会上强调，着眼经济社会发展和未来市场需求办好职业教育，科学设置学科，提高层次和水平，培养更多专业技能型实用人才。这实际上也是对继续教育的要求。培养高技能、高层次的技能型人才，是现代职业教育体系发展的重要目标。中共十九届五中全会提出了要加大人力资本投入，增强职业技术教育适应性，深化职普融通、产教融合，校企合作，探索中国特色的学徒制，大力培养技术技能型人才。2017 年，《国务院办公厅关于深化产教融合的若干意见》推动了学科专业建设与产业转型升级相适应。2019 年，《国家产教融合建设试点实施方案》、《国务院关于进一步做好稳就业工作的意见》及教育部等四部门的《关于在院校实施"学历证书+若干职业技能等级证书"制度试点方案》等文件都规定，高校作为供给方要充分地满足需求侧深化专业课程设置改革，提升供给能力和服务能力，不断满足学习者多样化、个性化的需求拉动国内循环。

继续教育发展要紧跟国家部署，考虑国家需求，积极配合服务决策，做好以下工作：第一，在培养培训中明确人才培养定位，以技术技能型人才、应用性和实践性人才为目标，充分考虑国家的需求，改革、完善课程体系和专业设置，还要在人才培养体系中加强实践实验环节。第二，不断的创新合作育人机制，推进产教融合、校企合作，推动教育链、产业链、人才链的结合。第三，探索举办本科层次的继续教育，现在高校实施本科继续教育需要以培养高层次技术技能人才为方向，重新设计定位人才培养模式，包括专业、课程体系、实践、实验、教学模式等。

2. 形成开放多元的继续教育供给渠道

健全多元治理主体体系，发挥多主体协同治理功能。教育行政部门、主办高校、校外教学站点、行业协会和社会媒体等组成高等继续教育的多元治理主体体系，应当承担分内的治理责任①。

（1）政府应发挥动态治理的主导作用。政府作为政策的提供者、经费的主要提供者和行政管理的执行者，在治理主体体系中占据主导地位，决定着继续教育治理的宏观方向、整体目标和改革进度。在政策制定方面，各级政府应依据所辖区域继续教育改革发展的现实需求，及时出台、完善和调整继续教育法律、法规、制度、规定、实施细则等规范性、鼓励性、约束性政策，确保继续教育发展保持社会主义方向、以人为本原则和德育为先理念。在经费投入方面，各级政府应积极履行办学资金、人员配置和教学经费等投入主体责任，并通过拨款、资助、补助、购买服务等方式对成人学校进行经济管理。在行政管理方面，各级政府应积极履行成人学校设置、审批、检查、指导等监管主体责任，扶持办学正规、社会效益突出的成人学校，整顿办学秩序混乱、教育质量低下的成人学校。

（2）学校应发挥动态治理中的自治作用。继续教育办学和自主管理的责任主体，应建立自我发展和自我约束的内部治理机制，维持自身的和谐发展。在院校内部事务管理上，不断增强自我治理的成分，增加教师和学

---

① 窦苗苗. 继续教育动态治理的理念、技术与机制研究［J］. 当代继续教育, 2021（2）.

员、教学共同体和学习共同体的话语权重，实现由命令式、指令式等管理模式向自主式、协商式等治理模式转变。强化法制意识，提升遵法学法守法用法境界，积极贯彻国家教育方针政策，遵守上级管理部门的规章制度，使办学行为和管理行为做到合法合规，强化主动意识和创新意识，增强工作的主动性和开拓性，致力于在科学理论指导下的教学改革和管理创新，积极探索适合自身实际的、具有个性特色的发展模式。

（3）社会应发挥动态治理的积极参与作用。社会参与度是继续教育治理结构是否合理的重要指标。相对独立的社会第三方教育培训机构和评价机构积极介入继续教育决策、资源供给、教育督导和学校管理等过程中，一方面可以发挥优势互补、共享发展的合作价值，另一方面可以发挥质量评估和监督评价的治理价值。成人学校一方面应和校外教学站点、网络教育公司和网络技术公司等在生源开发、资源供给、教书育人等方面加大合作力度；另一方面应和区域教育研究中心、教育评估和咨询机构、区域教育协会等在项目开发、教学实验、教育改革和教育评估等方面加强合作力度①。

3. 建立数字化的学习支持服务体系

当前，现代信息技术发展呈现多媒体化、网络化、数字化和智能化趋势。信息技术对继续教育实践的影响是全面的、深刻的、革命性的。随着信息化的深度发展，高校继续教育在内容、方法、模式以至对学习者、教育者、管理者的要求等方面，都发生了巨大变化。继续教育必须坚持以信息化建设作为打造新时代继续教育高质量发展体系的技术保障，积极利用信息通信技术以及互联网平台，建设集报名、招生录取、教育教学、考试评价、学生管理和学籍档案、毕业和学位授予等为一体的继续教育信息管理系统，实现线上注册报到、学籍异动申请、成绩查询、政策咨询解答、在线教育，有效缓解在职学生的"家学矛盾"、"工学矛盾"。

（1）建设动态集约共享的课程资源体系。课程是教学活动的基本载

---

① 王海莹，秦虹．现代职业教育治理机制理论、条件与趋势［J］．天津市教科院学报，2019（1）．

体。只有课程有质量了，继续教育才可能有质量。要结合继续教育发展实际，利用多媒体技术，实现教学内容、网络课程、辅助资源的信息化，创建丰富的、分布式的教学资源库。可以发挥高校知识原创和学科优势，建立校内优质教育资源在继续教育与其他类型教育之间的分享平台，通过建立优质课程资源库、电子教室、微课等形式，促使本校优势教学资源向继续教育外溢。建设课程教学与应用服务有机结合的优质在线开放课程，利用信息技术提升教学水平、创新教学模式，利用翻转课堂、混合式教学等多种方式用好优质数字资源。同时，针对继续教育实践性强的特点，探索互联网条件下课程资源的共建共享，由高校与高校、企事业单位等共同建设，打造一批多元化、实用化、网络化的课程"超市"。鼓励通过与具备资质的企业合作、采用线上线下结合等方式，推动在线开放资源平台建设和移动教育应用软件研发，加快推动继续教育服务和学习方式的变革。

（2）推进适应性信息化教学模式、形式和方法创新。积极探索远程学习、网络学习、移动终端学习等新型教学模式的特点和规律，实现教学方法、手段的网络化，创建方便灵活的教学互动平台。利用云计算、移动互联、智能家居等新技术，实现教学和管理的移动化、多终端化，创建时时能学、处处可学的教学环境。要加快推进现代信息技术与教育教学深度融合，推进在线开放课程和虚拟仿真实验教学建设，以提升教师信息技术应用能力为着力点，加快用信息技术改造传统教学，提高教学水平。深入推进网络学习空间互通，形成线上线下有机结合的网络化泛在学习新模式。引导学校与教师依托网络学习空间记录学生学习过程，进行教学综合分析，创新教学管理方式。

（3）构建继续教育质量管理信息化平台。建立基于大数据推动科学管理的平台，充分运用各种数据，挖掘其中体现各类主体的需求偏好，主动对接经济社会发展对人才素质要求，及时调整和优化学科专业结构。利用大数据技术开展对教育教学活动和学习者行为数据的收集、分析和反馈，为推动个性化学习和针对性教学提供支持。创建高效安全的教学质量管理平台，对教学过程进行全程质量管理。健全教学服务支持平台，形成贯通科研支持、教学服务和教学保障的综合性支持体系。继续教育具有市场化运作特质，要通过信息化加强继续教育培训项目市场化办学行为管理，对广告宣传、市场拓展等进行有效监管，运用信息技术手段，规范各类办学主体的招生、考试、发证、收费和其他办学行为。

（三）探索特色继续教育模式

继续教育综合发展要建成"四层级办学、四体系交叉"的终身学习服务体系。

1. 建立岗位人才共育机制

打造产学共同体。产业界作为经济社会发展中最活跃的领域，有着充沛的资源，深化校企合作，密切与产业界的联系，利用产学共同体推动转型不可或缺。把脉企业用人需求，共育应用型人才。结合职业岗位，优化培养目标，细化培养方案，实化培养过程，共建实习就业基地，与企业用人磁性对接；精准服务人力资源开发，对员工进行"订单式"培训，增加人力资源存量，降低企业人力资源开发成本；关注企业发展战略，利用高水平师资、重点实验室等资源，联合企业进行产品研发、技术攻关、成果应用与转化，为企业提升市场竞争力提供咨询建议，履行好企业智库、发展顾问、合作伙伴的职能。在产学共同体框架内，双方优势互补、资源共享、深度合作，从而达到双向共赢。

2. 采用工学交替教学模式

在学习一个阶段后可将学生派往真实现场完成实际工作，在实际工作中检验学习成果，在此过程中，由企业指导教师直接负责学生的教育教学与工作生产。通过实践，既解决了企业的用工需求，为企业创造了价值，又使学生的技能得到了提升，真正做到理论联系实践，用实践检验理论。2016年福建省教育厅等五部门发布《关于实施"二元制"技术技能人才培养模式改革试点的通知》，提出采取"校企双主体、工学一体化"教学方式，校企对接技能岗位要求，共同制定并实施人才培养方案，由行业（企业）与学校采取校企双师带徒、工学交替培养、集中与分时授课等模式共同培养学徒，主干专业课合作行业（企业）参与率达到100%。学校应结合行业（企业）生产管理和学徒工作实际，采取弹性学制，实行学分管理。允许学徒合理安排时间分阶段完成学业。

3. 推进"教室+企业+在线课堂"一体化教学设计与实施

20世纪20年代，我国伟大的教育家陶行知先生在《教学做合一》中写道："教学做是一件事，不是三件事。我们要在做上教，在做上学。"2006年，教育部发布的《关于提高高等职业教育教学质量的若干意见》文件对"教学做"一体化、实施工学结合、校企合作、改革人才培养模式，提出了更加明确的要求。这既是课程建设与改革、提高教学质量的重要手段，也是教学改革的重点和难点。"教学做"的内涵是教学与生产劳动、与社会实践相结合，其实质是教学过程的实践性。它的切入点是"工学结合，校企合作"。我国多数高等院校传统的课程结构是先基础文化课，后专业基础课，再专业课的学科式课程体系，其特点是以学科为中心，强调课程的科学性、系统性和完整性。

在传统教育中，教学模式采取理论课程在先、实践课在后。这使得理论教学和实践教学在时间上有一个时间差，采取边教边学边做，使得理论教学和实践教学不仅在时间上融为一体，而且理论教学与实践教学的场地也融为一体。在教学内容上，把重点放在从事本专业所需要的理论知识和技能上，专业理论教学突出应用性原则，培养的学生主要成为生产一线的高技能型人才。以掌握实践技能所必需、够用为原则，对实际中采用的新技术、新内容、新设备，必须在实际操作和实训中有所反映。要重视理论教学对实践的指导作用，做到理论联系实际，学以致用，这就决定了专业理论教学要突出适用性。教学内容是以问题展开的，按照需要解决的问题和形成技能所需的理论知识而选择，也就是要告诉学生学什么、为什么、怎样做，做的程度如何等知识。

一体化教学改革打破了原有的管理模式和管理方式，对教学管理、学生管理等提出了新的要求。要结合教学工作的具体要求和一体化教学改革的实际需要，建立一体化教学的管理制度，维护一体化教学秩序，保障一体化教学的效果。规范一体化教学计划、一体化教学大纲、一体化教案，规范教师的教学行为和学生的学习行为；健全一体化教学的考核制度，建立一体化教学各个环节的质量标准，对一体化教学的组织、管理、质量等进行过程控制和质量监控；在实验室、实训室、一体化教室的管理上，以有利于设备的使用和管理为目标，专业实验实训室按照谁使用、谁管理的原则划归各系院管理，公共实验室、实训室实行集中管理，统筹安排，提高实训项目的开出率和设备的使用效能。

为更好地推进一体化教学进程，定性和定量评价教师的一体化教学能力和学生的学习效果，学校应建立一套覆盖课堂教学、实践教学、顶岗实习和订单培养全过程，体现工学结合的教学标准和考核标准，包括一体化教学效果的测评标准和教师一体化教学能力的测评标准。前者旨在测评培养的学生能否达到预期的培养目标，即学生毕业后能否符合准就业条件，成为企业或单位的有用人才；后者旨在解析教师一体化教学能力的要素构成及其指标，从而衡量教师的一体化教学能力的强弱优劣，以便不断提高教师的一体化教学能力。

4. 建设双师型教师队伍

没有一流的师资队伍，就没有一流的继续教育。当前，继续教育缺乏充足的专业化教师，积极引育高层次人才、优秀青年人才和团队，发挥高校创新人才"蓄水池"作用。推进人才数字画像系统建设。健全"双师型"教师认定标准，建立"双师"素养导向的新教师准入机制和考核评价制度，探索行业与学校之间职称互认机制。构建职前职后一体化、校企双主体的职业院校教师培养培训模式，建设一批校企共建的教师培养培训基地和教师企业实践基地。优化校企人员双向交流机制，完善层次技术技能人才聘请机制和兼职教师管理办法，畅通技术技能人才到职业院校从教路径，推进教师定期赴企业学习实践和挂职制度。制定职业院校教师能力标准，培育一批"1+X"职业技能培训教师。重视师资资源建设，在加大培养和引进实践经验丰富的高素质教师的同时，还应运用现代网络技术，拓展整合利用各方面教育资源，探索"名师课堂"、"名校网络课堂"等信息化教师教研新模式，推广"虚拟教师"技术应用，运用虚拟化的名师、大师，丰富教育资源，激发学生的学习兴趣。信息化发展促进了教育方法和手段多样化，教师职能也发生了变化，除了传递知识、信息以外，更要注重引导学习者运用信息技术自主获取知识、运用知识、创造知识。因而要加强教师自身的继续教育，特别是通过培训，提高驾驭信息化的教学能力，为提升教学质量提供强有力的保障。

5. 搭建衔接融通的共同体

（1）建设校政共同体。政府是继续教育转型最重要的推动力，政府拥有的财政、立法、政策、行政命令等诸多配置教育资源的手段，是最可依赖的外部资源。校府协同育人，提高人才培养适切性；精准服务机构改革，围绕公职人员岗位进修、知识更新、素质拓展，提供个性化、订单式培训；对接政府购买服务目录，以课题攻关、合同外包、项目应标等途径参与购买服务，协助政府降低内部管理成本；利用高校优质人才资源，为公共行政提供参谋、咨询、建议等智力支持，发挥高端智库和政府智囊团功效。要致力于维护良好的校府合作关系，建设校政共同体，起到政府继续教育基地功用。

（2）善用终身教育共同体。单一继续教育资源是有限的，避免过度竞争，跨越校际边界，组建终身教育联盟，善用终身教育共同体，促进资源互补，已经成为务实之举。要在共同愿景基础上，以人才培养、师资交流、专业课程共建、教学场地共用等为抓手，推动学历教育和非学历教育相关机构在继续教育资源上合理流动，加大共享力度；要以构建终身教育体系为目标，完善学分银行，推动课程互认、学分互认，共建继续教育"立交桥"，力促继续教育资源相互贯通；要发挥继续教育灵活的特点，善用国际优质资源，推动继续教育国际化进程，以联合培养、师资聘任、学员互派、学术会议、教材研发、课程建设、项目合作、科研攻关等形式开展跨境文化学习与交流，培养具有国际意识、国际视野、国际竞争能力的人才，彰显继续教育的独特性、新颖性、高端性。

（3）拓展区校合作，共建区校联合体。继续教育要面向社区开放办学，拓展大学推广课程，举办非学历培训。充分利用继续教育资源，开办各类进修班，营造社区良好的学习氛围，为建设学习型社区、学习型城市蓄力，为构建终身教育体系服务；参与和引领社区文化建设，展现大学文化辐射效应，以校园文化进社区、专题讲座等途径，在社区居民中宣传优秀传统文化，弘扬社会主义核心价值观，打造社区文化高地，增强大学社会声誉；联携社区建立资源共享机制，本着适时适度原则，向社区开放大学图书馆、实验室、体育馆等资源，缓解社区资源紧张现状；同时，秉持双向参与理念，在区域经济发展、社区发展规划、重大项目论证、人员交流、社区教育中实现多渠道共鸣，找到互动发展更好的结合点和创新点。

（四）切实提升继续教育教学质量

在继续教育事业发展的进程中，质量问题一直是困惑发展的根本问题，继续教育办学质量不高成为阻碍继续教育发展的瓶颈。就继续教育发展的趋势和内在的规律而言，构建继续教育教学质量保证评价体系是继续教育发展必然的内在要求，对推动继续教育良性健康发展具有重大的意义。

继续教育事业的教学质量管理，还停留在对教学环节进行质量监控的初级阶段，初步具备了监督、调控功能，但缺乏改进功能。一个具有完善功能的质量管理体系应该具备"闭环"特征，即通过监督功能发现偏差，通过调控功能纠正这些偏差，再通过改进功能分析产生这些偏差的原因，并对系统进行改进。也就是说，这三个功能是首尾搭接、互为输入和输出的关系。

采用 OBE 导向，是提升继续教育质量的合适办法。它要求建立一种有效的持续改进机制，从而实现如下功能：能够持续地改进培养目标，以保障其始终与内、外部需求相符合；能够持续地改进毕业要求，以保障其始终与培养目标相符合；能够持续地改进教学活动，以保障其始终与毕业要求相符合。建立持续改进体系的要点包括"1 个目标、2 条主线和 3 个改进"："1 个目标"是保障质量；"2 条主线"包括培养目标的符合度与达成度和毕业要求的符合度与达成度；"3 个改进"为培养目标的持续改进、毕业要求的持续改进和教学活动的持续改进。这三个改进，通过三个循环来实现，即通过外循环持续改进培养目标、通过内循环持续改进毕业要求、通过成果循环持续改进教学活动。培养目标和毕业要求的符合度与达成度这两条主线，是对其符合度和达成度的评价与改进过程。评价毕业要求（培养目标）是否与培养目标（内外需要）相符合，如果不符合，就要改进毕业要求（培养目标）；评价毕业要求（培养目标）是否达成，如果没有达成，就要改进教学活动（毕业要求）。教学活动的改进包括课程体系、师资队伍、支持条件、学生的学习机会、教学过程和教学评价等。

四、城市继续教育的探索与实践案例

（一）福建继续教育的探索

我国高校继续教育比较国外起步较晚，于 1975 年 5 月继续教育的概念才出现在我国，形式主要包括夜大、成人函授、自考、网络教育、非全日制学历教育、职业技术培训、非学历继续教育办学等多种形式。[①]

发展继续教育、构建终身教育体系是党的十六大提出的目标任务，党的十八大更进一步强调要"积极发展继续教育，完善终身教育体系，建设学习型社会"。福建省积极贯彻党的教育方针，将发展继续教育、构建终身教育体系作为深入实施教育和人才强省战略，发展社会事业，切实保障和改善民生，让人民群众共享发展成果的重要举措，终身教育事业在许多方面走在全国前列，如出台了中国大陆第一部终身教育地方性法规《福建

---

① 马小健. 美国成人教育管理体制及时对我国的启示［J］. 成人高教学刊，2002（5）：48-50.

省终身教育促进条例》，组建了第一个政府跨部门终身教育协调机构"福建省终身教育促进委员会"，成立了第一个致力于终身教育的社会团体组织"福建省全民终身教育促进会"，第一个与台湾社区大学结成海峡两岸终身教育交流与合作对子，第一个开展士兵职业教育基地活动等。福建省以社区教育和学习型组织为突破口，大力推进终身教育向纵深推进，在推进终身教育进程中，福建省已在终身教育先行先试、依法推进、闽台交流合作、体制机制创新、形式途径拓展、社会氛围营造、网络和学习平台建设等方面初步形成自己的特色，为加快构建具有福建特色的终身教育体系打下了良好的基础①。

进入 21 世纪来，全民学习、终身学习已成为社会进步和教育发展的必然趋势，当今时代的学习已不再仅仅是谋生与就业的手段，而更多地成为人们提高生活质量、丰富精神生活的重要内容，成为人们的一种生活方式。在这样的背景下，传统的以学校教育为中心的国民教育，已不能适应广大社会成员日益增长并不断变化的多样化、个性化的终身学习需求，必须加快构建终身教育体系，实现由传统教育向现代教育转变，由在校学生为主体向全体社会成员为主体转变，由满足单一学习需求向多样化学习需求转变。这是福建省加快推进终身教育发展，建设学习型社会的关键所在。

"十三五"期间，《福建省教育厅印发关于完善继续教育体系提升继续教育质量若干意见的通知》，提出到 2020 年，学历继续教育与非学历继续教育质量显著提高，城乡社区教育活动蓬勃开展，继续教育信息化应用水平明显提升，宽进严出的学历继续教育机制有效形成，闽台继续教育交流合作更加广泛。在全省建成 100 个继续教育示范学校（教学站点）、100 个社区教育示范基地、100 个社区教育特色品牌，开发 1000 门优质网络课程。形成学历教育与职业培训并举，全日制与非全日制并重，体现终身教育理念，覆盖城乡、灵活开放的继续教育办学与服务体系。2021 年，在福

---

① 沈光辉. 积极构建福建特色终身教育体系［N］. 福建日报，2012-02-21.

建省全民终身学习活动周上，福建省总结了终身教育重点项目（2018~2020 年）建设成果，培育了省级终身教育重点项目共九大类 1130 个，覆盖了省、市、县、乡、村五级终身教育机构，打造了国家级"百姓学习之星"24 个、国家级"终身学习品牌"31 项。丰富学习教育资源，开发终身教育课程 1.18 万门、课件 2.99 万讲，在"福建终身学习在线"、"福建老年教育新媒体电视平台"等各类学习平台免费共享，总用户量超过 56 万人次、总点击量超过 952 万人次。

（二）上海职工继续教育的实践

上海作为全国继续教育改革发展的标杆，许多改革试点项目在上海先行先试。1979 年，上海市在吸收国际继续教育经验的基础上，科技和教育部门提出要对科技人员进行继续教育。1992 年，上海市人事局制定了《上海市专业技术人员继续教育"八五"规划纲要》，对"八五"期间上海继续教育进行全面部署；1993 年，上海市人民政府批转了市人事局、市成人教委拟定的《上海市专业技术人员继续教育暂行规定》的通知，文件规定了各专业人才每年接受继续教育的目标、时间，并以此列为职务评聘的必要条件，这是上海市第一个由地方政府制定的继续教育行政法规，对继续教育的对象、任务、指导思想、内容和形式、基地和条件、权利和义务，管理制度作出明确规定，使上海继续教育开始向规范化、制度化迈出重要一步。

上海职工继续教育的发展，从行业系统看，开始于 20 世纪末经委系统的大中型企业，结合国营企业转化机制，上海发布了《关于推进企业教育综合改革，适应经营机制转换的几点意见》，一批大中型企业在建立现代企业制度的同时也建立起新型完善的继续教育体系和制度。如宝钢（集团）公司在建设和生产过程中采用适应型继续教育，即以适应、消化、掌握引进新工艺、新装备、新技术为目标；提高型继续教育，即拓宽视野、更新知识、掌握新技术；跟踪开发型继续教育，即跟踪世界先进技术等多种形式。

改革开放 40 多年来，上海职工继续教育取得了显著的成绩，培养了一大批高级管理人才和专业技术人才，在促进上海经济发展和科技进步中起到了积极作用，也积累了丰富的经验。主要体现在：一是社会化方向为继续教育持续发展提供了坚实后盾。继续教育是一项复杂的系统工程，上海在开展继续教育过程中，既充分发挥政府部门优势，也通过动员企事业单位、社会团体、行业协会等社会各方力量共同参与，发挥资源优势与培训优势，在实施过程中采取了政府牵头、行业企业配合、个人参与的多方参与模式，推动继续教育持续深入地发展。二是突出继续教育实现特色化发展的有效策略。上海在发展继续教育的过程中结合各个社会发展阶段对人力资源的需求特征，围绕重点服务对象的需求确定教育目标、内容与方式方法，走特色化发展道路。例如，在 20 世纪 90 年代结合产业结构调整和发展的实际，实施紧缺人才培训工程；在 21 世纪根据知识经济时代高新技术产业的迅速崛起和发展的要求，开展知识更新工程，帮助职工实现知识更新，提高创造创新能力。三是以市场需求为导向。上海在开展继续教育的过程中，科目设置、培训项目的选择、运作机制的设计等都体现了市场需求导向的特征，关注企业、社会的需求，注重形成培训、考核、使用一体化的考核激励机制，大力倡导和推行产学研结合。

对照上海致力于打造"五个中心"的政治经济背景、高层次人才数量不断提升的文化背景及老龄化的社会，许多专家认为上海继续教育转型发展势在必行。2016 年上海市教委副主任袁雯指出，终身教育可以并应该成为支撑人和城市发展的共同基础设施。但作为基础设施，必须具备"功能化、结构化、固化、成效显性化"四项基本要求，这是上海终身教育现阶段无法达到的，她提出上海继续教育改革的举措，要有明确的服务目标和功能，以达到功能化要求，包括建设上海教育资格框架体系及各类项目质量标准，要架构机构、通道、成果和资源的立交桥，达到结构化要求，要将发展目标、要素和环境、机构设置功能、学习者学习成果和终身学习激励等上升为法律制度，以达到固化要求，并通过活动规范化、常态化、可复制和可持续，达到成效显性化要求。

　　为深入贯彻《上海教育现代化 2035》部署，全面落实《关于推进新时期上海产业工人队伍建设改革的实施意见》，切实畅通职工提升学历和技术技能的成长通道，满足每一位职工追求美好生活的多元需求，提升城市创新活力和发展品质。上海市教育委员会等七部门在 2021 年 8 月联合印发《关于推进新时代职工继续教育创新发展的意见》的通知，目标是到 2025 年，基本形成以职工能力和学历"双提升"为导向、以学校教育和工作场所学习有机结合的"双空间"为载体、以现代信息技术与教育深度融合的线上线下"双途径"为支撑、以高校教师和行业企业导师组成"双师资"为特色、以技能评价证书和学历文凭"双证书"为学习成果的上海特色"双元制"职工继续教育模式。推进在岗职工的继续教育参与率达到 70%。以优化覆盖全市行业企业的继续教育体系、形成开放多元的职工继续教育供给渠道、建立数字化智能化的学习支持服务体、探索上海特色"双元制"职工继续教育模式、建设优秀人才汇聚融合的专兼职教师队伍、搭建衔接融通的职工终身学习"立交桥"六大方面为主要内容，制定上海特色"双元制"职工继续教育的学习成果管理模式和操作流程，学校学习成果按专业教学计划规定的学分予以认定，工作场所学习成果按实践课程学分由导师予以认定，其他相关技能证书、工作经历等可向学分银行申请、转换为相应的课程学分。完善学习成果认定与转换标准，做好各级各类技能证书与学历教育学分之间的转换。

　　组建高校专家与行业企业专家组成的专家组，建立对各行业、企业职工的技术技能培训、技能竞赛、工作业绩、实践经历等各类成果的认定标准和转换机制。优化学分银行用户信息化服务平台，为职工提供学习成果查询、专业水平认定和专业发展轨迹服务。依托上海市终身教育学分银行，为每一位有意愿参与继续教育的职工开通终身学习账户，综合展示个人学习经历、学习能力和学习成果。上海市终身教育学分银行由上海市学习型社会建设与终身教育促进委员会指导，上海市教育委员会主办和管理，委托上海开放大学具体运行。这所学分银行是面向上海市学习者，以学习成果认定、积累、转换为主要功能，具有权威征信的学习成果认证管理中心和转换服务平台。自 2012 年成立以来，实名开户的学习者超过 73 万人，存入学习成果数近 4400 万条。其中，学习成果包括学历教育学分和非学历教育成果两类，非学历教育学习成果包括职业资格证书、大学课程证书、社区院校的社区教育学习成果等。学分银行积累学习者所获得的各类学习成果，形成学习者个人学习档案库，根据实质等效的原则，学习者可按标准和程序申请学习成果转换。上海市终身教育学分银行正在参与研究探索上海"资格框架"体系。

综上所述，新时代积极探索继续教育转型发展道路是构建终身教育体系和中国特色社会主义建设的内在要求和崇高使命，继续教育的发展可能遵循着某种一致的规律和发展轨迹，需要一定的时间积累和有效借鉴方能逐渐发展为高级水平，其具体的发展模式不是千篇一律，而是独具特色的，在高质量发展过程中，需要牢牢抓住继续教育办学的核心理念和基本要素，不断激发自身活力，探寻发展继续教育的独具特色道路。

第十章

城市终身学习综合体

——以闽江学院为例

随着社会的不断发展，伴随经济结构调整、产业结构升级，知识更新速度不断加快，对劳动者知识结构体系的要求相应提高。终身学习已然成为当今世界教育改革与发展领域、社会建设领域的重要议题之一。自 1965 年保罗·朗格朗在联合国教科文组织召开的巴黎国际成人教育大会上作题为"终身教育"的报告后，半个世纪以来，终身教育的理论与实践已有较大发展，2015 年联合国教科文组织发布《教育 2030 行动框架》，在世界范围内将终身教育提升到新一层高度。同时，人口和资源向城市的集聚和土地要素的不可再生性之间的矛盾，助推传统城市综合体的迭代升级。城市综合体通过多空间、跨系统的协同规划向城市及其居民提供多元、集合的服务功能，在扩展城市空间综合价值效益的基础上，提升城市居民生活质量和幸福感。① 由此，衍生出城市终身学习综合体的概念：以终身教育为内核，城市综合体为载体，将教育、科研、展览、娱乐、社交等建筑空间进行整合，建立相互依存、相互促进的能动关系，服务城市的进一步发展，提高居民生活满意度。

---

① 王祝根．城市公共空间新趋势——公园综合体概念解读与实现路径［J］．美术大观，2020（2）：93-95.

一、城市终身学习综合体的时代背景

（一）科学技术迅猛发展

20 世纪中叶，以原子能、电子计算机、空间技术和生物工程的发明和应用为主要标志的第三次科技革命给人类社会带来了翻天覆地的变化。进入 21 世纪，以石墨烯、基因、虚拟现实、量子信息技术、可控核聚变、清洁能源以及生物技术为技术突破口的第四次工业革命方兴未艾。科学技术的迅猛发展极大推动了社会生产力的提升，改变了劳动生产率提高路径。以往，通过提高劳动强度从而提高劳动生产率。在科技革命的背景下，生产技术的不断进步、劳动者的素质和技能不断提高、劳动手段的不断改进成为提高劳动生产率的重要手段。这要求劳动者必须追随现代科技发展的步伐，不断更新自身知识体系和技能结构，终身接受教育成为必不可少的环节。另外，科学技术的发展对全体人类的日常生活也有着重要影响。世界不再是人们童年时期、求学时期建立起来的形象，人们必须用最新的知识理念和科技理论武装自己，适应快速变化的社会生活。因此，只有时时学习、终身学习，不断更新对当今的世界的认识，才能提升自己的社会适应性，实现自我价值。

（二）自我发展需求旺盛

科学技术的进步将人们从繁重的体力劳动中解放出来，医疗技术的提升延长了人类的生命历程。人们拥有了比以往更为充足的休息和自由支配的时间，这是终身教育的实现的可能性基础。另外，科学技术的发展对人类精神世界的改变不容小觑。人类从对充满神秘主义的宗教和无所适从的虚无中解脱出来，开始关注自身的发展与需求。20 世纪以来，以马斯洛为代表的人本主义心理学派迅速发展，他们强调人的正面本质和价值，强调人的成长和发展，即人的自我实现。在这一理论的影响下，人们开始关注自我实现的需要，追求实现自己的能力或者潜能，并使之完善化。人们开始自觉主动地进行学习、接受教育。这是终身教育实现的主观性条件。

根据笔者于 2019 年 8 月对福州市（包括五区八县）的市民进行的关于城市学习综合体需求的问卷调查显示①，老年群体是终身学习者的重要组成部分，他们参与学习教育的动机主要集中在能充实生活、培养兴趣爱好和丰富人际交往。由此看出，老年群体更加关注终身学习是否能够为自我实现和幸福提供更多发展途径。老年群体终身学习是我国推进终身学习和建设学习型社会的重要组成部分，为老年群体终身学习提供有质量保障的学习资源和学习环境，将有助于促进社会和谐、城市和谐、家庭和谐。

（三）城市化进程加快

城市化是人类社会集群演变的历史过程，是社会经济发展的必然产物，是社会经济发展过程中的内在规律。城市化的概念不尽相同。狭义的城市化概念以人口学理论为主，是指农村人口转化为城镇人口的过程，即农村人口迁移到城市并转变为城市人口，使得城市人口规模扩大，在人口总量中占比提高。城市化的广义概念是指在人口城市化的基础上，进一步涵盖了土地城市化、生活方式城市化等。② 就城市化的本义和目的来说，城市的发展应该以人为本，体现全体居民社会福祉的共同提高，使得共享人类社会集体创造的物质和精神财富具有可行性。这是城市化的应然要求。

改革开放以来，我国城市化进程迅猛发展，使得城市成为汇集了各类优质公共资源的"蓄水池"。同时，人口的集中和增长对城市资源的合理

---

① 本次问卷调查课题组借助互联网，通过问卷星、微信等平台共收回有效问卷 1460 份，其中男性受调查者占 26%，女性占 74%，参与回答问卷的市民年龄集中在 19~60 岁．

② 王桂新．城市化基本理论与中国城市化的问题及对策［J］．人口研究，2013，37（6）：43–51．

配置提出了新的要求。根据《中华人民共和国国民经济和社会发展第十四个五年规划和 2035 年远景目标纲要》要求，全面提升城市品质要做到：按照资源环境承载能力合理确定城市规模和空间结构，统筹安排城市建设、产业发展、生态涵养、基础设施和公共服务。[①] 将城市所拥有的资源集中整合，并建设资源为大众服务、共享的平台，城市综合体的建设正是顺应了这个趋势。目前，我国城市综合体建设呈现以建筑设计为主导、多应用于商业地产开发的特点。但随着人口和土地资源压力的不断增加，加强空间整合、实现多功能协同规划是必然趋势，城市综合体作为一个重要的实现载体，将会为不同的内核和功能服务，终身教育就是其中之一。另外，国内国外城市竞争的白热化也要求不断提升城市市民的文化素质、改善城市精神文明风貌，在日益剧烈的竞争中脱颖而出。城市终身学习综合体作为提升城市综合竞争力的重要手段之一，随之应运而生。

二、城市终身学习综合体的内涵

（一）城市终身学习综合体的概念界定

对于城市终身学习综合体的概念界定，本书认为，这是在城市综合体概念基础上产生的衍生品，以终身教育为主导功能的复合型建筑，融合了社区教育、老年教育以及终身教育培训等多种功能为一体，可以承载城市教育和学习繁复需求的集合体。一方面，它以便民使用，满足市民多维度多元化的消费需求为导向，将社会公众利益、商业利益以及国家利益等重新分配整合，配置城市教育和学习公共资源。另一方面，它致力于将多方

---

① 新华社. 中华人民共和国国民经济和社会发展第十四个五年规划和 2035 年远景目标纲要 [EB/OL]. http：//www. gov. cn/xinwen/2021-03/13/content_5592681. htm.

离散的教育资源有机整合，强调功能的复合特点，实现教育资源的高效聚合。城市终身学习综合体作为一种秩序化的空间实体，是区域学习、教育、文化传播的学习生态园，将不断焕发城市向上发展的内生动力。城市终身学习综合体，其概念构成和内涵是"城市+终身学习+综合+体"四个维度的复合概念有机叠加，反映了终身学习综合的城市性、专业性、复合性和整体性四个方面。终身学习综合体是这四个特性多层次的特殊交集，即终身学习为主导功能的广义综合体（见图10-1）。

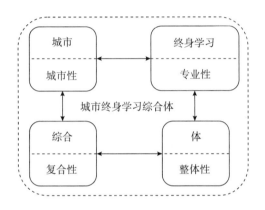

图10-1 终身学习综合体框架

对于福建省，特别是福州市来说，终身学习是一个熟悉的概念。2005年，福建省率先在大陆地区颁布了《福建省终身教育促进条例》，对终身教育的主管部门、经费投入、权力分工、奖惩制度等做出了明确规定。同时，在普通高等教育、成人高等教育、自学考试、高等职业教育、社区教育于老年教育方面，也已有一定时期的探索和实践，具备较好的发展基础[①]。对于闽江学院来说，基于"省市共建、以市为主"的办学体制，秉承"立足福州、面向市场、注重质量、突出应用"的办学宗旨，始终为福

---

① 《终身教育学习成果认证、积累和转换制度研究》课题组，沈光辉，庄伟廉. 福建省终身教育学习成果认证、积累和转换制度实证研究（上）——基于"学分银行"的视角［J］. 福建广播电视大学学报，2016（5）：1-11.

州城市发展、福州市民需求服务。近年来，面对福州市完善终身教育体系，建设学习型城市的新形势，闽江学院牢记习近平同志兼任闽江职业大学校长期间提出的"不求最大、但求最优、但求适应社会需求"的办学理念和"立足福州、面向市场、注重质量、突出应用"的办学宗旨。积极探索终身教育工作的新思路、新途径，提出构建城市终身学习综合体的构想，并弘扬"红色基因"文化，开发"蓝色力量"平台，打造"金色阶梯"模式，围绕"三色"品牌，提高城市终身教育综合体的实效性，为福州完善终身教育体系注入新鲜血液。闽江学院建设有继续教育学院，现有成人高考、网络教育、自学考试等办学类型，已形成全日制、函授、夜大及各类培训的多层次、多规格、多形式的办学格局，打造福州市科技孵化基地和现代终身学习基地。

（二）城市终身学习综合体的结构特征

依托福建省和福州市的发展基础与闽江学院的既有平台，闽江学院立足服务福州建设学习型城市的大局，整合特色档案、优质课程以及区域资源，尝试建设"六平台一体系"为核心的城市终身学习综合体，服务福州市经济、文化和社会发展，赋予终身教育以新的时代内涵。

1. 研究平台

习近平同志在福建工作长达 17 年半（1985～2002 年），并在 1990～1996 年兼任闽江职业大学校长，期间对教育工作是非常关心和重视的，对教育改革发展做了深入的探索和实践。

近年来，闽江学院借"不忘初心，牢记使命"主题教育之机，建设"学习习近平关于教育重要论述实践基地"。已建设特色档案馆，建筑面积500 平方米，分为展馆、视频室、视频教学点、资料室等区域，于 2018 年10 月投入使用，并不断完善档案资料，逐步开放为服务本校师生和服务全国的教育实践基地。在学习形式上，注重营造仪式感，如推行"3+X"模式，即每次集中学习时组织集体诵读一段习近平同志关于教育的重要讲话、诵读一段立德树人经典、讲述一个育人故事，安排若干人作主题发言。在学习内容上，注重围绕学习贯彻习近平同志关于教育重要论述，加入"唱初心之歌+读红色教育故事"等载体，让学习喜闻乐见，学出自信、学出担当。

2. 海洋文化传播平台

1990 年，习近平同志基于对世界经济发展格局和趋势的深刻洞察提出了建设"海上福州"的发展战略。1994 年 5 月，福州市委、市政府在平潭县召开建设"海上福州"研讨会，习近平同志系统地阐述了对发展海洋经济的深刻认识：这是经济发展的必然趋势，也是培育经济新生长点的重要途径。建好"海上福州"不仅会显著提升福建海洋科技和海洋经济实力，同时助力我国海洋强国的建设。为把握海洋时代新机遇，闽江学院于2017 年成立闽江学院海洋研究院。同年市委市政府委托闽江学院牵头建设福州海洋研究院。研究院以党中央生态文明建设和海洋强国建设战略为指导，以实施福建"海洋强省"和"海上福州"发展战略为目标，以闽台和闽东南为着力点，面向东南沿海海洋生态环境保护与资源可持续利用的重大需求，以海洋生态环境保护、海洋资源开发、海洋生物多样性养护与可持续利用为主线，围绕海洋生物技术、海洋药物、海洋生态环境、船海装备智能控制和海洋先进材料进行建设。

海洋科研的另一重要使命便是海洋科普。海洋文化传播平台通过开发面对大中小学、社区、亲子的科普课堂，宣传海洋政策、传播海洋知识，进而培育和培养海洋研究的兴趣和海洋保护的自觉，为建设好"海上福州"添砖加瓦。围绕宣传"三个海"，即海丝文化、海洋文化、海上福州成果，规划建设海洋文化宣教展示厅，开发创新海洋科普课程并配套自主研发游戏，设计相应的校本教材和地方教材。

3. 成人学历教育平台

闽江学院现有 59 个本科专业，涉及经济学、法学、文学、历史学、理学、工学、管理学、艺术学八大学科门类，其中一些专业极具区域影响力，学校拥有国家级特色专业 2 个，省级特色专业 3 个；国家级专业综合改革试点项目 1 项，省级专业综合改革试点项目 6 项；省级服务产业特色专业

7 个（其中 2 个为精准扶贫类），省级创新创业试点专业 5 个（见表 10-1）。

表 10-1　优势、特色专业建设项目一览

项目名称	专业名称	级别	批准时间
特色专业（5个）	广告学	国家级	2010 年
	服装设计与工程		
	计算机科学与技术	省级	
	测绘工程		
	音乐学	省级	2011 年
专业综合改革试点（7个）	服装设计与工程	国家级	2013 年
	对外汉语	省级	2012 年
	测绘工程		
	广告学		
	计算机科学与技术		
	应用化学		
	电子信息工程		
服务产业特色专业（7个）	电气工程及其自动化	省级	2016 年
	纺织工程		
	机械电子工程		
	高分子材料与工程		
	广告学		
	电子商务		
	旅游管理		
创新创业改革试点专业（5个）	应用化学	省级	2015 年
	物理学		
	计算机科学与技术		2016 年
	高分子材料与工程		2017 年
	轻化工程		

以 2018 年为例，学校成人学历教育开展办学 14 个本科专业（见表 10-2）。成人教育不受年龄限制，且学习形式灵活多样（业余、函授），受众面广，区别于其他教育方式的特点决定了成人教育是学习型城市建设的主力

军，能为更多的民众提供学习提升的机会。社会成员在人生的不同阶段都有学习的需求，以满足自身物质和精神上的需求，对于不能进入高等学校接受学历教育的学习者来说，通过成人教育不仅能获取学历，还能获取专业技能和职业资格；对于现有知识储备不足和职业能力不足的学习者，通过成人教育能获取学历提升和职业技能提高，可见，成人教育是构建终身教育体系中的主力军。成人学历教育发展空间有限。依托校本部系（院）优势专业和师资，整合专业设置，实现品牌专业"一院一品"。尤其是工商管理、纺织科学与工程、信息与通信工程等省级重点，贴近产业，应用性强的学科，可以开发出具备市场竞争力强的培训项目。

表 10-2　成人学历教育专业情况　　　　　　单位：人

专业	学习形式	在校生人数	毕业生人数
小学教育	函授	2	2
旅游管理	函授	13	13
电子商务	函授	3	3
计算机科学与技术	业余	51	51
国际经济与贸易	业余	8	8
交通工程	业余	13	13
法学	业余	1	1
市场营销	业余	39	39
财务管理	业余	40	40
艺术设计	业余	16	8
财务管理	函授	132	0
测绘工程	函授	104	25
法学	函授	289	81
工商管理	函授	543	174

专业	学习形式	在校生人数	毕业生人数
会计学	函授	957	332
会计学	业余	94	68
计算机科学与技术	函授	161	0
金融学	函授	300	112
市场营销	函授	45	0
合计		2811	970

4. 行业人才发展中心

行业人才发展中心可以满足个体对职业生涯发展的需要，提供更高工作岗位职业能力的培训，满足企业对于技能型人才的需要，提高企业的核心竞争力，促进地方经济的发展，有效推进福州学习型城市建设进程。闽江学院作为立足省会城市福州的地方综合性应用型大学理应在继续教育领域发挥自身优势与特长，为地方经济建设与社会发展所需要的创新应用人才培养做出努力与贡献，发挥应有的作用。

在较为完善的涉军人员教育平台基础上，与国家和省市有关部门合作共建多个培训基地。涉军人员教育是与省委军民融合办合作开展现役军人培训，与市退役军人事务局合作开展退役军人培训。1990年，习近平同志在闽江大学迎新暨军民共建大会上讲话中指出：要向解放军学习，学习他们的好传统、好作风。"军民共建"是加强社会主义精神文明建设的好形式。希望你们能把军民共建开展得更有声有色。闽江学院有悠久的"军民共建"历史，期间不断探索军转干部进高校的新模式和新方法，在培养目标、培训方式、培养质量和评价模式上进行创新。在社会培训方面，习近平同志曾在1994年贺闽江大学十年校庆时充分肯定学院创出了一种以政府为主、社会各方面积极参与的办学新模式。闽江大学先后与政法、土地、外经、旅游、新闻等部门和驻榕部队进行联合办学尝试，受训人员达

4000 余名。今天的闽江学院依旧秉持这种联合办学模式，成立了福建军民融合人才教育培训联盟，在福建省委军民融合发展委员会、省教育厅的领导和指导下，根据军队人才培训的需求，由校牵头，联合省内有关高校，构建多元协同、资源共享的"产学研"协同军事专业人才培养体系；军队转业干部进高校专项培训基地，已举办了两期福州市军队转业干部进高校专项培训班。

此外，还建设有国家邮政行业人才培养基地，并举办了第一期邮政业安全教育暨安检员培训班；志愿者培训基地，已举办了多期福州市委宣传部文明办培训班。总之，以立足福州，辐射全省，服务社会，为办学理念，大力建设"六大中心"：非普通高等学历教育中心、社会职业技能培训中心、本专科生职业技能认证考试培训中心、岗位职业技能培训中心、省会城市公务员和机关事业单位工作人员继续教育中心以及其他继续教育特色项目服务中心。要走"亲产业、亲政府"路线，加强与政府、企业和行业协会等的联系，积极承接福州市公务员、专业技术人员和高技能人才培训与继续教育项目。

5. 社区终身学习中心

构建学习型社会、学习型城市需要在全社会营造良好的学习氛围，增强终身学习意识，需要全体社会成员参与到终身学习的活动中，需要给社会成员提供多层次、多形式、多类型的教育机会。

对于大众，学校开设具有科普性、公益性、地方性特色的短期课程与讲座。近 5 年来，学校代表福州市立项申报的"福州脱胎漆器髹饰技艺"被列入国家首批非遗名录。2018 年闽江学院成立纺织服装非物质文化遗产研究中心通过对畲族传统文化、传统手工艺——畲族蓝染、畲族刺绣和畲族纺织工艺等传统技艺的研究与创新，开发出具有畲族服饰元素的衍生品，已开发文创产品 75 个批次，申请外观新型专利 44 项。2006 年，"茶亭十番"被国务院列入第一批国家级非物质文化遗产名录，闽江学院现有"福州地方乐种的保护与传承"科研创新平台，着重挖掘福州十番音乐文化传承与创新的价值内涵，建设茶亭十番乐高校传承基地，此外还有闽派古琴基地等一系列可传承、可体验、可学习的传统文化传承基地，可供福州市市民终身学习体验。例如，开展非遗保护福州漆艺高级研修班，向全社会公益推出非遗技艺漆艺展及漆艺公开课，加深了社会大众对非遗技艺的人文内涵与髹饰技艺的认知和认可，也使传统漆艺及漆艺从业者能在新形势下散发出鲜活的生命力。

拓展做大老年教育，到2020年12月，福建省60周岁以上老年人口占总人口的16%，高校拓展老年教育势在必行。闽江学院将与省老年大学合作开办老年大学班，结合学院专业设置和老年教育特点开发老年教育课程，通过读书、讲座、学习沙龙等形式可开展老年课堂教育。

拓展社区教育成果，积极与所在地区政府合作，不断创新方式，扩大规模。通过对社区、街道开展调研与访谈，立足民众需求，开设"订单式"课程与讲座，丰富居民日常生活与精神世界。

在城市终身教育综合体的建设过程中，闽江学院"福州市众创空间"申报成功。"联合办公"模式进一步深化，汇集创新创业孵化、创意集市、驻村计划等社会创新平台，引入福建青创全套创业帮扶体系，包括资金、智库、政策等，为创业者提供创业生态圈的系统支撑。此举进一步夯实了"多元的文化教育平台和载体，创意、创业和教育相互结合、相互推动的生态和产业链"的项目定位，也进一步提升了综合体的形象和影响力。

6. 市场化培训中心

按照现代终身教育学习的终身性、全民性、广泛性、灵活实用性的特点，在巩固现有继续教育成果的基础上，利用现有资源，适时与福建省广播电视大学签订战略合作协议，共同建设城市终身学习综合体。引入并借鉴福建省广播电视大学校企联合办学经验，并与其大数据中心开展合作，充分运用大数据分析探索工业路校区市场化运作方向。成立资产经营有限责任公司，由该公司参与市场化资本运作，投资组成教育培训机构，应对市场各项培训与非学历教育，创新机制，激活动力，提升效益。

总之，服务福州建设学习型城市的大局，努力建设城市终身学习综合体。当前福州建设学习型城市的力度不断加大，闽江学院具有较为完善的发展基础，具备建成有特色的城市终身教育综合体的条件，有利于为城市发展提供全方位、高层次、数量充足的人才与文化支撑。

三、城市终身学习综合体的实现途径

（一）构建专门管理机构

《中国教育现代化 2030》提出，建立跨部门跨行业的工作机制和专业化支持体系。成立由管理部门、学校和学院相关领导联合组成的城市终身学习综合体建设领导小组，全面负责城市终身学习综合体的规划、决策、实施、管理等工作。按照"分级管理、责任到人、专家把关"的思路，将建设内容层层落实。开展城市终身学习综合体发展规划的顶层设计，制定中长期发展战略和实施策略，对本地区城市居民的终身学习需求进行监测，及时优化改善。同时，协调与相关行政管理部门的关系，时刻与国家政策、城市发展方向保持一致，助力城市发展。

（二）构建质量保障体系

教育活动的顺利开展与教育质量保障体系的完善息息相关①。城市终身学习综合体的质量保障体系主要包括：①教学主体准入标准，城市终身教育综合体的教学主体以高校为主，包含了社会教育机构和其他学历、非学历教育机构。②课程设置标准，这里的课程既包括了传统课堂式教学，也包括终身教育中涉及的科普讲座、实践操作等非传统课程。特别是，由于城市终身学习综合体始终立足于城市居民需求，将会出现许多

---

① 张应强，苏永建. 高等教育质量保障：反思、批判与变革［J］. 教育研究，2014，35（5）：19-27+49.

"订单式"课程，在这一过程中尽快、尽善地做好课程把控和审批，也是质量保障体系需要解决的问题。③监控评估标准，一是要对城市终身教育综合体的发展现状进行分析，二是充分发掘学习者的真实需求和内在潜力，为教育者进行课程开发提供一手资料。总体来说，质量保障体系要体现出实践性、指导性和超前性，为城市终身学习综合体的现在和未来发展做出指引。

（三）构建特色建筑集群

城市终身教育综合体的建筑建设要求不同于普通高等学校或城市商业综合体，需要体现空间功能分区的明确性，确保不同教育类型能同时进行；需要体现空间的育人性，在设计上不仅要做到美观，也要富有教育性；需要体现空间的可变性，能够实现与终身学习发展趋势和终身学习者学习需求变化同步调整。

闽江学院计划在工业路校区建设城市终身学习综合体。该校区地处福州市鼓楼区 CBD 中心地段，周边商务、金融、商业及居民区云集，具有极高的环境优势和土地价值。积极争取地方政府及相关部门的工作支持。按照校区的定位与规划，加大对校区的财力投入力度，保障建设进度与水平。通过重新整体规划和定位，功能分区为教学区、宿舍区、文化创意园、科技孵化园，提升校区绿化美观，增加现代科学因素。根据"六平台"建设的目标定位，争取和整合各项资源，对校园整体形象进行美化、绿化、现代化。在保持校区原风貌的基础上，对现有建筑和设施进行改造，各区域做到功能分区、物尽其用，提升现有办公楼宇及设施品质和利用率。考虑建设或改造高品质综合培训大楼，集教学、住宿、餐饮于一体，满足中高端培训项目需求。在外观形象上，把工业路校区建设成为花园式、开放式校园，形成高品质、有影响、现代化的科教园区。

后记

学习，是人一生当中最重要的事情。进入新时代后，随着经济社会的发展以及科技的进步，人民对学习的内容、形式和手段也有了更高的要求，持续接受教育也就意味着不断获得成就感、幸福感，"活到老学到老"也被赋予了更丰富的时代内涵与实践意义，全民终身学习的时代已经到来。全民终身学习，不仅能满足人民对美好生活的殷切期盼，更成为教育发展、城市发展、时代发展之必然。有基于此，本书从新时代城市终身教育的视角对学习型城市建设道路进行有益的探索与反思，对构建城市学习综合体的创新性、可行性进行了论证与研究，希望以此来满足市民多元、多层次的终身学习需求，让城市生活更美好！

本书是在主编拟订编写大纲、全体参编人员集体讨论的基础上，分工合作的成果，是集体智慧的凝聚。按章节顺序，各章撰写人员如下：第一章，林洁；第二章，沈光辉、国卉男；第三章，江卉；第四章，黄碧珠；第五章，刘宜君；第六章，黄碧珠；第七章，王荣欣、张雅洁；第八章，崔艳芳；第九章，郭艺萍；第十章，吴建铭、柯安琪。

本书得以出版，要感谢写作团队的辛勤付出，同时本书在编写过程中，引用和参阅了大量国内外论文和网站资料，特此致谢。因各章出自不同人之手，又囿于水平有限，书中或有疏漏及不足之处，敬请大家批评指正！